本书的出版得到清华大学中国农村研究院博士论文奖学金项目“深度贫困、阶层分化与基本公共服务减贫研究——以秦巴山区H县为例”（项目批准号：201821）和西北农林科技大学博士科研启动基金项目“2020年后的贫困类型、成因及其治理机制研究”（项目批准号：2452020235）资助。

基本公共服务供给与减贫

Basic Public Service Supply and Poverty Reduction

来自秦巴山区A县的田野叙事

A Field Narrative Research from County A in the Qinba Mountain

李 卓／著

社会科学文献出版社
SOCIAL SCIENCES ACADEMIC PRESS (CHINA)

序 言

自新中国成立以来，中国政府就一直致力于减少贫困人数、降低贫困发生率。经过 70 多年的努力，中国在减贫领域取得了举世瞩目的成就，2020 年现行标准下的绝对贫困已得到历史性消除。但是，贫困并未在我国消失，因为刚刚摆脱绝对贫困的群体仍属于低收入群体，其所处的地理位置未发生根本变化，绝大多数人还生活在基本公共服务供给不足的农村地区。在对贫困治理路径进行认真总结与深刻反思的基础上可以发现，既有贫困治理路径在减少收入型贫困方面发挥了重要作用。但是，伴随着贫困人口特征的变化、扶贫标准的提高和贫困内涵的拓展，既有贫困治理路径的益贫性逐渐下降，其对解决相对贫困难以奏效。因为在绝对贫困被消除以后，农民的发展型需求和农村地区的相对贫困问题将会日益凸显，缓解相对贫困和缩小地区之间、城乡之间与人群之间的发展差距，为贫困人口提供均等的生活机会和能力提升的条件将成为未来减贫的核心议题。

基于此，李卓博士学位论文的主题选择对这一议题进行回应。他选取曾经是秦巴山区集中连片特困地区的国家级贫困县开展田野调查，并结合地方贫困治理实践对此问题展开实证研究，遵循发现问题—理论阐释—制度分析与制度建构的逻辑对基本公共服务如何参与减贫的问题进行了系统性研究。本书从基本公共服务视角出发，重新对现代社会的贫困进行解释，认为贫困不仅仅指的是收入不足，还指由基本公共服务供给不足或缺失导致的农村贫困人口发展机会被剥夺、行动能力被限制而表现出来的多维行动困境。研究还指出，贫困人口难以摆脱贫困的根源在于“机会缺失”和“能力不足”，而摆脱贫困的关键则在于有机会获得均等的基本公共服务和实现自我发展能力的提升。

有鉴于此，该研究构建了基于基本公共服务的减贫的分析框架，并在此基础上进一步回答了基本公共服务如何参与减贫这一现实问题，即基本公共服务参与减贫的作用机理与基本维度。研究表明，基本公共服务可以在构建社会安全网、重塑贫困个体价值、提升个体解困能力和增强贫困人口自我发展能力四个层次实现减贫。此外，李卓还讨论了中国贫困治理阶段基本公共服务的作用、新时代基本公共服务对促进乡村振兴的作用与未来如何减贫的问题。他认为，基本公共服务在中国减贫实践中的重要作用会不断得到凸显，2020年以后政府应该回归“有限政府”、确保“机会均等”，将基于基本公共服务的减贫作为乡村振兴的重要路径，帮助贫困个体实现“机会均等”与“能力提升”，从而持续巩固拓展脱贫攻坚成果，为全面促进乡村振兴奠定坚实基础。

本书是李卓在博士学位论文基础上修改而成的一部学术著作。此书虽然在概念使用和具体行文中还有很多不足之处，但就其回应的议题和研究基础来看，李卓已具备远大的学术志向和较为扎实的学术功底，此书也不失为青年学者的一部优秀的学术著作。在本书即将付梓之际，中国以消除绝对贫困为目标的脱贫攻坚已取得伟大胜利，但本书的研究结论对2020年以后推进脱贫地区的乡村振兴工作仍有很多有价值的启示。在此，我特别愿意把它们专门列举出来。第一，伴随着贫困群体收入的不断增加，以收入不足为特征的贫困将日趋淡化，基于中国城乡二元结构导致的基本公共服务差异而形成的多维贫困将不断凸显。第二，基于基本公共服务的减贫作为一条新的贫困治理路径，将会在缓解相对贫困中发挥重要作用。同时，这是构建长效减贫机制和可持续发展机制的一个制度选择。第三，基本公共服务可以在构建社会安全网、重塑贫困个体价值、提升个体解困能力和增强自我发展能力四个维度上有效发挥减贫功能。第四，基于基本公共服务的减贫旨在为贫困群体或其他弱势人群提供均等的生活机会和能力转化的条件，从而实现社会公平，避免弱势人群因生活风险而陷入贫困。第五，推动基于基本公共服务的减贫制度化不仅是构建长效减贫机制的重要路径，也是促进国家治理体系和治理能力现代化的重要组成部分，同时是减少社会不平等的重要手段。

在当前持续巩固拓展脱贫攻坚成果和接续推进乡村振兴的新历史起点上，期望此书能为促进脱贫攻坚政策体系和工作机制同乡村振兴有效衔接提供参考，同时对农村发展、农村公共管理等学术领域做出一些贡献。

国务院原扶贫开发领导小组专家咨询委员会委员
中国农业大学国家乡村振兴研究院副院长
中国农业大学人文与发展学院教授、博士生导师
左停

目 录

第一章 导论

第一节　研究缘起

贫困是一个复杂的社会问题，消除绝对贫困和缓解相对贫困已成为国际社会共同关注的重大议题，也是我国面临的挑战之一。因此，本书选择关注贫困议题，重点对脱贫攻坚过程中县域脱贫实践进行总结，并立足于乡村振兴战略，讨论在绝对贫困问题已得到解决的基础上，如何在乡村振兴战略实践中统筹解决好巩固拓展脱贫攻坚成果同乡村振兴有效衔接的问题。回顾我国贫困治理历程可以发现，自新中国成立以来，我国就高度重视贫困问题，并于20世纪80年代建立专门负责贫困地区经济开发工作的部门——国务院贫困地区经济开发领导小组，开展有组织、有计划和大规模的开发式扶贫工作，投入了大量的扶贫资源来改善贫困人口的生活状况，实现了从救济式扶贫向开发式扶贫的转变。到1993年底，农村贫困人口由1.25亿人减少到8000万人①，占农村总人口的比例从14.8%下降到8.7%②，国家开始实施《国家八七扶贫攻坚计划》③，经过多方的不懈努力，贫困人口数量和贫困发生率持续下降。进入21世纪以来，我国又先后实施了《中国农村扶贫开发纲要（2001～2010年）》和《中国农村扶贫开发纲要（2011～2020年）》，这两个纲要的实施对促进我国扶贫事业的发展起到重要的推动作用。党的十八大以来，为进一步加快减贫速度，确保我国现

---

① 1993年的贫困标准为贫困户年人均纯收入达到500元以上（按1990年不变价格计算）。

② 数据来源：国务院扶贫办官网（http://www.cpad.gov.cn/）和国家统计局住户调查办公室，2019。

③ 《国家八七扶贫攻坚计划》中的“八七”指的是对当时全国农村8000万贫困人口的温饱问题，力争用7年左右的时间（从1994年到2000年）基本解决。

行标准[①]下的农村贫困人口在2020年全部实现脱贫，贫困县全部摘帽，解决区域性整体贫困，国家将脱贫攻坚提到前所未有的新高度。2014年国家制定了精准扶贫战略[②]，并在全国范围内开展了建档立卡工作，通过精准识别，进一步瞄准贫困人口，提高扶贫资源的利用效率。2015年11月颁布的《中共中央、国务院关于打赢脱贫攻坚战的决定》，成为指导脱贫攻坚工作的纲要性文件，“精准扶贫”迅速成为各地方政府的“中心工作”和社会各界热议的关键词。为助力打赢脱贫攻坚战，地方政府不断进行扶贫体制机制创新，各地涌现出众多脱贫攻坚的鲜活案例，积累了丰富的经验，有的省份还开展了扶贫立法工作，如贵州省人大常委会在2016年9月审议通过了《贵州省大扶贫条例》，将国家的脱贫攻坚规划落实到地方的脱贫实践中，并形成了制度化的扶贫机制。这些实践对提升贫困人口收入和解决“两不愁三保障”[③] 问题起到重要的促进作用，也为在脱贫攻坚完成后巩固拓展脱贫攻坚成果提供了重要参考。2013年以来，在中央政府的强力推动下，各地方政府迅速推进精准扶贫工作，并形成了中央统筹、省负总责和市县抓落实的工作机制，以脱贫攻坚统领社会经济发展全局，助力我国于2020年如期完成脱贫攻坚任务。

虽然脱贫攻坚战已经取得全面胜利，但脱贫地区的发展仍存在薄弱环节，脱贫人口的脆弱性依旧存在，防止脱贫地区规模性返贫，巩固拓展脱贫攻坚成果，加快补齐脱贫地区基本公共服务短板，接续推进脱贫地区乡村振兴依旧任重而道远。过去几年，无论是主流政策派，还是学界理论派，对贫困问题的讨论主要集中在绝对贫困的消除上，在讨论致贫原因时，常常将其划分为五大类：因病致贫、因灾致贫、因学致贫、因劳动能力较弱致贫和其他原因致贫。其中，“其他原因致贫”又包括因交通条件不便、缺资金和缺技术等致贫。在脱贫攻坚期内，国家实施精准扶贫战略，围绕这些致贫因素，对不同致贫原因导致的贫困人口进行分类施策和精准施策，

---

① 现行贫困标准于2011年确定，2011年中央决定将农民人均纯收入2300元（按2010年不变价计算）作为新的国家贫困标准。这一新标准的出台使全国贫困人口数量和覆盖面由2010年的2688万人扩大到1.28亿人。

② 精准扶贫是指针对不同贫困区域环境、不同贫困农户状况，基于科学有效的程序对扶贫对象实施精确识别、精确帮扶、精确管理的治贫方式。一般来说，精准扶贫主要是就贫困居民而言，“谁贫困就扶持谁”。

③ “两不愁三保障”是指不愁吃、不愁穿，义务教育、基本医疗和住房有所保障。

帮助这些贫困人口如期摆脱贫困。但是，在笔者看来，刚刚摆脱贫困的地区和人口依旧面临着一些风险，这些风险集中表现为因发展不平衡不充分所带来的发展机会不均等和发展能力不足等问题。在全面推进乡村振兴战略的进程中，刚刚摆脱贫困的地区依旧是薄弱区域，是乡村振兴的重点工作区域，而刚刚越过贫困线的脱贫人口仍属于低收入人口，在防止返贫的动态监测与帮扶机制尚未完全建立的情况下，脱贫地区规模性返贫的风险尚未消除。所以，未来仍需持续关注脱贫地区和脱贫人口的发展，不断建立健全防止返贫动态监测与帮扶机制，对易返贫致贫的人口开展动态监测和帮扶，守住防止规模性返贫的底线；加强对脱贫地区低收入人口的常态化监测与帮扶，防范化解低收入人口面临的各种风险；接续推进脱贫地区乡村振兴，不断提高脱贫地区的基本公共服务均等化水平，从而缩小城乡发展差距、东中西部发展差距和人群发展差距，为在脱贫地区更好地开展乡村振兴工作奠定坚实基础。因此，本研究提出在脱贫攻坚完成后，应该更加重视脱贫地区基本公共服务供给的制度化建设，加快补齐脱贫地区基本公共服务短板，强化基本公共服务的弱项，提高基本公共服务均等化水平，从而更好地助力乡村振兴战略的实施。

在脱贫攻坚期内，针对不同致贫因素，政府出台了众多具有针对性的帮扶措施。习近平总书记提出了“五个一批”① 促脱贫的举措，而地方政府在实践过程中还会结合地方实际对此进行拓展，如笔者所调查的秦巴山区 A 县就提出了“八个一批”② 促脱贫的举措，过去主要以农业资源、自然资源的开发为主，但在脱贫攻坚实践中的扶贫举措更加多元和丰富，实际上这些扶贫举措已在尝试补齐基本公共服务的短板，如产业扶贫中对产业基础设施建设的重视，修建产业路、提供产业扶贫资金和其他社会性服务等，都意在补齐农业基本公共服务短板；又如健康扶贫和教育扶贫，意在补齐公共教育和公共卫生的短板。但从横向对比的角度来看，中国在农村基本公共服务建设上的短板依旧比较突出。虽然在脱贫攻坚期内，在加强农村

---

① “五个一批”指的是“发展生产脱贫一批、易地搬迁脱贫一批、生态补偿脱贫一批、发展教育脱贫一批、社会保障兜底一批”。

② 笔者所调查的秦巴山区 A 县便出台了“八个一批”促脱贫的举措，在国家出台的“五个一批”政策基础上又增加了“引导劳务创业脱贫一批”“开展健康扶贫脱贫一批”“实施金融扶贫脱贫一批”，是为“八个一批”。

基础设施、农村教育和农村医疗等方面投入了大量的资金和人力，但伴随着农村阶层分化和城乡发展差距的日益扩大，农村贫困人口的生产生活条件与其他社会阶层相比还存在较大差距，且脱贫攻坚任务完成后贫困人口的性质和特征发生了重大变化，以收入不足为特征的贫困日渐消失，而以基本公共服务供给不足或缺失为特征的多维贫困日益凸显。有学者研究发现疾病已成为贫困增量产生的主要原因之一（汪辉平、王增涛、马鹏程，2016），贫困的结构性和制度性特征越来越明显。这种类型的贫困仅仅依靠开发式扶贫是无法解决的，需要通过增加基本公共服务供给来缓解。

此外，还要清醒地认识到摆脱贫困的过程既是一场攻坚战，又是一场持久战。虽然我国取得了脱贫攻坚的全面胜利，但巩固拓展脱贫攻坚成果，防止规模性返贫，实现与乡村振兴战略的有效衔接，依旧是摆在我们面前的一大挑战。那么，如何才能做到脱贫攻坚与乡村振兴的有效衔接呢？这既要靠短期的精准帮扶，也要靠长效的防贫机制，即国家在脱贫攻坚期内集中力量打一场“歼灭战”，确保全面完成2020年脱贫目标；在脱贫攻坚任务结束后，应尽快建立起一套科学的长效防贫机制，将减贫工作常态化和制度化。因为精准扶贫实践主要针对已陷入贫困的群体进行精准帮扶，而未对风险群体进行防范。确保贫困人口脱贫固然重要，但预防潜在贫困人口陷入贫困亦非常重要，因为每个人都有陷入贫困的可能，关键在于构建起防贫预警机制，预防和及时阻止贫困的发生，而基本公共服务恰好可以发挥关键性作用。因此，解决多元因素致贫问题，防止脱贫人口再次返贫，为处于社会风险之中的贫困人口提供防护性保障网，必须从提高现有基本公共服务水平和建构科学合理的基于基本公共服务供给与减贫的长效机制入手，从社会、政治、经济和教育等多个层面建构“亲贫”的基本公共服务制度，更好地预防和减少贫困。

回顾中国减贫历史可以发现，20世纪80年代以来确立的开发式扶贫路径，主要以农业资源和自然资源开发为主，虽然在20世纪90年代和21世纪的实践中，先后发展出“一体两翼”的扶贫路径、开发式与保护式并举的扶贫路径，以及保障性扶贫和综合式扶贫路径，但这些扶贫路径仍存在局限性：一方面，这些扶贫举措对个体因素关注较多，对造成贫困的体制性因素和结构性因素关注较少，如接受教育的机会、疾病风险的防范和对社会竞争失败的保护等，这都是每个社会成员可能面对的问题，往往依靠贫困者个体自身的努力很难解决；另一方面，2020 年消除绝对贫困以后，贫困人口的性质和特点随之发生新的变化，现有扶贫政策在应对相对贫困问题时表现出一定局限性。过去以开发小农自身所拥有的资源为主，目的在于解决以基本需求为主的绝对贫困，而在实现了这一减贫目标后，贫困将会转化为相对贫困和多维贫困，下一个阶段，巩固拓展脱贫攻坚成果和缓解相对贫困将会成为农村工作的重点，因而尽早寻找一条更加有效的路径，成为必须研究的前沿问题，当然这也是本书关注的重点所在。

本研究之所以强调基本公共服务对接续推进脱贫地区乡村振兴的重要性，原因在于，从基本公共服务的视角来看，致贫因素背后的本质原因在于基本公共服务供给制度不健全和基本公共服务均等化水平较低。如“因病致贫”，实际上是由医疗保障制度不健全或公共卫生服务不足造成的，因为疾病是每个人都会面临的风险，但有些人并不会因为生病而陷入贫困，因病致贫的是那些低收入人群或缺少社会保障的人群，主要原因在于未能建立起有效预防低收入人群滑入贫困的机制；再比如“因学致贫”，严格来讲，也不能称为致贫因素，因为如果能够建立起保障底线公平的教育体制，保证每个适龄儿童都能有均等的机会获得优质的教育资源，那么就不会有人因为接受教育的成本过高而辍学，也不会因为受教育机会不平等而产生贫困代际传递。虽然我国建立了九年义务教育制度，理论上讲保证了每个适龄儿童都能免费接受九年义务教育，但实际上东西部地区和城乡地区的教育资源分布不均衡，导致边远山区的适龄儿童无法接受优质的教育资源或者接受教育的成本过高，从而造成社会发展不均衡和社会机会不均等。此外还应该认识到，教育是一个系统性和连续性的工程，学前教育的好坏直接关系到学生在小学、中学等学习阶段的学业表现，而在笔者所调查的地区，存在学前教育薄弱的问题，一般在县城和集镇才会有幼儿教育机构，行政村范围内很少有正规的幼教机构，这便导致很多山区的孩子在可及范围内无法接受正规的学前教育。学前教育不足会对学生后续的学业表现和社会表现产生较多的负面影响，很多学生在读完初中或高中之后，就会选择外出打工，进一步接受高等教育的机会很少，这意味着他们在未来的社会竞争中将会丧失很多机会。而要保证学前教育、义务教育和高中教育的公平性，惠及每一位适龄学生，就需要政府通过提供基本公共教育来解决，不能完全依靠市场。除了以上两个致贫因素之外，大家经常讨论的“交通条件落后”“缺技术”“缺资金”等致贫因素，实际上是由公共交通工具、创业就业基金和职业技术培训等基本公共服务供给不足或缺失所致。学界虽有一些学者开始强调基本公共服务在农村减贫工作中的重要性，但大多数研究比较笼统和宽泛，可见的参考文献对基本公共服务益贫性的认识还不够全面，仅仅指出基本公共服务可以在减贫中发挥重要作用，而未对基本公共服务的内涵与外延做出明确界定，也未对基本公共服务到底如何参与减贫，即基于基本公共服务的减贫的作用机理和基本维度做出明确解释。脱贫攻坚实践已经表明，为贫困人口提供基本公共服务，并保证这些服务有效地惠及贫困人口，才是避免脱贫人口再次返贫和防止低收入群体滑入贫困的关键。因此，在脱贫攻坚战取得全面胜利和全面推进乡村振兴的背景下讨论基本公共服务如何提升欠发达地区低收入群体的发展能力有着深刻的现实意义和理论价值，本书的理论探索可以为构建解决相对贫困的长效机制和增加欠发达地区低收入群体的福祉提供一些参考。

以上论述便构成了本书问题意识的重要来源，并回答了笔者选择此项研究议题的原因。

第二节　研究问题与研究意义

一　研究问题

本书探讨的中心问题是基本公共服务如何参与减贫，即基于基本公共服务的减贫的作用机理和基本维度。笔者试图从基本公共服务的视角来理解和解读贫困，认为在脱贫攻坚战取得全面胜利的背景下，收入型贫困将日趋淡化，基于城乡二元结构导致的基本公共服务差异而形成的多维贫困将会日益凸显。基于此，本书提出了基于基本公共服务的减贫的解释框架，并结合秦巴山区 A 县的实地调查，在对既有减贫制度设计和政策规划进行深刻反思的基础上，对基于基本公共服务的减贫的作用机理和基本维度进行探讨，进而深入讨论如何才能为贫困人口提供均等的生活机会，帮助贫困人口进行能力转化，最后讨论脱贫攻坚任务完成后脱贫地区的发展转型和如何在欠发达地区推进乡村振兴，这些便构成了本书的核心议题。

通过检视既有的减贫政策和实践可以发现，政府采取的是一种发展主义的“强干预”手段，政府在扶贫治理中发挥着主导作用，1985 年以来，我国一直采取以开发式扶贫为主的扶贫策略。这一扶贫策略在一定程度上提升了贫困人口的绝对收入，但并未使贫困人口的自我发展能力得到实质性提高，在政府撤出扶贫领域后，贫困人口较弱的能力将会逐渐显现。从长远目标来看，这种减贫举措是不可持续的，因为没有建立起全面的社会安全防护网。因此，有必要对既有扶贫制度设计和基层实践进行更加全面的审视与反思，探索建立一套更加公平、合理和富有效率的减贫制度。现代政府是一个致力于追求公共利益最大化的责任政府，政府拥有处理公共事务的权力和提供公共服务的责任（吴业苗，2010）。所以，政府不仅是公共管理机构，还是提供公共服务的重要机构，其根本责任是为公民提供有效的公共服务，并确保公共服务能够公平、有效地传递到每个公民手中。基于此，在2020年以后，政府需要转换扶贫的战略思路，从发展主义的"强干预"转向服务主义的"软干预"，即通过提供基本公共服务来实现乡村振兴，打破结构性因素的限制，为低收入群体提供发展的机会、平台与空间，并帮助他们实现能力转化，从而实现自我发展。

二　研究意义

（一）现实意义

贫困是伴随着人类社会发展而产生的一种复杂的经济社会现象，是国际社会面临的重大挑战之一。联合国和世界银行等众多国际组织长期致力于推动全球贫困问题的解决，力求促进社会公平，提升全人类的福祉。新中国成立以后，我国将减贫与发展问题作为政府的重点工作之一，在减少农村贫困人口和降低农村贫困发生率方面，投入了大量的人力、物力和财力。尤其是20世纪80年代中期以来，我国成立了国务院贫困地区经济开发领导小组，专门负责贫困地区的经济开发工作，不断加大扶贫开发的投入力度。1994年国务院颁布《国家八七扶贫攻坚计划》，再次提高了扶贫开发工作的强度，明确了减贫的阶段性目标，要求用7年左右的时间解决当时扶贫标准下8000万贫困人口的温饱问题。经过中央政府和各地方政府的不懈努力，到20世纪末，我国完成了以基本解决温饱问题为目标的第一轮大规模扶贫开发计划，绝对贫困人口数量大大减少，开发式扶贫取得了举世瞩目的成就。

但是，进入21世纪以后，伴随着市场化改革的进一步深入，贫困又呈现新的特征，为缩小贫富差距、实现“共同富裕”和全面建成小康社会，我国进一步加快了减贫步伐，国务院分别于2001年和2011年出台了《中国农村扶贫开发纲要（2001～2010年）》和《中国农村扶贫开发纲要（2011～2020年）》。尤其是党的十八大以来，面对纷繁复杂的国际形势，在经济下行压力加大和经济发展益贫性逐渐下降的背景下，为确保2020年农村贫困人口全部实现脱贫，我国把精准扶贫作为基本战略。如今脱贫攻坚取得全面胜利，深度贫困地区作为打赢脱贫攻坚战的“坚中之坚和难中之难”，也已顺利摆脱贫困。但深度贫困属于多维贫困的长期积淀，致贫原因多元复杂，与分散性个体的转型贫困不同，深度贫困主要表现为不同规模的和群体性的福利缺失（李小云，2017）。这种群体性福利缺失通常表现为村庄或更大范围内群体性的贫困状态，并且常常与整个地区的社会经济发展状况相关联（李小云，2017、2018）。因此，从阶段性减贫目标来看，在脱贫攻坚期内，聚焦深度贫困地区贫困人口的脱贫问题，采用“绣花”的功夫开展脱贫攻坚工作，深入研究脱贫、返贫和防贫问题，确保深度贫困地区2020年脱贫目标顺利实现。但是，需要认识到在2020年完成现行标准下的减贫目标之后，并不意味着贫困在中国已消失，而只能说贫困的性质发生了变化，从绝对贫困转向相对贫困，从满足贫困人口的生存型需求转向满足发展型需求。因为低收入人群的空间分布与绝对贫困人口的空间分布基本一致，绝大多数还生活在基本公共服务非常落后的农村地区。在绝对贫困被消除以后，农村地区的相对贫困问题和基本公共服务短缺问题将会进一步凸显，农村仍然是中国未来减贫的主战场。因此，从长远的发展目标来看，亟须构建一套能够改变相对贫困人口社会位置的制度，为其实现能力转化提供必要平台与空间。有鉴于此，本书试图从基本公共服务的视角来理解贫困，并探索建构一种基于基本公共服务的减贫的分析框架，以期为2020年以后推进脱贫地区的乡村振兴和促进低收入人群更好地发展提供参考。因此，从这个层面上讲，本书具有重大的现实意义。

（二）理论意义

贫困是一个涉及多学科的复杂问题，不同学科的学者从不同的角度对贫困做出了不同解释。回顾贫困研究的历史，发现关于贫困的研究最早可以追溯到空想社会主义对资本主义制度弊端的抨击与批判，贫困被视为制度的产物。在国际层面，英国政府最早开始关注贫困问题，并颁布《济贫法》以缓解贫困问题，而最早将“减贫”作为学术话语提出来的是发展经济学家冈纳·缪尔达尔（参见左停，2017）。此后，伴随着贫困问题的多元化和减贫实践的不断深入，学者们对贫困概念、类型和成因的理解也在不断深化，减贫理论和减贫政策也随之日益多样化。中国的减贫事业虽取得了重大的历史性成就，但贫困问题对我国而言仍然是一个不容忽视的重大民生问题。进入 21 世纪，我国继续加大扶贫开发的力度，进一步推进扶贫工作的开展，尤其是党的十八大以来，为全面建成小康社会、实现共同富裕，国家提出了精准扶贫、精准脱贫基本方略，其中最关键的是要解决深度贫困问题，这涉及深刻的理论创新问题。

但是，在减贫理论的指导下，大多扶贫措施还是常规性的开发式扶贫，“换汤不换药”的帮扶措施普遍存在，服务贫困群众的“最后一公里”并没有完全打通，这就需要不断地进行理论创新。调研发现，农村地区因基本公共服务供给不足或缺失导致贫困人口行动能力受限而表现出来的社会困境长期存在，贫困人口真正缺乏的不是技术供给方案，而是一套能够为他们提供发展机会和发展空间的制度性安排。因此，解决贫困人口收入瓶颈的关键是“探索和挖掘能为他们产生高强度收入增长的机会，并为实现这个机会创造条件”（李小云，2017），这就需要不断进行理论创新和制度创新。因此，本书结合之前的减贫实践，试图从基本公共服务的视角来理解贫困，进一步拓展贫困的内涵和外延，并通过总结精准扶贫实践经验，构建基于基本公共服务的减贫的理论分析框架，期望能够对减贫理论的创新做出贡献，同时也为探索建立具有长效减贫效应的基本公共服务制度提供理论指导。

第三节　研究方法

在研究方法层面，本书属于质性研究的范畴，笔者主要采用实证主义的研究范式，通过实地调查、半结构式访谈、数据收集和文献整理等方式获得丰富的一手资料，并遵循发现问题—理论阐释—制度分析与制度建构的逻辑，采用经验研究的方法来分析资料，以得出结论。

值得指出的是，本书研究的是基于基本公共服务的减贫的机理和维度，但主要的田野材料来源于秦巴山区 A 县，之所以选择 A 县作为田野调查点，主要基于以下两点。一是代表性。当时的秦巴山区作为全国集中连片特困地区之一，贫困呈现区域的整体性和顽固性，而A县作为国家级贫困县，贫困程度深、贫困面大和贫困人口多，是典型的贫困县。二是进入现场的便利性。作为一项实证研究，能否顺利进入现场不仅决定着调查的成功与否，还会影响研究的科学性和研究质量（郑欣，2003）。笔者之所以能够顺利进入A县做田野调查，主要得益于一位校友的大力支持和周密安排，在他的协调下，笔者能够顺利进入田野，并开展访谈和实地调查。因此，本书选择了秦巴山区A县作为田野调查点。

一　分析方法

本书采用的主要分析方法是经验研究。经验研究主要以经验事实为依据，采用实地调查、统计调查和文献研究等方式，以参与观察、问卷调查、文献收集和深度访谈等手段收集一手资料，获取翔实的经验材料。在对这些经验材料进行整理和经验分析的基础上，对研究对象和研究内容进行清晰把握，建立或检验既有的知识或理论。本书在对新中国成立以来的减贫制度进行系统回顾的基础上，研究这些制度产生和发展的社会背景、原因，制度设定的目标和减贫效果等，从而比较既有减贫制度的优劣，指出既有减贫制度的不足，结合新时期贫困的主要特征和贫困人口的根本需求，尝试建构基于基本公共服务的减贫的分析框架，从而突破结构性因素的限制，以实现制度供给与贫困人口社会需求之间的平衡。同时，本书采用经验研究的方法，广泛收集减贫实践中出现的各种典型案例、统计数据和文献材料，对中国减贫制度的理论与实践进行反思，总结提炼基于基本公共服务的减贫的分析框架，为2020年以后如何促进脱贫地区低收入人口更好地发展提供政策参考。

二　资料来源

笔者曾于2018年7月和11月，2019年3~5月、7月先后5次前往A县开展田野调查，在实地调查过程中收集到大量的一手资料和二手资料（主要指的是政府文件、县志和统计数据等），为本书提供了丰富的素材。总体而言，本书的资料主要来源于以下三大途径。

第一，实地访谈资料。在多次的实地调研过程中，笔者主要通过召开座谈会、进行半结构式访谈和深度访谈等方式获取访谈资料，前后共访谈40多人。访谈的内容主要涉及扶贫政策的执行过程、教育和健康等在减贫中发挥的重要作用，以及一线扶贫干部对贫困治理的认识。具体来讲，访谈的对象主要包括县级主管扶贫工作的副县长、扶贫办主任和副主任、（乡）镇党委书记和（乡）镇长、乡镇扶贫干部、驻村第一书记、村支书、村委会主任和贫困户等。此外，在乡镇调研期间，笔者在W镇脱贫攻坚指挥部见习两个多月，并参与W镇脱贫攻坚指挥部的日常工作，在此过程中获取了翔实的一手资料。

第二，公开的数据资料。在实地调查中获得的资料主要包括在县、乡（镇）和村开展座谈会的汇报文件、会议纪要、领导讲话和文件汇编，以及地方政府发布的扶贫统计数据和基本公共服务统计数据。此外，还包括国家统计局、行业部门和地方政府发布的其他统计数据，主要包括各年度的《中国统计年鉴》、国家统计局和地方统计局发布的“国民经济和社会发展统计公报”、《国家基本公共服务统计指标》和各年度的《中国农村贫困监测报告》等。

第三，政策文件资料。政策文件是了解政府治理理念的重要资料，在研究中获取的政策文件资料主要包括各级政府公开发布的政府公告、电子文件和其他关于贫困治理与基本公共服务的资料。实地调查过程中也拿到地方政府发布的一些尚未公开的纸质文件、地方志和其他资料。此外，获得的其他资料还包括国内重点新闻媒体对当地脱贫攻坚和基本公共服务建设情况的采访与报道等。

第四节　概念界定与表述结构

一　概念界定

1. 贫困

在进行文献回顾时，发现学界对“贫困”有多重定义，但是本书在界定贫困的概念时更加侧重于贫困之“困”。按照汉字的释义，“贫”意味着“穷”，即收入少，生活困难，与“富”相对（中国社会科学院语言研究所词典编辑室，2011：413）；而“困”则意味着“陷入艰难痛苦或无法摆脱的环境之中，即有困厄、困难和困境之意”（中国社会科学院语言研究所词典编辑室，2011：280）。由此可见，“贫困”一词在中文语境下的含义是多维度的，既包含货币维度的收入不足，亦包含非货币维度的行动困境与福利缺失。这种非货币维度主要表现为一个人实现社会功能活动所应该具备的基本能力和自由选择的机会，而这些能力和机会依靠个体往往无法获得，需要政府为其提供基本的平台和均等的机会，才能够实现能力转化，进而拥有实现功能性活动的可行能力。因此，本书在界定贫困的概念时，认为贫困不仅指的是收入不足，还指由基本公共服务供给不足或缺失导致农村贫困人口发展机会被剥夺、行动能力被限制而表现出来的可行能力贫困。

2. 公共服务

“公共服务”在政策话语和学术话语中具有不同的含义。政策话语下的“公共服务”内涵将集中在下文进行讨论，这里只对“公共服务”的学术含义进行界定与辨析。在学术话语中，不同学者在界定“公共服务”时，因秉持的视角不同，往往会提出不同的含义，但归结起来，学者对“公共服务”概念的界定一般可以分为两大类，即物品性质和行为方式。物品性质主要是基于公共经济学，从物品的视角对公共服务进行界定，按此观点，公共服务应该包含纯公共产品和准公共产品（任强，2009），纯公共产品一般具有非排他性和非竞争性，而准公共产品只具有其中一个特征，这里便强调了公共服务的物化特征。因此，有人将“公共服务”界定为“政府、非营利组织等公共部门以及部分私营组织为满足社会公共需求、维护公共利益而生产与供给的公共产品”（范逢春，2016）。行为方式的维度更侧重于从现代政府的伦理视角对公共服务进行界定，认为现代政府是建立在政治契约基础上的，现代政府的公共责任就是为公民提供有效的公共服务（项显生，2015），并保证每个公民都能公平地获得基本公共服务。有鉴于此，本书在对“公共服务”的概念进行界定时，“物品性质”和“行为方式”两个维度兼而有之，在讨论政府需要提供的具体公共服务时侧重于强调“物品性质”；而在讨论政府的基本职能时，则重点强调的是“行为方式”。

3. 基本公共服务

上文讨论了公共服务的概念，那什么是“基本公共服务”？基本公共服务重在突出“基本”二字，主要包括两层含义：第一，基本公共服务是公共服务中最基础和最核心的部分，与公民最关心、最直接和最现实的切身利益密切相关；第二，基本公共服务是政府公共职能的“底线”，由政府负最终责任，具有阶段性特征（曾红颖，2012）。所以，从广义上讲，公共财政支付范围内的所有项目和内容均应该属于基本公共服务。但从狭义上讲，应该是在不同历史时期和发展阶段，人民群众迫切需要的最低层次的公共服务（任强，2009）。在本书中所使用的基本公共服务概念主要是指基于一定的社会共识，在特定的国民经济发展水平之下，与公众的基本生存权和发展权密切相关的，能够为实现人的全面发展提供基本社会条件的公共服务。而根据基本公共服务在减贫中可能发挥的作用与功能，将其划分为四种类型：兜底型基本公共服务、孵化型基本公共服务、延伸型基本公共服务和发展型基本公共服务。这四种类型的基本公共服务为人类发展提供了最基本的社会条件，并具有社会再分配的功能，为社会弱势群体提供获得基本生存和发展的均等机会，并帮助他们实现能力转化，从而保证最基本的社会正义。

二　本书结构

本书在对贫困概念、致贫原因和扶贫举措进行反思和回顾的基础上，指出既有扶贫制度的优势与不足，进而从基本公共服务视角来认识和理解现代社会的贫困，构建公共服务话语下的贫困内涵与减贫分析框架，并结合实地案例深入剖析基于基本公共服务的减贫的逻辑机理与具体维度，最后分析了新时期扶贫战略新定位和基于基本公共服务的减贫的政策建议。基于此，本书的具体结构可以使用图 1 - 1 进行简单说明。

本书的具体结构如下。

第一章为“导论”。此部分主要介绍了议题选择和研究缘起、研究问题和研究意义，并交代了研究方法与数据来源，同时对与本书密切相关的核心概念进行了界定，并陈述了本书的内容结构与章节安排。

第二章为“文献回顾与分析框架”。这一章主要回顾了贫困的概念、类型与成因，并分析了中国和国际社会减贫举措的优势与局限，紧接着讨论了不同减贫阶段中基本公共服务政策的变迁与减贫效应，以及基于基本公共服务的减贫的研究现状。在对这些文献进行批判性吸收的基础上，本书提出了基于基本公共服务的减贫的分析框架。

第三章为“基本需求：基本公共服务视角下的贫困”。这一章从基本公共服务的视角出发来重新认识和理解现代社会的贫困，贫困不仅意味着收

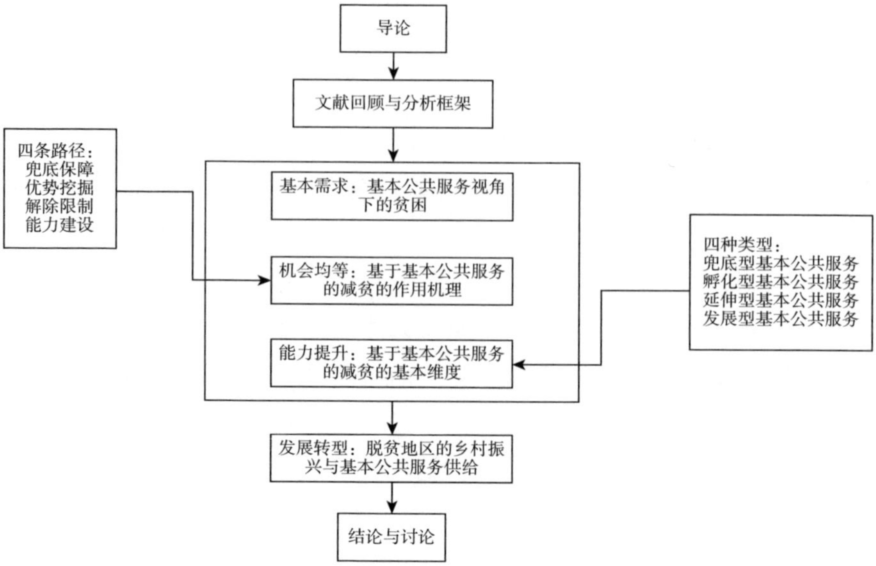

图 1-1　本书的具体结构

入不足，还意味着基本公共服务供给不足或缺失导致的能力欠缺与福利缺失。因为基本公共服务也是民众的基本需求，政府有责任为满足民众的基本需求而不断完善基本公共服务供给的体制机制。本章以脱贫攻坚期内的秦巴山区国家级贫困县为例，对基本公共服务话语下贫困的表征与生成原因进行了深刻分析。同时，从基本公共服务供给视角出发对贫困的再生产机制进行了深刻阐释，笔者认为贫困之“困”的本质在于作为公民一项基本权利的基本公共服务享有权没有得到有效保障。此外，本章也结合当时的社会背景对基本公共服务供给不足或缺失可能造成的社会后果进行了深刻分析。

第四章为“机会均等：基于基本公共服务的减贫的作用机理”。本章从既有减贫制度和扶贫政策忽视的几个因素谈起，讨论了扶贫开发制度存在的不足与缺陷，认为既有扶贫开发举措虽对消除绝对贫困起到重要作用，但对解决相对贫困问题还稍显不足。在贫困性质发生变化的背景下，既有减贫制度面临着重大挑战，在发展主义“强干预”手段不完全奏效的情况下，需要转换到“软干预”手段上来，从而再次强调了基于基本公共服务的减贫路径的重要性，并讨论了基于基本公共服务的减贫的基本逻辑与作用机理，结合实地调查讨论了基于基本公共服务的减贫的政策意涵与现实关切。

第五章为“能力提升：基于基本公共服务的减贫的基本维度”。本章认为，基本公共服务是提高基本可行能力的重要条件，不同类型的基本公共服务可以从不同维度提升贫困人口的基本可行能力：兜底型基本公共服务可以有效构建社会安全网，提供兜底保障功能；孵化型基本公共服务可以重新挖掘贫困人口的潜力，重塑贫困个体的价值；延伸型基本公共服务可以解除发展的限制，促进贫困人口的就业和社会参与；发展型基本公共服务可以增强贫困人口的自我发展能力，实现内源式发展。同时，结合地方贫困治理经验和典型治理案例提炼总结了中国场景下基于基本公共服务的减贫的维度与层次，从而指出可以通过基本公共服务为贫困人口提供发展的基础性社会条件，并为其摆脱贫困创造机会与条件。

第六章为“发展转型：脱贫地区的乡村振兴与基本公共服务供给”。本章着重讨论脱贫攻坚完成后农村人口特征与性质的新变化，并对传统农村发展路径进行反思，以此为基点讨论了脱贫攻坚完成后脱贫地区发展政策设计的思路与理念。在推进脱贫攻坚与乡村振兴衔接的关键时期，农村人口性质与特征的新变化，要求政府不断创新政策设计理念，以及时回应低收入人口基本需求的变化。基于对当前农村发展特征和未来发展趋势的判断，本书认为政府应该回归有限政府和确保机会均等，并通过提供基本公共服务供给质量和水平来促进脱贫地区的发展。

第七章为“结论与讨论”。本章为本书的最后一章，主要包括研究结论与主要发现、研究创新与不足，并对本书中涉及的其他相关议题和未来的研究方向进行了延伸性讨论。

第二章
文献回顾与分析框架

第一节　贫困的概念、类型与成因研究

一　贫困概念与类型的相关研究

（一）贫困概念的界定

贫困是一个非常复杂且不断更新的概念，是学者建构出来的一个学术词语。回顾人类与贫困斗争的历史可以发现，在长期的理论研究与减贫实践中，人们已从经济学、社会学和政治学等诸多学科视角对贫困进行了解释，并提出了界定和测量贫困的方法。一般而言，全球测量贫困的方法主要有两种：一种是基本需求法；另一种是基本能力法。前者主要基于经济学和生物学视角来测量人们满足生存的基本需求；后者主要基于发展的视角来测量使人们获得一定生活水平的基本能力（王小林，2018）。最早使用基本需求法对贫困进行测量的是英国的朗里特，他在其专著《贫困：对城市生活的研究》一书中提出按照“获得维持体力的最低需要”的“购物篮子”① 所需要的货币推算出满足一个六口之家一周基本生存的货币标准是26先令（Kanbur and Squire，1999）。这个标准实质上是从维持基本生存的“生物学”角度采用经济学方法来定义的贫困线，也是历史上第一个采用基本需求法界定的贫困线。此后，美国经济学家 Mollie Orshansky 于1963年根据满足最低基本生存需要的食物和非食物需求测量了美国的贫困线（王小林，2018），世界银行在制定全球贫困线时采纳了这一测量方法。

世界银行一直以减少贫困、推动共同繁荣和促进可持续发展为使命，是最早对全球的贫困问题进行测量和监测的国际组织。世界银行曾给贫困

① “购物篮子”里面包含满足人类基本生存的住房、衣着、燃料和其他杂物等。

下过一系列定义，在1981年的《世界发展报告》（World Bank，1981）中提出贫困是指“当一些人、家庭或群体没有足够的资源去获取社会公认的状态，即一般能享受到的饮食、生活条件和社交机会时就处于贫困状态”；而世界银行在1990年的《世界发展报告》（World Bank，1990）中提出贫困是指“缺少达到最低生活标准的能力”；在2000年的《世界发展报告》（World Bank，2000）中贫困的定义又有了新的内涵：“贫困不仅指低收入和低消费，还包括在教育、医疗、营养和人类发展的其他领域获得的资源较少。”基于以上定义，世界银行在不同的年度制定了不同的国际贫困线，1991年依据全球最不发达的6个国家的绝对贫困线推算出第一条国际绝对贫困线为1.01美元/天，此后依据新的购买力平价（PPP）先后对国际贫困线进行了调整，2001年调整为1.08美元/天，2009年调整为1.25美元/天，2015年调整为1.9美元/天。以上几个国际绝对贫困标准，都是参照全球最不发达国家的贫困状况来设定的。由此可见，伴随着减贫实践的不断深入，世界银行虽在不同的阶段对贫困概念有所更新，但仍然采用了满足全球最不发达国家人口维持生存的“基本需求法”来定义和测量贫困。

与世界银行不同，以联合国为代表的国际组织认为，这种基于生物学视角、将维持基本生存“最低水平”的热量转换成货币的测量方法是不科学的，不能完全反映贫困人口的生存与发展状况，进而提出了另外一种基本能力测量方法。这一方法以阿马蒂亚·森为代表，森在《商品与能力》一书中系统阐述了“能力方法”，认为收入是实现一定生活水平的“手段”，而实现人类福祉的提升才是发展的真正目的（王小林，2018）。此外，森还认为可以从可行能力的被剥夺来看待贫困，认为“除了收入低下以外，还有其他因素影响可行能力的被剥夺，从而影响到真实的贫困”（森，2002：86），这些因素主要包括健康、教育、住房等，应该从多个维度对贫困进行测量。根据这一视角，联合国在2010年的《人类发展报告》中强调“发展远比收入更加重要”，并采纳了这一测量方法，提出了人类发展指数（HDI），后来又引进了多维贫困指数（MPI），以实现对贫困的多维测量，MPI指数重点在于“测量健康、教育和生活标准方面的缺乏程度，综合考虑了被剥夺人群的数目和受剥夺的严重程度”（UNDP，2010），这一贫困测量标准的提出主要是针对基本需求方法无法测量的部分所做的补充。由此可见，贫困概念和测量手段的不断更新加深了人们对于贫困的理解，进一步指导着减贫实践与政策创新。

20 世纪 90 年代以来，我国学者也开始对贫困的概念进行界定，但主要侧重于从收入维度进行定义。如童星、林闽钢（1994）认为“贫困是经济、社会和文化落后的总称，是由于收入低下造成的缺乏生活所需的基本物质与服务，以及没有发展的机会和手段的一种生活状况”。康晓光（1995）认为“贫困是由于人不能合法地获得基本的物质生活条件和参与基本社会活动的机会，以至于不能维持一种个人生理和社会文化可以接受的生活水准的状态”。国家统计局在 1990 年对中国贫困问题进行调查时，也对贫困的概念做了界定，认为贫困一般是指“物质生活困难，即一个人或家庭的生活水平达不到一个社会可接受的最低生活标准”（国家统计局《中国城镇居民贫困问题研究》课题组，1991）。近年来，中国政府实施的精准扶贫战略，对贫困的理解和测量又提出了新的标准，用“收入 + 两不愁三保障”的标准来识别贫困人口，即在坚持从收入维度进行贫困测量的基础上，纳入了吃饭、穿衣、教育、医疗、住房等，对贫困内涵的理解进一步加深，使贫困的概念得到进一步拓展。由此可见，伴随着减贫实践的不断发展，学界对贫困内涵和外延的认识也在不断更新，而这又会对减贫的制度设计和战略制定产生一定的影响。

（二）贫困的多元分类及相关概念

随着减贫实践的不断发展，学者对贫困的认知和理解也在不断变化：从人类基本需求视角转向基本能力视角，并且认为人的发展不仅仅是收入的提高，更是扩展自由的过程。从认知的主体、致贫原因和贫困周期等角度可以对贫困进行多种分类，如主观贫困与客观贫困、绝对贫困与相对贫困、长期贫困与转型期贫困、收入型贫困与支出型贫困等。同时，从致贫的深层因素来看，可以将贫困分为能力贫困、权利贫困、制度性贫困与文化贫困等（左停，2017）。下面将重点对绝对贫困、相对贫困、能力贫困和权利贫困，以及与贫困相关的社会排斥、社会剥夺和脆弱性等概念进行梳理。

绝对贫困（Absolute Poverty）是与社会公认的基本需求相联系的一个贫困概念（左停，2017）。通常将“基本需求”确定为保障生存所必需的最低要求，这就意味着这个篮子里面的食物必须能保证每日的热量摄入，以保证能达到基本的卫生和安全标准，以及最低的医疗服务和取暖水平（De

Clich and Polin，2003）。所以，绝对贫困是针对生存能力来讲的，即社会成员一旦缺乏维持生命的足够收入或者社会成员处于绝对的物质匮乏与不平等之中时就会陷入绝对贫困（李永友、沈坤荣，2007）。绝对贫困线的计算一般采用“预算标准方法”进行，它是基于一篮子基本需要进行定义的（Guilding，Lamminmaki，and Drury，1998）。美国学者 Orshansky 曾在她的著作《如何度量贫困》（*How to Poverty is Measured*）中提出过一个测量绝对贫困的计算方法，认为一个家庭若将预算的30%以上用在食品开支上，那他就处于绝对贫困之中（周沛，2000）。因此，绝对贫困指的是在特定的生产方式和生活方式下，个人或家庭依靠劳动所得或其他合法收入无法满足基本生存需求，生命延续受到威胁的一种状态（韩华为、高琴、徐月宾，2017）。

相对贫困（Relative Poverty）则是与绝对贫困相关联的一个概念。相对贫困与总体不平等有密切关系（Johan et al.，2015），在全球经济发展的不平衡和部分国家内部发展的不均衡的背景下，学者们认识到贫困不仅仅意味着食不果腹和衣不蔽体，还意味着相对排斥与相对剥夺，由此便提出了相对贫困的概念（陈宗胜、沈扬扬、周云波，2013）。英国学者 Townsend 最早提出相对贫困的概念，认为“贫困不仅仅是基本生活必需品的缺乏，还是个人、家庭和社会组织缺乏获得饮食、住房、娱乐和参与社会活动等方面的资源，使其不足以达到按照社会习俗或所在社会鼓励提倡的平均生活水平，从而被排斥在正常的生活方式与社会活动之外的一种生存状态”（Townsend，1979）。从本质上讲，贫困线的设定要考虑到社会包容成本的差异，这个成本可以被定义为购买某些商品的支出，这些商品被认为有助于确保一个人能够有尊严地参加常规的社会和经济活动（Ravallion and Chen，2007）。近年来，国内学界对相对贫困的研究也取得了一些进展，如有学者认为相对贫困指的是“温饱问题基本解决，能够维持简单的再生产，但低于社会公认的基本生活水平，且缺乏扩大再生产的能力”（童星、林闽钢，1994）；杨立雄、谢丹丹（2007）在对 Townsend 提出的贫困概念与森提出的贫困概念进行比较的基础上，认为二者提出的贫困概念在贫困理论研究中是不可分割的理论体系。绝对贫困以满足人类基本生存为目的，而相对贫困需要满足人们较高层次的多种需求，因为相对贫困强调的是贫困群体由于缺少社会参与的相关资源而被相对剥夺，最终处于或将长期处于贫困的一种状态（刘杰、李可可，2016）。

能力贫困（Capability Poverty）是指由自然环境和社会环境造成的个体健康状况差、知识水平低、缺乏生活和工作技能的一种状态（左停，2017）。学者们最早将贫困归结为收入问题，在减贫实践中关注最多的也是收入匮乏问题，但随着减贫实践和贫困研究的不断深入，学者发现收入匮乏只是贫困的表征之一，形成贫困的深层原因在于可行能力的缺失（胡鞍钢、李春波，2001）。可行能力是森定义和测量贫困的核心概念之一，指的是“一个人所拥有的、享受自己有理由珍视的那种生活的实质自由”（森，2002）。由此，森对贫困进行了重新定义，认为“贫困必须被视为基本可行能力的剥夺，而不仅仅是收入低下”（森，2002），因为除了收入之外，还会有其他因素对贫困产生影响。森提出的可行能力贫困对人类发展目标的设定产生了深远影响。联合国开发计划署在2010年的《人类发展报告》中从成人识字率、营养状况、预期寿命、贫困母亲健康和可预防疾病的能力等多个维度重新定义了贫困（联合国，2010）。此后，联合国每年都会在《人类发展报告》中公布全球多维贫困指数。国内学者对“能力贫困”研究亦有贡献，如段世江、石春玲（2005）从人力资本和社会资本两个维度构建了“能力贫困”的内容体系，主要包括知识资本存量、健康生存能力、社会组织体系、居民人际关系和人口素质等要素，而徐延辉、龚紫钰（2015）基于社会质量理论，从社会经济保障、社会凝聚力、社会赋权水平和社会包容程度四个维度对“能力贫困”进行了测量。

权利贫困（Entitlement Poverty）是森提出的另一个概念，集中反映在《贫困与饥荒》和《饥饿与公共行为》这两本专著中。森采用“权利的方法”（Entitlement Approach）来研究贫困问题，认为从权利视角可以将饥饿和贫困视为“权利丧失”的结果（马新文，2008）。森指出权利方法所重视的是一个人是否拥有足够食物的能力，以及人们在某一社会现有法律体系中所具有的合法控制食物的手段（森，2012），享有食物所有权应该是现代社会的人最基本的权利之一，保障食物权是现代政府对公民负有的公共责任之一，政府应该提供制度性安排对这种权利进行保护（马新文，2008）；而洪朝辉（2003）认为权利贫困指的是一些特定的群体或个人，因为无法享受社会和法律公认的足够数量和质量的社会福利，进而陷入贫困的一种状态；余少祥（2009）则从法学的视角对“权利贫困”进行了界定，认为

“权利贫困”是指“国家的公民由于受到法律、制度和政策等的排斥，在本国不能享有正常公民权利或基本权利得不到体制保障”。经济贫困、权利贫困和能力贫困往往是相互影响和相互转化的，经济贫困只是权利贫困和能力贫困的表现，而经济贫困更深层次的原因不仅仅是收入不足，更重要的是权利被剥夺和地位被边缘化。

社会排斥（Social Exclusion）是与贫困相关的一个概念，最早由法国学者勒内·勒努瓦提出，主要涵盖社会、经济和政治层面。基于不公平和群体偏见的社会排斥可能会导致压力与紧张状态，在极端的情况下，被排斥的群体可能会表现出抑郁、社会退缩和社会脱轨行为（Rutland and Killen, 2015）。而贫穷通常被认为是一种结果，指的是由于缺乏物质资源或其他资源，而无法分享大多数人的日常生活方式（刘振杰，2014）。相反，社会排斥被看作一个多维的动态过程，它指的是社会中主要系统发生故障或失灵，无法保证个人或家庭实现社会融合（Shucksmith，2015）。如道路、桥梁等基础设施不足，医院、学校和社会服务的匮乏将会把生活在这一地区的群体排除在享受人类基本福祉的范围之外，进而导致社会排斥和贫困（Kithinji，Okelo，and Muriungi，2016）。这里强调的贫困人口主要指那些被排除在劳动力市场之外、持续的贫穷状态和那些不能分享经济成果的人，社会排斥最直接的表现就是边缘化、权利丧失和能力不足（彭正波，2010）。事实上，很多能力贫困都与社会排斥有关，社会排斥思想的真正意义在于强调了其关系特征所引起的能力剥夺与贫困。因为“社会排斥本身不但是能力剥夺的一部分，而且也是造成各种能力不足的原因之一，如果从能力不足的角度来审视贫困，那么，很显然可以用社会排斥来解析贫困”（森，2005）。因此，应该认识到社会排斥是由社会结构和社会制度造成的，它既是一种机制，又是一个过程，往往会造成某些群体的社会支持丧失，从而陷入被边缘化和被排挤的状态（周林刚，2004）。

社会剥夺（Social Deprivation）是另一个与贫困相关的概念。在早期的文献研究中，这一概念被用来表达“越南战场上的美国士兵们尽管生活很舒服，但仍感觉到不足的一种心理状态”，后来汤森等在研究贫困问题时，首次将这一概念用于定义和测量贫困，并由此提出了相对贫困的概念（唐钧，2002），并将这一概念引入贫困研究中，用来指“社会上大多数人认为或风俗习惯认为应该享有的食物、基本设施和服务活动的匮乏与不足”

(Townsend, 1979)。因为社会剥夺的存在将会导致一个人无法正常享有作为一个社会成员应该享受的生活条件和发展机会。此外，社会剥夺还可能通过影响卫生系统而间接影响人类的健康，给个人或群体健康带来危害(Shucksmith, 2015)。由此可见，社会剥夺的存在也是导致贫困难以被消除的重要原因之一，在以后的制度设计和政策制定时需要重点关注。

脆弱性也是一个与贫困相关的概念。通常被用于分析致贫原因，是对未来陷入贫困的一种事前预测，对非贫困者而言，脆弱性指的是其陷入贫困的风险；而对贫困者而言，脆弱性意味着其变得更加贫困（樊丽明、解垩，2014）。贫困指数对贫困人口的监测只能反映贫困人口暂时的状态，而使用脆弱性则能更加全面地反映贫困地区农户的福利状态（左停，2017），因为贫困往往与脆弱性相伴而生、互相影响。贫困的经济脆弱性一般由市场机制不完善、经济全球化和经济危机冲击所致，而将脆弱性纳入贫困概念和减贫战略，有助于降低未来发生贫困的风险，增强减贫的稳定性（檀学文、李成贵，2010）。同时，脆弱性也是一个可以测量的概念，农户的家庭收入、劳动力的平均受教育水平、社会资本和教育支出等都会对农户的脆弱性产生影响（杨文、孙蚌珠、王学龙，2012）。因此，采纳脆弱性的分析框架不仅能有效测度死亡风险对农户家庭消费和福利的影响，还能回答农户如何规避风险（张冀、祝伟、王亚柯，2016）。所以，在进行贫困研究时，脆弱性也是一个不容忽视的概念。

二　关于贫困成因的研究

关于贫困的成因，当前学界主要形成了三种分析范式：行为分析范式、结构分析范式和政治分析范式。这三种范式在对贫困成因进行分析时选择了不同的侧重点，进而对贫困形成了不同的认知，而基于对致贫原因的不同认知，便会形成不同的干预策略。

第一，行为分析范式。行为分析范式主要关注的是激励和文化驱动下的个体行为，该分析范式认为个体行为是直接导致贫困的关键机制，而不是制度或社会结构。根据这一分析范式的解释，贫困人口之所以陷入贫穷，是因为他们与减贫相悖的行为增加了贫困和生活的风险，因为人口统计学特征已表明拥有这种行为的人普遍处于贫困之中（Brady, 2019）。因此，在行为分析范式之下，贫困主要被归因为激励和文化对个体行为的影响，而这种行为又会进一步强化贫困文化，不断激励人们去从事那些与减贫背道而驰的行为。回顾文献发现，行为主义者倾向于将激励和文化视作行为的主要来源，也指出了激励与文化之间的相互作用。在贫困人口聚居社区或者贫困群体中会形成一种亚文化，如暴力犯罪、过早辍学和不求上进等，此类文化会形塑个体行为，进而导致他们陷入贫困；反过来，贫困又会对贫困人口形成多重限制，如受教育机会缺乏和破坏儿童认知能力等，而政府给贫困人口提供的一些社会救济或社会福利，也会带来负的外部效应，如在中国精准扶贫、精准脱贫实践中出现的“养懒汉”“倚着门框晒太阳，等着干部送小康”等现象。不合理的制度会对那些内生发展动力不足的贫困户形成一种负向激励，让贫困人口形成福利依赖，进而强化他们的行为，并形成贫困亚文化。

第二，结构分析范式。“结构具有客观性、外在性和强制性，在对社会事实进行解释时不归因于个体因素”（邢成举、李小云，2018）。在结构理论中，“结构”强调的是在宏观和中观层面表现为机会与限制因素的人口背景和经济背景，着重探讨人口背景和经济背景是如何引发贫困的。一般而言有三条途径：一是结构性环境直接导致问题行为，从而引发贫困；二是这些结构直接引发贫困，甚至是行为网络；三是结构与行为互动，调节着行为与贫困之间的关系（Brady，2019）。结构主义理论者不同于行为主义理论者，他们更倾向于强调人口和经济结构的环境效应，而行为主义者更倾向于关注人口和经济的构成。而在这里，人口背景主要包括邻里劣势、年龄和性别构成、居住隔离、城市化和人口转型等；经济背景则包括经济增长和发展、工业化和非工业化、生活空间和技能不匹配等（Brady，2019）。在结构理论范式之下，贫困往往被归因为人口结构和经济环境对个体行为与贫困的影响。因为经济环境变化和居住区域隔离，会导致贫困集中，如某些发展中国家的贫民窟和我国的集中连片特困地区，而集中贫困随后又会成为引发行为和贫困的结构性原因，因为在隔离区域和集中贫困社区中长大的儿童面临着很多不利因素，这些因素的存在将会影响他们接受教育的机会和未来的发展成就，并导致贫困。另外，经济增长通常被视为减少贫困的必要条件，如中国在 1978～2020 年贫困发生率持续下降，这与改革开放以来中国经济持续高速增长是分不开的，因为经济发展可以创造就业机会，使人们能够重新获得收入和返回学校读书，而个人层面的就业则受到结构性经济环境的影响。但是，我们也需要认识到经济增长并不能保证贫困人口持续获益，因为经济增长的益贫性是有条件的，一旦贫富差距过大或者不利于贫困人口的经济结构形成，贫困人口就很容易被经济增长边缘化，从而陷入结构性“贫困陷阱”。

第三，政治分析范式。政治分析范式认为贫困是由权力关系和如何分配资源的集体选择驱动的一种政治结果。依据政治理论范式，权力和制度决定了政策，从而导致贫困，并缓解贫困与个体行为；同时，权力与制度相互促进，制度也会直接塑造贫困，并调节贫困与行为之间的关系（Brady，2019）。回顾相关研究文献可以发现，最有影响力的政治理论是权力资源理论，该理论认为集体政治行动围绕共同利益和意识形态来动员弱势阶层，而这些弱势群体则会组成工会，并选举出左翼政党，以扩大福利国家制度；而另外一个富有影响力的政治解释则聚焦于制度，如规章和法律是如何决定经济资源分配的（Brady，2019），坚持这一观点的学者认为贫困具有相当大的路径依赖性，贫困发生率的下降是缓慢的，不会对选举和权力的变动迅速做出反应，但会受到制度惯性的影响，如选举制度、市场制度、教育制度、奴隶制度和殖民主义都会对贫困产生影响。激进的制度主义者甚至认为正是这些制度主导着当代政治，以制造贫困，而温和的制度主义者则认为历史上建立的制度可以指导政治如何及何时塑造贫困从而导致贫困人口处于不利地位（Brady，2019）；同时，国家政策也起着核心作用，国家塑造贫困的一般机制包括组织资源分配、风险保障、基本公共服务投资能力、机会分配和规范性期望管理等，不同的社会政策会对不同人群产生不同程度的影响。在该分析范式的指导下，要减少贫困就必须改变不利于贫困人口发展的政策和破除限制贫困人口发展的制度障碍。同时，为调适贫困人口的行为提供组织制度环境，方能帮助贫困人口摆脱贫困。

三　既有研究的不足

上述三种分析范式都从不同的视角和维度对贫困成因进行了解释：行为分析范式主要关注微观层面的个体行为和贫困文化之间的因果关系；结构分析范式从经济背景和人口背景等宏观与中观层面的结构性因素入手，对贫困成因进行了分析；而政治分析范式则从制度、权力和政策角度对致贫原因进行了分析。这三种分析范式都给出了各自的解释。但是，这三种范式在解释贫困成因时仍然存在不足，比如行为分析范式重点关注了贫困个体的行为与贫困文化，忽视了中观和宏观层面的因素，没有考虑到制度、政策和结构对贫困造成的影响；而结构分析范式重点关注了人口背景和市场经济背景等结构性因素，却忽视了个人行为、文化和政策等因素；政治分析范式在分析致贫原因时重点强调了权力和资源分配等政治性因素，却忽略了个体行为、人口和经济等因素。由此可知，目前关于贫困成因的三种分析范式仍存在不足。自新中国成立以来，我国不断建立和完善覆盖全民的基本公共服务体系，各类基本公共服务不断得到改善，但当前我国基本公共服务供给还存在供给失衡、质量不高和区域差异大等短板，伴随着我国社会经济发展阶段的不断变化，这些问题将会越来越突出，主要表现为城乡区域间资源配置不均衡和服务水平差异大，农村公共基础设施供给不足和利用不够问题并存，部分基本公共服务在农村地区还存在盲区，尚未覆盖区域内最弱势的群体。因此，本书试图从基本公共服务的视角来理解贫困及其成因，侧重于考察造成个体陷入贫困的制度与结构因素，以及个体的行为表现，以此来对贫困成因的分析范式进行补充，并基于此分析框架提出新的减贫策略。

第二节　国际社会和中国减贫策略研究

一　国际社会减贫的基本策略

和平与发展仍是当今时代的主题。二战结束后，减贫一直都是国际发展领域关心的核心话题之一。由于贫困问题本身具有复杂性，它是政治、经济、文化和环境等因素相互交织的产物，所以伴随着世界减贫实践的不断深入，学者们对贫困概念的认知与理解也在不断更新，国际社会的减贫策略也在不断变化和调整。从最初的以增加贫困人口收入为主要目标，到重视改善贫困人口的社会福利，再到为贫困人口创造就业机会、增加安全保障和提升发展能力等。简而言之，国际社会缓解贫困的策略主要涵盖以下三个方面。

一是以收入分配为主导的社会福利减贫策略。社会福利减贫策略是发达国家缓解贫困的主要策略，如美国在 1982 年对 150 万人进行了 500 亿美元的公共援助（刘俊文，2004），这种社会福利减贫策略虽缓解了贫困，但本身也存在很多问题。一些学者对此制度进行了批评，认为给贫困人口过高的福利容易导致贫困人口的懒惰和依赖心理，有可能导致贫困人口掉进“福利陷阱”。从长期来看，这种高福利减贫策略虽然有减缓贫困增长趋势的作用，但并没有改变贫困增长的方向（王俊文，2008）。相反，“有针对性的保费补贴似乎比基于需求的直接转移能够提供更具成本效益的减贫”（Chantarat et al.，2017）。因为需要雄厚的财政力量予以支持才能运转，所以这一减贫策略也只能在发达国家使用，广大的发展中国家基本上未采纳这一减贫策略。

二是以全面经济增长为主导的滴涓受益策略。通过全面的经济增长策略缓解贫困，是二战之后广大发展中国家采取的一种减贫策略。全面的经济增长会创造就业岗位和发展机会，这一策略的基本假设是期望贫困人口能够在广泛的经济增长中通过“滴涓效应”受益（刘俊文，2004）。相关研究发现经济全球化能够显著降低绝对贫困人口的数量，实现全球经济的包容性增长，而且贸易自由化和信息流动是发展中国家绝对贫困人口数量降低和实现包容性增长的主因（李中、周勤，2014）。但是，不可否认的是，经济全球化也在一定程度上加剧了全球不平等。如果一个国家或地区的贫穷和不平等问题很严重，那么政府就必须采取收入再分配政策对此进行调节，但由于缺乏良好的治理和适当的目标，以及方案本身存在问题，滴涓受益策略在很多国家并未获得成功（Sasmal and Sasmal，2016）。况且，伴随着全球经济增长的乏力，经济增长的“益贫性”也在开始下降。既有的减贫经验表明这种减贫策略只能缓解浅层贫困人口的贫困问题，而对深度贫困人口的减贫效应则比较有限。

三是以能力建设为主导的目标瞄准策略。伴随着减贫实践的不断深入，很多国际发展机构和发展中国家开始意识到经济增长带来的“红利”很难真正为贫困人口所分享，因为资源在分配过程中已被处于更强地位的精英所俘获。很多学者也开始对贫困的概念和减贫的策略进行反思，其中阿马蒂亚·森提出了以能力为核心的贫困概念，认为贫困不仅是收入低下，更是基本可行能力的缺失。在最近的研究中，能力建设的内涵和外延也不断得到扩展，如Ashelman（2016：24）在研究美国的贫困时提出了一种新的贫困测度方法，不再将收入作为贫困的决定性因素，而是以一种可比较的方式集中于研究一个家庭的消费能力。通常来讲，能力建设理论指导着联合国的减贫策略和人类发展目标的设定，同时也影响着发达国家和广大发展中国家减贫政策的转向。

二　中国减贫的主要举措及局限

自 1949 年以来，我国不断加大减贫力度，减贫制度也在不断变迁，但科学化、专业化和集中化是其创新的主要方向，从依靠社会救济缓解贫困到通过制度变革缓解贫困，再到全面经济增长益贫，最后到有组织、有计划的大规模开发式扶贫，减贫的工作性质已发生了根本性的变化（康晓光，1997）。回顾中国农村贫困治理体系及其历史演进过程，发现中国根据基本的国情和贫困人口的性质，在不同的历史阶段采取了不同的减贫策略，归纳起来主要包括开发式扶贫和保障性扶贫两种类型。开发式扶贫作为一种主导的扶贫治理模式，主要包括特色产业开发、以工代赈和资产收益扶贫等具体措施，主要通过增加收入、进行人力资源开发和改善基本生存环境等三个方面来实现减贫；而保障性扶贫作为一种辅助的减贫模式，可以在保障基本生存、保障基本住房和保障基本收入等维度实现减贫（见表 2－1）。这两大类扶贫举措在特定的历史时期发挥了重要作用，但伴随着贫困人口特征和需求的变化，这两大类扶贫举措的减贫效应并不能完全发挥作用。

表 2－1　不同扶贫举措及其益贫性

扶贫举措	减贫维度
以工代赈	增加收入
有条件转移支付	增加收入
生态保护扶贫	改善生产生活条件和增加收入
公益性岗位	增加收入和进行人力资源开发
资产收益扶贫	增加收入和提升资产
劳务输出扶贫	增加收入和进行人力资源开发
特色产业扶贫	增加收入
最低生活保障制度	保障基本生存
农村“五保”制度	保障基本生存
残疾人两项补贴	保障基本生存
易地扶贫搬迁	破除自然环境的威胁和保障基本住房
危房改造	保障基本住房

资料来源：依据扶贫举措的减贫效应整理。

从新中国成立到改革开放前，大部分国民处于贫困之中，这一时期主要依靠政府的社会救济缓解贫困。新中国成立初期，受长期战乱影响，社会经济发展非常落后，新中国成立后国民经济体系和各项社会事业虽逐渐得到恢复，但在20世纪50～70年代不断遭受各种挫折，中国农村在这一时期处于普遍贫困时期（吴李建，2019）。在这一时期，国家主要采取的是小规模的救济式扶贫手段，主要通过开展基础设施建设、发展农村基础教育和卫生事业、建立“五保”制度对农村特困人群进行救济等方式来缓解贫困（朱小玲、陈俊，2012）。

普遍贫穷的局面直到改革开放才逐渐得以改变，1978年召开的党的十一届三中全会拉开了农村经济体制改革的序幕，以家庭联产承包责任制为主的农村基本经营制度成为中国扶贫事业发展最基本的制度基础，极大地调动了农民的生产积极性，也极大地缓解了普遍性贫困的局面（苏国霞，2008）。相关数据统计显示，1978年到1985年，农村居民人均纯收入从133.6元上升到397.6元，年增长率近17%，绝对贫困人口数量也从2.5亿人下降为1.2亿人，贫困发生率由30.7%下降到14.8%，年均减贫人口为1786万人（刘娟，2009）。但总体而言，这一阶段对缓解贫困起主要作用的是农村土地制度、市场制度和就业制度等（向德平，2011）。前一阶段的扶贫工作虽取得良好成绩，使国民普遍贫困的现象有所缓解，但伴随着经济的快速发展，城乡发展不平衡和集中连片贫困问题开始凸显，国家于1985年成立专门负责贫困地区经济开发的机构，开展有组织、有计划和大规模开发式扶贫，此后开发式扶贫在扶贫治理中一直居于主导地位，这也是中国扶贫事业取得巨大成就的主要原因之一（向德平，2011）。20世纪八九十年代，我国市场经济尚处于起步阶段，农村经济发展比较薄弱，社会生产力水平不高，贫困主要表现为物质短缺型的温饱问题。因此，这一时期的开发式扶贫主要以发展生产为主，以增加粮食作物产量为目的，直接或间接解决了短缺型贫困问题（左停、徐加玉、李卓，2018a）。1986年第六届全国人大常委会四次会议审议通过《中华人民共和国国民经济和社会发展第七个五年计划（1986～1990)》，国务院于1987年印发《关于加强贫困地区经济开发工作的通知》，从而形成了1986～1993年以“促进区域增长”为主要目标的扶贫开发战略（朱小玲、陈俊，2012）。为进一步解决贫困问题、缩小贫富差距和实现共同富裕，1994年国务院发布《国家八七扶贫攻坚计划》，计划用七年左右的时间解决8000万人口的温饱问题。

进入21世纪，农村贫困特征发生了新变化，温饱问题已基本解决，但收入不足、基础设施薄弱和市场竞争失败等因素进一步限制了贫困地区和贫困人口的发展，过去单一的开发式扶贫手段已难以适应贫困人口的发展需求，现实情况的变化迫使政府不得不在开发式扶贫举措之外开拓更多的扶贫举措来应对贫困问题。因此，政府又推出了保障式扶贫举措，这一举措可以在保障基本生存、基本住房和解除自然限制等维度上减少贫困。进入21世纪的第二个十年，中国农村贫困格局又再次发生变化，贫困人口不断减少和贫困发生率的持续下降，使我国贫困已由绝对意义上的温饱型贫困转化为以相对福利剥夺和能力不足为主要特征的相对贫困（李小云、于乐荣、唐丽霞，2016）。在国家最新制定的精准扶贫战略中，贫困内涵进一步得到扩展，在测量收入贫困的基础上，提出了“两不愁三保障”的多维贫困识别标准，将贫困内涵扩展到包括吃饭、穿衣、教育、医疗和住房等多个维度。

党的十八大以来，我国在农村扶贫领域又取得了新的伟大成就，按照2011年确定的农村贫困标准计算，1978年我国的贫困人口为77039万人，而经过脱贫攻坚战，2020年底我国贫困人口实现全部脱贫，贫困县全部摘帽，开发式扶贫在其中发挥了重要作用。[①] 但在刚刚摆脱贫困的脱贫人口中依旧存在脆弱性较高的群体，这些群体主要由“老弱病残”等特殊困难人群组成，贫困程度深、减贫成本高、脱贫难度大，很多人不具备发展能力或只具备弱发展能力，故在脱贫后返贫的风险依旧很高（左停、徐卫周，2019）。同时，这些人群广泛分布在以“三区三州”[②] 为代表的深度贫困地区、深度贫困县和深度贫困村，区域自然环境恶劣、交通条件落后，信息闭塞，脱贫后开展乡村振兴工作面临底子薄和基础差的问题。

但是，脱贫人口中有一部分属于丧失劳动能力或者不具备劳动力者，开发式扶贫对这些人群的边际效益几乎为零，主要依靠社会保障兜底脱贫（徐月宾、刘凤芹、张秀兰，2007）。也就是说，开发式扶贫举措对于这部分贫困人口而言已基本失效。不同的扶贫举措和路径对扶贫对象的能力、

① 此处数据来源于国家统计局住户调查办公室（2019）和国家统计局农村贫困监测调查。

② “三区三州”指的是西藏自治区和青海、四川、甘肃、云南四省藏区及南疆的和田地区、阿克苏地区、喀什地区、克孜勒苏柯尔克孜自治州四地区。

素质和资本有不同的要求，与现金救助、有条件转移支付、公益性岗位等扶贫举措相比，开发式扶贫一般要求贫困人口具备相关的资本、能力和素质（见表2-2），包括市场判断能力、企业经营能力和开拓创新意识等（左停、徐加玉、李卓，2018a）。同时，开发式扶贫往往需要依赖两个基础性条件：一个是贫困地区的市场经济条件，包括区域位置、资源禀赋、产业基础和产业链完整性等；另一个是贫困人口具有较高的自我发展能力（徐月宾、刘凤芹、张秀兰，2007）。这两大基础性条件极大影响着开发式扶贫的成效，但在现实中剩余贫困人口的发展能力比较弱，无法满足开发式扶贫的两个基础性条件，这便要求政府需要在开发式扶贫政策之外，及时拓展其他扶贫路径。有鉴于此，有必要对既有扶贫模式的减贫效应进行全面评估，以了解这些扶贫举措的优势及其局限性。

表2-2　不同扶贫举措对贫困者资本和能力的要求

扶贫举措	劳动力	知识/技能	资金	社会关系网络	开拓与创新意识
现金救助*					
以工代赈	√				
有条件转移支付	√				
生态保护扶贫	√				
公益性岗位	√	√			
资产收益扶贫	√	√			
劳务输出扶贫	√	√		√	
开发式扶贫	√	√	√	√	√

* 现金救助在这里主要是指最低生活保障金、“五保”金和临时生活救助等政府的现金转移支付。

注：“√”表示对贫困者的资本和能力等有要求。

根据国际和国内扶贫经验，最先发展和最先脱贫的往往是那些轻度贫困人口，这些轻度贫困人口所具备的条件往往与开发式扶贫举措的要求更加契合，他们是开发式扶贫的最早受益者，也一直是受益者。而深度贫困人口由于能力、素质和社会关系网络等方面都比较弱，难以承接开发式扶贫赋予他们的发展机会，但以“低保”和“五保”制度为代表的保障性扶贫举措更加契合这些人群的需求和特征（见图2-1）。虽然经过长期的开发式扶贫，他们的生活水平和收入水平在绝对意义上有所提高，并且其温饱问题已得到解决，但他们在社会竞争中总是处于劣势地位，社会阶层中的相对位置并没有发生变化，分布的地理区域也没有发生变化，仍然分布在“老少边穷”地区，居住相对分散、自然环境恶劣、发展基础薄弱和基本公共服务供给匮乏等现实情况都决定了这些人群在2020年以后仍然是这个社会中的低收入群体和相对贫困群体。

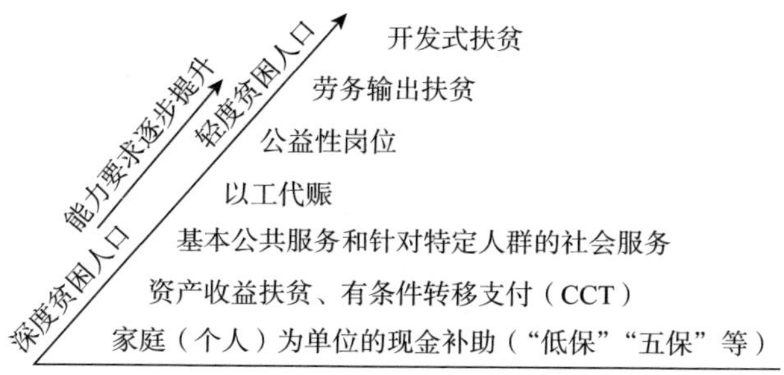

图2－1　适应不同对象能力条件的扶贫措施

中国特色社会主义进入新时代，社会主要矛盾由人民日益增长的物质文化需要同落后的社会生产之间的矛盾转变为人民日益增长的美好生活需要和不平衡不充分的发展之间的矛盾。当前及未来一段时期，社会面临的最大挑战是发展不平衡和不充分的问题，具体表现为城乡发展差距、东中西部发展差距和不同社群之间的差距，这些宏观发展差距都将导致社会不平等程度加剧。因此，需要认识到在新时代解决贫困问题必须与减轻社会不平等相联系，因为社会不平等与相对贫困关系更大，比起绝对贫困，相对贫困更难消除。尽管经济增长对扶贫一直发挥着重要作用，但现阶段经济增长的益贫效应开始下降，贫困瞄准偏差和精英俘获等因素也导致扶贫的非目标群体挤入和目标群体漏出，大大降低了扶贫政策的瞄准度和扶贫资源的利用效率。所以，有必要对既有的开发式扶贫政策和保障性扶贫政策进行全面反思与重构。

第三节　不同减贫阶段中基本公共服务政策变迁研究

一　中国农村贫困治理体系的历史演变

本节回顾了中国农村贫困治理体系及其历史演进的过程，并重点关注了各个扶贫阶段的制度设计、政策内容与减贫实践的变迁，意在考察我国贫困人口需求的变化过程与政府对贫困者诉求的回应过程，总结中国在减贫领域取得的基本经验，同时考察了各个扶贫阶段中国家在提供基本公共服务方面所做的努力，从而对既有减贫制度和扶贫政策进行全面评估。实际上，学界关于中国农村扶贫历史阶段的划分产生了众多观点，不同学者持有不同的视角，尚未形成统一的观点。而笔者在吸收和借鉴各种划分方法的合理内容之后，将中国农村扶贫历程划分为以下六个阶段。

（一）平均分配为导向的小规模救济式扶贫阶段（1949～1977年）

新中国成立初期，百废待兴，人民生活水平低下。随着社会主义制度的建立，国民经济和各项社会事业得以逐渐恢复，但在20世纪50～70年代的发展过程中不断遭受挫折，经济虽有发展，但人民生活并没有得到根本性改善（吴李建，2019），国家一半以上的人口面临着生存型贫困问题。由于贫困人口数量庞大，国家财政又极度羸弱，这一时期主要秉持了“平均分配，全面覆盖”的扶贫价值观，贫困人口主要依托自上而下的民政救济来维持生存（刘娟，2009）。这主要是因为在这一时期我国建立起以行政手段为基础进行资源配置的计划经济体制，开始实施平均分配的社会政策，通过开展基础设施建设，发展农村基础教育和卫生事业（朱小玲、陈俊，2012），并建立起全国统一的基本医疗保险政策、“五保”供养政策等具有浓厚集体主义色彩的救济式集体扶贫模式（冉连，2018）。这种扶贫策略实质上是一种“救急不救穷”的策略，救助的覆盖范围非常有限，救助的贫困人口数量也非常少，并且救助标准也非常低，往往只能保证贫困人口的临界生存需要，不能帮助贫困人口提高发展能力，更不能从根本上摆脱贫困。同时，在这一时期由于受到计划经济体制的限制和一系列错误指导方针的干扰，国家的经济发展状况面临巨大问题，社会发展一度陷入停滞状态，这些宏观社会因素又进一步加剧了农村贫困状况。根据国家统计局的相关数据，1978年我国农村贫困发生率高达30.7%，贫困人口总数高达2.5亿人，占全国人口总数的25.97%，占世界贫困人口数的1/4①。

政府在这一阶段的扶贫开发工作中由于受到自身财力的限制，并非主

① 1978年的贫困标准（贫困线）为农民人均纯收入100元（国家统计局住户调查办公室，2019）。

动干预扶贫，而是被动地对贫困人口进行救助。因此，这种救济策略虽保障了贫困人口的基本生存需要，但是无法提高贫困人口的收入水平和发展能力，不能从根本上帮助贫困人口摆脱贫困（刘娟，2009）。这一时期政府只针对极少部分处于危急关头的困难群众实施了民政救助，这主要是由特定的历史发展阶段和特殊的国情决定的。但是，1952 年完成的土地制度改革，在全国范围内基本消除了农民无地的现象，这一改革为之后政府在农村地区实施开发式扶贫政策奠定了制度性基础（黄承伟，2016）。同时，人民公社时期兴建的小型农田水利基础设施、农村信用合作体系和农村基础教育体系等，也为后续进行农村扶贫开发奠定了基础。

（二）农村体制改革推动的减贫效应集中释放阶段（1978 ~1985年）

在这一减贫阶段，并没有专门的扶贫工作机构和大量的减贫政策出台，贫困的缓解主要依赖于农村经济体制改革。1978 年召开的党的十一届三中全会揭开了农村经济制度改革的序幕，也带动我国农村扶贫事业进入了一个崭新的阶段。农村家庭联产承包责任制的试点和普遍推行，放松甚至解除了对农民的各种限制，极大地激发了农民进行劳动生产的积极性和创造性，多年蕴藏在农村的生产力得到集中释放（张琦、冯丹萌，2016）。在此期间，农民的人均纯收入由 1978 年的 133.6 元上升到 1985 年的 397.6 元①。这一时期农民人均纯收入大幅提高，贫困状况得到有效缓解的主要原因在于农村经济体制的改革与创新，主要包括农村家庭联产承包责任制的推行、农产品价格制度的改革和农村市场化的改革，这些制度的推行和革新进一步激发了农村地区蕴藏的生产要素活力，使农村经济不断恢复和发展，农民人均纯收入不断提高，生活水平和生活质量继续攀升，这一时期农村经济体制变革促进了农村减贫效应的集中释放。

农村的制度性变革不仅激发了农民参与劳动生产的积极性，也激发了农村其他生产要素的活力，乡镇企业和农贸市场开始在经济发达地区的农村出现，农村生产发展持续进步、农民收入和消费持续增长，直接带动农村贫困人口数量大幅减少。相关统计数据显示，农村绝对贫困人口由 1978

---

① 国家统计局：《中华人民共和国国家统计局关于一九七八年国民经济计划执行结果的公报》，http://www.stats.gov.cn/tjsj/tjgb/ndtjgb/qgndtjgb/200203/t20020331_29991.html）；国家统计局：《中华人民共和国国家统计局关于一九八五年国民经济和社会发展统计公报》，http://www.stats.gov.cn/tjsj/tjgb/ndtjgb/qgndtjgb/200203/t20020331_29998.html。

年的2.5亿人下降到1985年的1.25亿人左右（国家统计局住户调查办公室，2019），仅仅用了近7年时间，绝对贫困人口就减少了一半。其中，1984年中共中央、国务院发布的《关于帮助贫困地区尽快改变面貌的通知》，是新中国成立以来第一次将扶贫工作作为国家重点任务执行，对促进这一时期减贫工作的开展具有重要意义，该文件重点强调了扶贫价值理念的转变，从救济式扶贫转向增强贫困地区内部发展（张琦、冯丹萌，2016）。而在这一文件的指导下，我国也逐渐开始实施“以工代赈”、“三西”农业建设[①]等专项扶贫政策，尤其是“三西”农业建设政策的实施，对此后进行有计划、有组织的区域性扶贫起到示范作用，并且对于推动解决区域性整体贫困问题也提供了经验指导。可以说，1978年以来，我国在农村地区进行的一系列经济体制改革，促进了农村经济发展和减贫效应在这一时期的集中释放，为即将启动的开发式扶贫奠定了良好的基础，也为后来的扶贫实践提供了示范与参考。

（三）系统谋划整县推进的专项扶贫政策创新阶段（1986～2000年）

这一减贫阶段与前面两个阶段最大的不同点在于国家开始系统谋划减贫事业，有组织和有计划地开展整县推进的减贫实践，除了允许农村人口通过社会流动获得财富外，还使用财政和行政手段直接干预减贫与发展。整县推进的减贫阶段又可划分为两步。第一步（1986～1993年）主要以片区为主不断聚焦县域贫困问题。1978年以来进行的农村经济体制改革，大大促进了农村经济社会发展，有效缓解了农村普遍贫困问题。国务院办公厅于1986年成立了国务院贫困地区经济开发领导小组，并在同年确定了592个国家级贫困县，其基本任务是“组织调查研究，拟定贫困地区经济开发的方针、政策和规划，协调解决开发建设中的重要问题，督促、检查和总结交流经验”[②]。这一小组的成立标志着中国扶贫开始进入有组织、有计划的开发式扶贫阶段，实现了从救济式扶贫向开发式扶贫的转变。以经济发展带动贫困地区脱贫的专项扶贫政策逐步实施，先在全国范围内划定了18个集中连片贫困带，并确定了一批国家级和省级贫困县，开始以县域为单位推进扶贫开发工作。经过近7年的努力，农村贫困问题得到有效缓解。

---

① “三西”农业建设专项扶贫政策主要指的是针对甘肃河西、定西和宁夏西海固干旱地区开展的农业开发政策。

② 小组工作职责摘自《国务院办公厅关于成立国务院贫困地区经济开发领导小组的通知》。

截至1993年底，全国绝对贫困人口数量下降到8000万人。但是，伴随着市场化改革的大力推进，新的贫困问题也开始出现，贫困从以前的普遍模式向分层和分区域模式演变，社会阶层间和不同区域间的发展差距开始凸显（张琦、冯丹萌，2016）。在这种情况下，仅仅依靠制度变革的整体性减贫和经济增长的“益贫性”无法缓解新的贫困问题。因此，国家便开始着手解决新的贫困问题，这便是后半段进行的“八七扶贫攻坚”。

第二步（1994～2000年）主要以县域为主通过片区支撑脱贫。在前一阶段努力的基础上，贫困人口持续减少，但分布呈现地缘特征，为此国家进一步集中资源，开始以县域为单位进行扶贫（江泽林，2018）。1993年“国务院贫困地区经济开发领导小组”更名为“国务院扶贫开发领导小组”（以下简称“扶贫办”），这一变更表明政府开始将扶贫工作作为一项重点工作予以开展。同时，为进一步加快解决农村贫困问题，缩小东中西部地区之间的发展差距，国务院于1994年颁布了《国家八七扶贫攻坚计划》，计划用7年时间基本解决当时农村贫困标准下的8000万贫困人口的温饱问题。这一规划提出要坚持开发式扶贫的方针不动摇，通过发展产业、有组织劳务输出、培育乡镇企业和开发式移民等举措来帮助贫困地区和贫困人口摆脱贫困。事实证明，这种以区域为瞄准单位的开发式扶贫取得了显著成效，截至2000年底，农村绝对贫困人口从8000万人减少到3209万人，农村贫困发生率从8.7%下降到3.5%（国家统计局住户调查办公室，2019），《国家八七扶贫攻坚计划》设定的目标基本实现。

（四）区域联动与整村推进的扶贫开发新模式（2001～2010年）

进入21世纪以后，我国的经济继续保持高速增长，但资源约束日益凸显。由此，中国的发展战略也发生了变化，由区域轮动转向区域联动。这一阶段的贫困特征呈现新特点，大面积的普遍贫困基本被消除，但伴随着区域发展差距和贫富差距的扩大，部分地区和部分人口的贫困程度在不断加深（张琦、冯丹萌，2016）。同时，贫困的表现形式也从单一的收入维度向健康、教育等多维度转变。虽然截至2000年底，我国贫困人口总数下降为3209万人，贫困发生率也下降到3.5%，但贫困呈现新特征，剩余贫困人口越来越集中到中西部地区的贫困村，而非贫困县（见表2－3、表2－4），这就意味着过去针对贫困县的开发式扶贫政策很难奏效。

表 2－3　2000 年各省份农村贫困状况

单位：%

省份	占全国农村贫困人口的比例	贫困发生率	省份	占全国农村贫困人口的比例	贫困发生率
云南	9.4	8.1	黑龙江	3.0	4.3
贵州	9.1	9.0	辽宁	2.9	4.2
四川	7.4	3.4	吉林	2.4	4.8
河南	6.8	2.9	山东	2.1	1.1
山西	6.4	8.0	青海	1.6	12.6
陕西	5.8	6.7	西藏	1.1	20.6
甘肃	4.7	7.0	宁夏	1.1	9.6
湖南	4.6	3.0	浙江	0.8	0.7
广西	4.5	3.6	江苏	0.6	0.4
河北	4.1	2.6	福建	0.3	0.3
江西	4.0	3.7	广东	0.2	0.1
重庆	3.8	5.3	北京	0.1	0.6
湖北	3.7	2.8	海南	0.1	0.6
新疆	3.7	7.7	天津	0.1	1.1
安徽	3.4	2.2	上海	0.0	0.0
内蒙古	3.3	5.6	—	—	—

资料来源：根据国家统计局家庭住户调查数据和官方贫困线计算得来。

注：当年全国平均贫困发生率为 3.5%。

表 2－4　2000 年各地区城乡贫困人口分布情况

单位：%

地区	占全国农村贫困人口的比例	占全国城镇贫困人口的比例
西部地区	46.6	23.0
中部地区	42.1	46.2
东部地区	11.3	30.8

资料来源：由国家统计局家庭住户调查数据和官方贫困线测算获得。

进入 21 世纪，为应对我国农村面临的新问题和新挑战，尽快解决剩余贫困人口的温饱问题，我国颁发了第一个扶贫开发纲领性文件，即《中国农村扶贫开发纲要（2001～2010 年）》（以下简称《纲要（2001～2010 年）》）。《纲要（2001～2010 年）》的颁布标志着中国扶贫进入了综合开发扶贫阶段。《纲要（2001～2010 年）》提出要在 10 年内，将尚未解决温饱问题的贫困人口作为扶贫的首要对象，继续巩固已取得的脱贫攻坚成果。《纲要（2001～2010年）》提出主要通过发展农业产业、加强贫困地区基础设施建设和公共服务、鼓励自愿移民搬迁、劳务输出和科技扶贫等举措，来加强对贫困地区的综合开发，逐步改善贫困地区经济、社会和文化的落后状况，促进贫困人口收入不断提高，改善这一人群的生产生活质量。截至2010年底，我国贫困人口总数下降到2688万人，贫困发生率下降到2.8%（国家统计局住户调查办公室，2019）。新的扶贫开发纲要注重对贫困地区的人力资本和经济发展进行综合开发，瞄准单位也由原来以贫困县为单位缩小到以贫困村为单位，扶贫的精准度进一步提高，到2010年底第一个农村扶贫开发纲要确定的扶贫目标基本实现。

（五）连片开发与精准扶贫融合推进的减贫战略（2011～2020年）

这一阶段的扶贫主要以区域联动和精准扶贫融合推进为特点。虽然经过几个时期的扶贫攻坚，我国的扶贫事业取得了巨大成就，但我国仍处于并将长期处于社会主义初级阶段，社会经济发展水平不高，区域发展不平衡和不协调问题突出，制约贫困地区发展的深层次矛盾依旧存在。尤其是集中连片特困地区发展相对滞后，人民生活水平和基本公共服务获得水平相对较差，扶贫任务依然十分严峻。因此，在2011年我国又颁布了《中国农村扶贫开发纲要（2011～2020年）》[以下简称《纲要（2011～2020年）》]。《纲要（2011～2020年）》确定的脱贫总体目标是到2020年稳定实现扶贫对象不愁吃、不愁穿，保障义务教育、基本医疗和住房。此外，还重点强调了要实现贫困地区农村人均纯收入的增长幅度要高于全国平均水平，基本公共服务领域的主要指标要接近全国平均水平，区域间的发展差距和贫富差距进一步缩小。

自精准扶贫战略实施以来，我国减贫事业取得了显著的成效，截至2020年底，2011年确定的贫困标准下的贫困人口全部脱贫（见表2－5），2012年以来贫困人口年均减少超过1000万人，贫困发生率也以年均1.4个百分点的速度在下降。精准扶贫战略的出台和实施是国家在新时期经济发展益贫性下降的条件下，必然要采取的一种提升国家贫困治理能力和完善贫困治理体系的重要举措。按照我国2011年确定的贫困标准，即每人每年以2300元（2010年不变价）来计算，2011年底我国贫困人口总数为12238万人，而这些贫困人口主要分布在六盘山区、秦巴山区等14个集中连片特困地区，这些地区生活着全国绝大多数的深度贫困群体，开发式扶贫举措和经济增长很难带动这些群体脱贫，要想在2020年实现第二个扶贫开发规划纲要提出的扶贫目标并非易事。因此，在常规扶贫手段难以奏效的情况下，2013年习近平总书记提出以“精准扶贫”为核心的扶贫开发战略思想，采取连片开发与精准扶贫相融合的超常规举措。2014年精准扶贫战略在全国开始实施，这一减贫战略构想强调要改变过去“大水漫灌”的粗放式扶贫开发方式，实现精准识别、精准施策、精准管理和精准考核，确保扶贫资源与贫困个体实现精准对接，从而避免基层扶贫实践中的精英俘获，提高扶贫资源的利用效率。事实证明，这一减贫战略在攻克2011年确定的标准下贫困人口的脱贫问题上发挥了关键作用。

表2-5 按照现行农村贫困标准衡量下的农村贫困状况

年份	当年价贫困标准［元/（年·人）］	贫困人口规模（万人）	贫困发生率（%）
1978	366	77039	97.5
1980	403	76542	96.2
1985	482	66101	78.3
1990	807	65849	73.5
1995	1511	55463	60.5
2000	1528	46224	49.8
2005	1742	28662	30.2
2010	2300	16567	17.2
2011	2536	12238	12.7
2012	2625	9899	10.2
2013	2736	8249	8.5
2014	2800	7017	7.2
2015	2855	5575	5.7
2016	2952	4335	4.5
2017	2952	3046	3.1
2018	2952	1660	1.7
2019	2952	551	0.6
2020	2952	0	0.0

资料来源：数据来源于国家统计局农村住户调查和居民收支与生活状况。

注：2010年以前的数据是根据历年全国农村住户调查数据、农村物价和人口变化，按2011年确定的贫困标准测算获得；此表引自国家统计局住户调查办公室，2019。

（六）能力开发与安全网构建的基本公共服务供给减贫阶段（2021年之后）

2020 年底，按照 2011 年确定的贫困标准来衡量，贫困人口已全部实现脱贫，贫困县已全部摘帽，但这并不意味着贫困在中国的终结。因为兜底保障的有限性、贫困人口的脆弱性、贫困内涵的扩展和贫困线的可能变动，都决定着中国依旧未能告别贫困。2020 年以后，贫困将以相对贫困的形式继续存在，减贫战略重点将会从绝对贫困转换到相对贫困。首先，根据国家统计局的数据，截至 2020 年底，2011 年确定的贫困标准下的贫困发生率为 0，即贫困人口全部实现脱贫。但是，依据国际减贫经验，当一个国家和地区的贫困发生率低于 3% 的时候，便很难再通过开发式扶贫举措实现减贫。其次，刚刚摆脱贫困的人口当中有一部分以老人、儿童、妇女和残疾人等为主，这些贫困人口属于弱劳动能力和无劳动能力的人群，这些特征决定了开发式扶贫举措难以发挥作用。最后，2020 年以后中国将进入新的贫困治理阶段，大规模的极端贫困将不复存在，农村地区因基本公共服务供给不足或缺失导致的多维贫困将会凸显。这种社会困境具有长期性、复杂性和多元性特征，决定了以前的扶贫模式不再适应贫困特征的变化，需要寻求新的减贫模式来应对即将到来的“后精准扶贫时代”，2020 年以后应该着眼于建立城乡统筹的贫困治理体系和协调推进脱贫地区的乡村振兴，以城乡基本公共服务均等化为战略抓手，注重能力开发和社会安全网构建，以发展型社会政策为主，不断提高人民福祉。

二　基本公共服务政策的变迁及减贫效应

本节重点关注各个减贫阶段中基本公共服务的制度设计、政策内容与实践变迁，考察各个减贫阶段中国家在提供基本公共服务方面所做的努力，从而对既有减贫制度和扶贫政策展开全面评估。笔者通过回顾相关政策文本发现，新中国成立以来发布的涵盖“公共服务”内容的政策数量非常庞大，对全部文本进行统计分析既不现实，也没必要。基于现实可行性和研究必要性考虑，本书在进行分析时，主要选取中央政府层面的政策文本进行分析，而不涉及地方政府发布的政策文本，主要包括中央政府工作报告、基本公共服务体系规划等政策文本。本书在对以往政策文本进行分析时，坚持内容分析、时间序列分析和批判话语分析立场，并结合相关的社会背景，对基本公共服务在不同减贫阶段的主要内容和价值导向进行分析，进而宏观解读不同减贫阶段基本公共服务政策的时代特征与济贫效应。通过历史回顾可以发现，不同时期的公共投资对农村经济增长、减少贫困和不均等的边际效应差别较大，而且不同地区的不同投资可能会有着截然相反的减贫效果（林伯强，2005）。虽然“公共服务”作为一个专有名词直到1998年才正式出现在政府文件中，但基本医疗、公共文化和义务教育等基本公共服务作为政府职能建设的重要组成部分，1949年以来就已稳步推进（文宏，2014）。但是，新中国成立以来，政府对基本公共服务投入的注意力呈现增长态势，尤其是改革开放以来，政府对基本公共服务的关注度不断提升，而进入21世纪以后，基本公共服务更是进入了一个快速提升阶段（文宏，2014），如果从历史变迁的角度来看，新中国成立以来基本公共服务政策的价值取向主要经历了从平均到效率，再到公平的三次转换，而政策内容则经历了从低水平平均到严重失衡，再到新的均衡的三次调整（范逢春，2016）。因此，根据公共服务政策的价值取向和时代特征，可以将新中国成立以来基本公共服务政策的变迁划分为三个阶段，即城乡兼顾（1949～1977年）、城乡失衡（1978～2002年）和城乡统筹（2003年至今）。

城乡兼顾（1949～1977年）。新中国成立初期，为了体现社会公平正义，国家坚持“平均导向和全面覆盖”的价值观，公共服务从零起步，逐渐发展起了教育、医疗和社会保障等一系列关系基本生存与发展的社会事业（范逢春，2016）。但是，新中国成立初期，国家经济基础薄弱，对教育、医疗卫生和文化等社会事业的财政投入极其有限，后来又遭遇“大跃进”和“文化大革命”等的冲击，导致这些方面的事业一度处于停滞状态。而在此阶段，政府秉持着“二元分制，城乡兼顾”的发展观，在农村和城市分别实施不同的公共服务供给体系，国家和单位共同向城镇职工提供“单位制福利”，在农村则以村集体经济和国家救济相结合，向村民提供教育、医疗等“集体福利制度”（张薇，2019），而形成这一供给格局的基础是二元分割的户籍制度。而这一供给体系的实施最终导致的结果是公共服务更多惠及了城镇居民，农村居民并未享受到同等的基本公共服务。至于基本公共服务的供给主体，在这一阶段则比较单一，主要以政府供给为主，呈现“高度集中和政府包揽”的特征，这也与中国经济社会的发展阶段高度契合，因为在计划经济体制之下，以教育、卫生和文化等为核心内容的公共事业，从生产到供给都呈现出强烈的计划主义色彩，这既是在资源极其有限的情况下采取的一种无奈之举，也是当时国家治理理念的一种体现。这一阶段的公共服务供给，“虽然在城乡分割的前提下实现了基本公共服务的全面覆盖和区域均等，但是限于当时的经济社会发展水平，公共服务和公共产品总体上严重短缺，公共服务供给的均等化水平非常低”（范逢春，2016）。同时，还存在供给效率低下和资源浪费的现象。

城乡失衡（1978～2002年）。这一阶段正是我国实施改革开放、社会主义市场经济加速发展的时期。而在这一阶段，国家基本公共服务政策及其价值亦实现了由“公平”向“效率”的转换。这一时期我国经济体制正在由计划经济向市场经济转轨，经济结构正在由农业经济向工业经济过渡，经济模式逐渐由内向型经济向外向型经济转型（范逢春，2016）。经济领域“效率优先，兼顾公平”的分配观，也直接影响着基本公共服务的供给，在此阶段基本公共服务逐渐打破了政府垄断供给的局面，开始主张政府与多种市场主体竞争性供给，以提高供给效率。但由于监管不到位、供给责任和边界不明确等造成了基本公共服务供给的过渡市场化与产业化，从而导致基本公共服务价格不断上涨，在政府财政支付能力有限的背景下，也催生了“看病难、上学难和就医难”等一系列社会问题，造成了新的社会不平等，导致社会矛盾不断加剧，对社会稳定构成了新的挑战（郁建兴，2011）。同时，基本公共服务供给仍然沿袭着传统的城乡二元发展思路，在“城乡分割，以城为主”分配观的支配下，部分基本公共服务供给存在城乡两套供给政策（范逢春，2016）。与城镇职工相比，农民的基本公共服务严重不足，因为城镇职工的福利保障主要由国家和单位共同提供，而农民的福利保障则依靠集体福利和国家福利救济相结合的方式提供（张薇，2019）。但供给的责任主要在地方，并实行分级管理，这虽然可以在一定程度上减轻中央政府的财政供给压力，但各个地方的经济发展水平和财政支付水平的差异，导致各区域间基本公共服务供给严重失衡（郁建兴，2011）。

城乡统筹（2003年至今）。对政策内容进行文本分析和时间序列分析发现，这一时期基本公共服务政策主要遵循“公平优先”的价值观，强调“基本公共服务的提供须以公平为首要原则，不仅人人共享，而且大体均等”（苏明、刘军民、贾晓俊，2011）。在这一价值观的主导下，公共服务体系的构建开始突出普遍和全面的特征，包括义务教育、基本医疗卫生制度、基本养老保险和公共就业服务体系等实现城乡人口全覆盖，并逐步形成城乡均衡的局面（范逢春，2016）。如2012年国务院发布的《国家基本公共服务体系“十二五”规划》就首次明确了基本公共服务的范围、服务对象、保障标准、支出责任和覆盖水平，使基本公共服务均等化逐渐由理念转变成政策（郁建兴，2011）。同时，这一时期的公共政策也更加关注农村居民和社会弱势群体，这表明政府的政策重心发生了转移，治理理念发生了变化。伴随着社会经济的不断发展和国家财政的持续投入，我国基本公共服务水平不断提高，逐步实现由非均衡发展向城乡统筹方向转变（张薇，2019）。这一阶段基本公共服务制度改革主要聚焦于两个方面：一方面，不断强化政府在基本公共服务供给上的主体责任；另一方面，不断推进公共服务的市场化和社会化改革，探索公共服务的多元主体协同机制，尝试构建城乡均衡的基本公共服务体系（姜晓萍、邓寒竹，2009）。随后，国务院印发了《“十三五”推进基本公共服务均等化规划》，进一步明确了保障人人享有基本公共服务是政府的基本职责，并构建了基本公共服务制度框架，指出到2020年基本公共服务均等化总体实现。这一时期基本公共服务制度框架逐步建立，多元供给机制不断成熟和扩展，都为缩小城乡之间、区域之间和社群之间的基本公共服务供给差距，实现基本公共服务均等化提供了制度支撑。不同减贫阶段中基本公共服务的作用如表2－6所示。

表2－6　不同减贫阶段中基本公共服务的作用

减贫阶段	供给主体	主要内容	减贫效应
1949～1977年	政府主导	社会救济	弱
1978～1985年	政府/市场	生产型基本公共服务	弱
1986～2000年	政府/市场	生产型基本公共服务	弱
2001～2010年	政府/市场/社会	生产型基本公共服务/市场型基本公共服务	强
2011～2020年	政府/市场/社会	生产型/市场型/发展型基本公共服务	较强

资料来源：笔者根据基本公共服务在减贫中的主体、主要内容和减贫效应强弱制作而成。

第四节　基本公共服务供给缓解贫困的相关研究

一　基本公共服务供给与缓解贫困

关于基于基本公共服务的减贫问题，已有学者对此展开了研究。有学者认为基本公共服务供给确实可以改善农村贫困状况（刘成奎、任飞容、王宙翔，2018），因为政府所提供的基本公共服务实质上是一种投资取向的收入再分配，有助于缩小地区之间、行业之间和社群之间的经济差距，减少社会不平等（朱玲，2004）。而且，基本公共服务供给还强调在向集中连片特困地区提供基本公共服务时应重点增加均衡性公共产品的供给，“因为公共产品短缺是导致贫困产生、积累和传递的重要根源”（李雪萍、汪智汉，2009），而均衡性公共产品主要由基础教育、基本医疗卫生和基础设施等构成，可以补齐贫困地区和弱势人群的短板，有助于实现“底线公平”。2017 年我国的剩余贫困人口主要集中在深度贫困地区，而深度贫困地区的贫困人口面临的主要问题是贫困之“困”，即因基本公共服务极度匮乏而导致其深陷贫困，他们缺少发展的空间和改变社会地位的机会。现代政府伦理认为政府是建立在政治契约基础上的一个公共组织，为公民提供基本公共服务是其根本责任，这不仅是政治契约对政府终极价值的根本要求，也是政府巩固自身合法性的根本理由（吴业苗，2010）。所以，政府应该积极为全体社会成员提供基本公共服务，履行其基本职责。已有研究表明，贫困与公共服务供给之间具有重要关联性，公共服务的质量可以通过影响扶贫、人力资本和减少腐败影响经济增长（Afridi，2017），而那些没有机会获得公共服务的人就不太可能参与正常的社会活动（Hamilton and Svensson，2017）。贫困地区的居民通常因为医疗卫生、教育和交通等其他方面的公共服务供给严重不足，而面临巨大的风险和不确定性（曾小溪、曾福生，2012），而这又将进一步加剧贫困人口的脆弱性（樊丽明、解垩，2014）。贫困地区基本公共服务供给短缺会使贫困人口的自我发展能力变得更弱，而基本公共服务不均等则加速了自然不平等（贾康，2007），导致贫困人口在社会中的地位被固化，进而因社会排斥陷入贫困。但农村公共服务可以有效缓解农业经济对自然环境的依赖程度，增强农户抵抗风险的能力（张姗姗、吴春梅，2016），从而降低贫困人口脆弱性。同时，也有学者指出“与前 30 年因缺乏基本生存条件导致贫困不同的是，当前的基本公共服务不到位、公共产品短缺、风险抵御能力和公共化解机制的缺乏，是贫困产生、积累和代际传递的重要根源”（刘军民，2011）。因此，从这个层面上讲，基本公共服务供给有助于减贫（曾福生、曾小溪，2013）。

但是，现有研究将讨论的重点放在了某一项基本公共服务具有减贫功能上，如认为教育、医疗和农村社会保障等对农村扶贫具有重要意义（曾小溪、曾福生，2012）。有学者认为个体贫困是因为人口素质低下、文化程度低和职业技能欠缺，故教育是阻断贫困代际传递的核心举措（李晓延，2017），而在可行能力理论看来，贫困的本质是基本可行能力的缺失和被剥夺（郭晓娜，2017），但在文化贫困论者看来，贫困群体往往会形成有别于主流文化的亚文化，这种个体主义的贫困文化一旦形成，便会对贫困个体形成"反噬"，造成贫困的"恶性循环"（孟照海，2016）。然而，结构主义者并不同意这一观点，他们认为是经济、政治和社会体制对个体机会和资源的剥夺造成了个体贫困（孟照海，2016）。如上所述，虽然学者们对贫困成因的认识各异，但对教育在减贫中所扮演的角色认识比较统一，都认为教育可以在减贫中发挥重要作用，能够有效阻断贫困代际传递（徐曼，2018），因为教育可以通过提高贫困人口的文化素养、人力资本水平和职业技能来增强贫困人口的自我发展能力，从而降低他们所遭受的剥夺程度（曾天山，2016）。

此外，营养和健康对减少贫困亦具有重要作用，健康的人力资本可以有效避免农户陷入"贫困陷阱"（王弟海，2012）。当前我国农村"因病致贫和因病返贫"的问题还比较突出，贫困与健康通过众多联结相互影响，形成了"贫困—疾病—贫困"的恶性循环（左停、徐小言，2017），而造成健康贫困的重要原因是能力剥夺和机会丧失（孟庆国、胡鞍钢，2000）。据国务院扶贫办统计，2013年建档立卡贫困户中因病致贫者占总户数的42%，排在致贫原因的第一位，2015年进一步提升到44.1%（黄国武、仇雨临、肖喻心，2018），并且还有不断增长的趋势，这说明疾病已成为造成贫困增量的主要原因（曾晨晨，2010）。基于对农村健康贫困成因的认知，有学者就消除健康贫困的战略选择和具体措施进行了讨论，认为可以通过增加贫困人口收入、普及基本公共卫生服务和实施农村健康保障机制等来消除健康贫困（孟庆国、胡鞍钢，2000）。另外，还有学者指出应该致力于提高医疗保障水平、加强贫困地区疾病预防和提高基层医疗服务水平等举措来实现减贫（汪三贵、刘明月，2019），这些举措的减贫目标是相同的，都在致力于减少个体因疾病侵扰而产生沉重的经济负担，免除因疾病对身体造成不可逆的伤害，实质上是在提升人力资本水平，从而有效保障人民的健康权和发展权。

农村社会保障制度的建立和完善可以对贫困人口起到兜底保障的作用（王国洪，2016），是降低贫困发生率和社会风险的必要条件（左停、赵梦媛、金菁，2018b）。进入21世纪，开发式扶贫的局限性逐渐显现，需要寻求更加有效的减贫策略，国家便推出了以“低保”和“五保”等制度为代表的保障性扶贫举措，来弥补开发式扶贫的不足，新推出的举措对帮助那些受先天条件所限，完全或部分丧失劳动能力的扶贫对象脱贫起到非常重要的作用（左停、贺莉、赵梦媛，2017）。社会保障制度建设在缓解贫困、保障贫困人口基本生存权、推进贫困地区经济发展和促进收入再分配方面发挥着不可或缺的作用（杨宜勇、张强，2016），通过保障底线公平（朱薇，2019），实现分配正义（常建勇、龙玉其、贾可卿，2014）。而在整个社会保障体系中，社会救助是最重要的一环，因为社会救助是社会保障安全网的“网底”，对贫困人口和遭遇意外事件的人将起到重要的“托底”作用（王延中、王俊霞，2015）。但是，当前的农村社会保障体系还不健全，存在社会保障理念滞后、社会保障制度碎片化、救助水平低下、救助对象和救助范围不明确等问题（谢增毅，2014），这些都严重阻碍了社会保障兜底保障功能的有效发挥。

通过文献回顾，笔者发现，已有研究均指出了教育、医疗和社会保障作为基本公共服务的基本内容，都可以在减贫中发挥重要作用，但已有研究呈现碎片化特点，不同的学者从不同的视角分别强调了某一个或某一类基本公共服务对减贫的重要作用，而尚未从整体和系统的角度来认识基本公共服务对减贫的重要作用，也尚未从整体的角度研究基本公共服务的减贫逻辑与维度，这是已有研究的不足所在，也是本书力图进一步深化和完善的地方。

二　基于基本公共服务的减贫的制度探索

贫困人口缺乏技术并不是造成其陷入贫困的约束性条件，真正能够改变其贫困阶层地位的可能是制度性因素。一套科学合理的和能够激励贫困人口的公共服务制度确实可以帮助贫困人口解决很多问题（世界银行，2004）。因此，在扶贫开发的过程中应该引入公共服务的视角，建构一套“亲贫”的公共服务制度（牛华，2015）。但是，需要注意的是，政府提供公共服务一定要与目标人群的需求高度契合，否则还是无法帮助他们摆脱贫困（Lin,

Li, and Hung, 2015)。从制度设计的角度来看，公共服务的提供具有很多区别于其他物品或服务的特殊性质，公共服务提供的制度基础不可能简单地依赖市场，而必须通过国家与市场两种机制的有机结合，才能取得较好的效果（张春霖，2006）。既有研究表明地方政府收入的增加会对获得公共服务和减少贫困起到积极的促进作用，而且财政分权对获得公共服务的影响比贫困更为强大，这种手段似乎主要是通过提高获得教育的机会，而不仅仅是获得卫生、饮用水等基本服务（Sanogo，2019）。在提供公共服务的方式中，地方分权的一个优点是可以提高公共服务传递的灵活性、回应性和多元性，但同时也暗示着政策执行的多样性。因此，在制度设计时应该关注地方公共服务的多样性（Nørgaard and Pallesen，2003），采用灵活多样的服务供给方式。世界银行在 2004 年的《世界发展报告》中提出了一个公共服务减贫的分析框架，明确了四类参与方的责任，即构建了一个公民或客户、政治家或政策制定者、机构提供者和一线服务提供者之间的责任关系链（世界银行，2004）。脱贫攻坚期内我国农村贫困地区公共服务供给的困境，主要是由于传统的减贫制度未能适应现代人口的需求所致，未来的制度设计应该避免单一主体供给的各种弊端，采用多元供给制。多元供给制主要强调地方自主治理能力，以及以此为基础的多元治理和多层次的制度框架（陈敬德、何世晖，2006）。在未来进行制度设计时应该明确这些概念，以促进制度创新。

此外，一些学者开始对基于基本公共服务的减贫的制度建构问题进行探索性研究，如鲍曙光（2014）的博士学位论文从公共财政学的角度对农村基本公共服务促进减贫的制度进行了研究，他指出在进行农村基本公共服务制度设计时，应融入减贫目标，在贫困线设定、项目衔接、瞄准机制等方面，促进减贫目标与公共服务体系相结合，只有让基本公共服务真正惠及贫困人口，才能提高减贫的效率。而朱传俊（2010）则基于公共服务的视角对城市的减贫问题进行了探讨，认为减贫工作就是保障基本的人权，政府在减贫工作中负有重要的责任，政府应该构建以问题为中心的社会救助体系，出台多元化的减贫策略，以保障公民基本的人权。在减贫制度设计时要建立风险和脆弱性预警机制，可以将脆弱性的概念纳入贫困监测和分析范畴，以便及时准确地监测贫困的动态变化（黄承伟、王小林、徐丽萍，2010）。在进行公共服务供给制度设计时，要注重均衡性转移支付，因为除社会保障外，以均衡转移支付为主的一般性转移支付都将有利于促进公共服务均等化（付文林、沈坤荣，2012；李丹、裴育，2016）。但是，一定要设计好监督机制，规范地方政府行为，保证地方政府将财政转移支付用到基本公共服务支出和社会保障支出上（李丹、刘小川，2014），否则减贫效应将会比较低。

1986 年以来，伴随着减贫力度的不断加大，我国贫困人口数量不断减少，尤其是进入 21 世纪，我国完成了以基本解决温饱问题为目标的第一轮大规模扶贫开发计划。伴随着脱贫攻坚战的结束，现行标准下的绝对贫困得到历史性消除。在全面推进乡村振兴的新阶段，贫困特征发生了显著变化，由绝对贫困向相对贫困转变，由生存型贫困转向发展型贫困。面对新的贫困问题，强调提升基本公共服务的减贫机理主要在于，通过改善深度贫困地区的公共服务水平，为他们创造发展的空间与平台，这样便能降低深度贫困地区的脆弱性，减少社会排斥，从而降低贫困发生率（曾小溪、曾福生，2012）。深度贫困地区的经济发展相对落后，农民增收渠道单一，发展机会相对匮乏，政府增加公共产品或公共服务的供给就会成为保障和改善民生的重要举措（杨善华，2017）。加大对深度贫困地区非竞争性公共产品或公共服务的供给，不仅不会造成公共资源的浪费，还会为这些贫困地区脱贫提供十分重要的物质条件，目的是通过“输血”为“造血”创造条件（李小云，2017）。同时，增加贫困地区的公共服务供给，有助于改善服务使用者的人力资源，增强他们抗拒自然风险、市场风险和社会风险的能力，从而减少社会排斥和社会剥夺，从根本上减少乃至消除贫困（朱玲，2004）。而社会养老保险、医疗保险等保障性公共服务能够直接或间接地发挥缓解贫困的作用，政府由单纯的贫困救助转向为低收入群体提供保障性公共服务将是减贫的一种选择（卢盛峰、卢洪友，2013）。但是，农村的公共服务体系和城乡二元结构所带来的结果是贫困人口只得到社会救济类服务，其他社会保障类服务供给仍然不足，且着眼于长远利益的经济服务相对较少（刘穷志，2007）。从构建长效减贫机制的角度来看，提升地区公共服务水平是非常必要的（王曦璟、高艳云，2017），但既有的公共服务体制并未实现对贫困人口的保障。因此，2020 年以后构建一套真正惠及低收入人口的公共服务制度是缓解相对贫困的关键举措，从而得以缩小贫富差距和减少社会不平等。

三 对既有研究的总结与评述

国际国内社会对贫困概念和致贫原因的认知与分析，决定了国际社会和中国社会采取什么样的减贫举措。通过回顾中国不同历史阶段所实行的公共服务政策的特征与变迁过程可以发现，在新中国减贫历史上，开发式扶贫一直占据着主导地位，其他扶贫举措一直居于辅助地位。但是，新中国成立以来所取得的扶贫成就，一方面离不开国家力量的干预，比如开发式扶贫、保障性扶贫，再到后来的综合式扶贫，都在减贫中发挥着重要作用；另一方面，中国的减贫也得益于经济增长的益贫性。同时，作为构成基本公共服务整体的部分，如教育、医疗和社会保障等从新中国成立以来一直都被认为是重要的减贫路径，只是在不同的历史阶段发挥的作用不同而已，这主要与当时的治理理念、时代背景和经济社会发展水平高度相关。虽然学界对公共服务如何减贫的问题有所提及，但并未受到学界和政界的足够重视，直到脱贫攻坚以来，基本公共服务的建设目标才逐渐与减贫目标相融合，学界才开始讨论基于基本公共服务的减贫价值和意义，但仍然对基本公共服务水平落后的根源问题，以及基于基本公共服务的减贫的作用机理与基本维度认知比较模糊，缺少整体性和系统性视角下的基于基本公共服务的减贫认知。由此，本书试图从基本公共服务的视角来理解贫困及其成因，并尝试构建一个基于基本公共服务的减贫的理论分析框架，对基本公共服务如何参与减贫这一问题展开深入讨论，揭示基于基本公共服务的减贫的作用机理与基本维度。同时，对新时代如何减贫的新定位与基本公共服务供给的政策建议进行讨论。

第五节 基于基本公共服务的减贫的分析框架

一 基本公共服务的类型划分

本书所讲的基本公共服务是指在一定社会经济条件下，基于一种社会共识，由政府主导为每一位公民提供，旨在保证基本生存和发展需求的公共服务。学界虽早有关于基本公共服务类型的划分，但至今尚未形成统一的认识，不同的学者基于不同的标准将基本公共服务划分为不同的类型，有学者将其划分为基本民生性服务、公共事业性服务、公益基础性服务和公共安全性服务四个方面（常修泽，2007），也有学者将其划分为底线生存服务、公众发展服务、基本环境服务和基本安全服务四个领域（陈海威、田侃，2007），但它们的内涵是大体相同的，即基本生存需要、基本能力需要、基本健康需要和基本发展需要（李新光，2018）。进入 21 世纪，政府对基本公共服务内涵的认识不断深化，从强调政府职能由管制型政府向服务型政府转变开始（詹国彬，2003），国家逐渐认识到基本公共服务在国家治理中的重要性，并将建设服务型政府作为历次行政体制改革的方向。在"十二五"和"十三五"期间，国家先后出台了《国家基本公共服务体系"十二五"规划》和《"十三五"推进基本公共服务均等化规划》，对基本公共服务的内涵进行了界定，并对基本公共服务的范围、对象也进行了拓展，覆盖的范围和人群更加广泛，公共财政的支持力度进一步加大。这些都表明政府在不断更新发展理念，实现由"经济建设型"政府向"公共服务型"政府转变。

但是，本书在讨论基本公共服务的类型时，更多的是从它的益贫性，或者说其在减贫中所发挥的功能角度来谈。已有学者指出，基本公共服务不仅具有减贫功能（曾福生、曾小溪，2013），还具有收入再分配和缓解社会矛盾的重要功能（常修泽，2007），在我国社会主要矛盾已经转化为人民日益增长的美好生活需要和不平衡不充分的发展之间的矛盾之际，推进基本公共服务均等化是缩小区域发展差距、城乡发展差距和贫富差距的关键举措。本书在回顾和评述既有学术研究成果的基础上，吸收和借鉴其中的合理成分，按照基本公共服务在减贫中所发挥的功能与作用，将基本公共服务划分为四种类型：兜底型基本公共服务、孵化型基本公共服务、延伸型基本公共服务和发展型基本公共服务（见表 2－7）。这四种类型的基本公共服务将分别在不同的维度与层次上有助于减贫，其最终目的是为贫困人口创造均等的生活机会，实现贫困人口可行能力的提升，扩展他们的行动自由与发展空间，打造集兜底、孵化、延伸和发展于一体且贯穿整个生命周期的全方位扶贫网络，从而彻底摆脱贫困。

表 2－7　基本公共服务的四种类型

类型	具体内容
兜底型基本公共服务	基本养老服务、残疾人公共服务、儿童社会福利、社会救助、社会保障

续表

类型	具体内容
孵化型基本公共服务	公共就业服务、公共创业服务
延伸型基本公共服务	公共基础设施、信息基础设施、农业基础设施、物流基础设施
发展型基本公共服务	学前教育、义务教育、高中教育、职业教育
	基本医疗保障、基本公共卫生

兜底型基本公共服务主要包括基本养老服务、残疾人公共服务、儿童社会福利、社会救助和社会保障等内容，这一类型的基本公共服务能够直接回应和满足贫困人口的基本需求，降低贫困人口的脆弱性，有效化解贫困人口面临的风险，为贫困人口提供兜底保障，防止贫困人口因重大疾病或其他突发灾害的侵扰而陷入贫困。但未来的兜底型基本公共服务应该不再局限于贫困人口，而应该面向所有人群开放，因为现在处于快速的社会转型期，每一个社会成员都面临着较高的社会风险，任何人都有可能因为某种突发性因素而陷入贫困。从这个层面上讲，兜底型基本公共服务的建立既是为了"扶贫"，又是为了"防贫"，最主要目的是构建一张安全的社会防护网，保证每一位社会成员都能有效化解重大生存风险。

孵化型基本公共服务主要包括公共就业服务和公共创业服务等内容，"孵化"本是一个生物学上的术语，指的是动物在卵内完成胚胎发育后破壳而出的现象，后来被学者引申到社会科学领域，尤其是被引入管理学领域之后，产生了"孵化管理学"的概念。在管理学中，"孵化"有孕育新企业之意，"孵化"的目的是"化"，过程和手段是"孵"。一般而言，经过"孵化"的企业更容易获得成功，此处引入"孵化"的概念，意在基于优势视角理论，对具备一定能力的贫困人口进行"孵化"，重新挖掘贫困人口自身和环境中蕴含的优势资源，而并非只关注问题和缺陷，帮助他们认识其自身的优势，从而达到解决贫困人口外在或潜在的问题的目的。实质上，孵化型基本公共服务的主要目的是为贫困人口提供"起飞"的基础性条件，助力其有效应对生活中的风险与挑战。

延伸型基本公共服务主要包括公共基础设施、信息基础设施、农业基础设施和物流基础设施等具备公共产品性质的生产型公共服务，这一类基本公共服务主要是为了增强贫困人口的"解困"能力，减少交通、信息、居住环境和物流等因素对贫困人口发展的限制。尤其是对处于深度贫困地区的深度贫困人口而言，其所在的区域自然环境恶劣和各类基础设施落后等导致其面临各种各样的发展限制，丧失了很多发展机会，加快推进此类基本公共服务均等化，将是帮助深度贫困人口摆脱贫困的关键举措，因为延伸型基本公共服务可以帮助贫困人口获得便捷的交通、信息和物流服务，从而更好地抓住发展机会，实现真正意义上的生活机会均等。

发展型基本公共服务主要涵盖公共教育服务和公共卫生服务两大领域，具体包括学前教育、义务教育、高中教育和职业教育，以及基本医疗保障和基本公共卫生等，个体获得发展的基础是拥有健康的身体，而教育则是实现个体发展最重要的一种手段，可以有效提高贫困人口的基本可行能力，从而阻断贫困代际传递。最有效的脱贫方式是帮助贫困者养成具有摆脱贫困的智力和能力（徐水晶，2016），而教育和健康则恰好与这样的减贫理念所契合。实质上，强调发展型基本公共服务的目的在于帮助贫困人口进行能力建设，实现内源式发展，从而扩展他们行动的自由与发展的空间。

二　基于基本公共服务的减贫的分析框架

“机会缺失”和“能力不足”是造成贫困人口陷入贫困的根本性因素。绝对贫困人口呈现两大重要特征：一是缺乏谋生的手段、就业的机会和发展的平台；二是教育不平等加剧、劳动能力不足、自我发展能力和动力不足等，可以将其概括为“机会缺失”和“能力不足”（朱方明、李敬，2019）。针对“机会缺失”和“能力不足”，基本公共服务可以从多个维度和层次帮助贫困人口，兜底型基本公共服务可为贫困人口提供兜底保障，防止贫困人口或家庭陷入贫困；孵化型基本公共服务可为贫困人口提供机会，重新挖掘贫困个体的优势与价值；延伸型基本公共服务可以减少贫困人口发展的限制，并为其提供必要的社会支持；发展型基本公共服务可对贫困人口进行能力建设，减少不平等和提高可行能力。

这四种类型的基本公共服务可以通过提供兜底保障和社会保护、增加收入与资产、减少支出与损失、缩小收入差距、促进就业与社会参与、创造发展的基础性条件、降低生产生活成本、减少社会不平等和提升自我发展能力等维度实现减贫，目标是帮助贫困个体实现“机会均等”与“能力提升”，从而助其真正摆脱贫困。具体可参见以下的理论分析框架（见图2－2）。

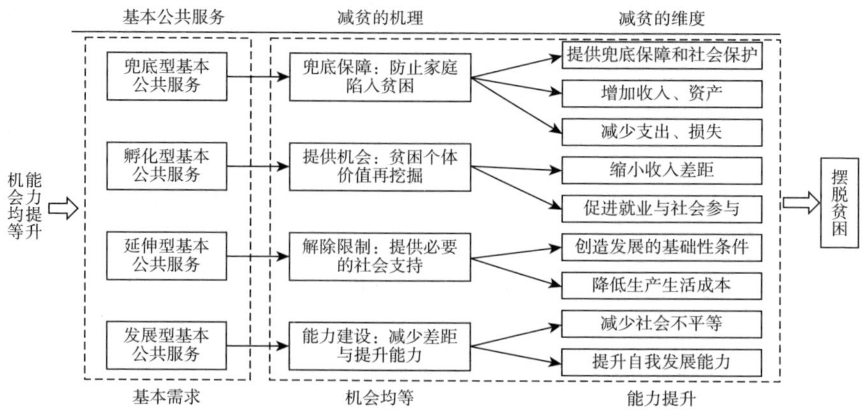

图 2－2 基于基本公共服务的减贫的分析框架

学界归类的致贫原因主要包括因病致贫、因学致贫、因残致贫和因交通不便致贫等，而在基于基本公共服务的减贫的分析框架下，致贫原因与减贫路径都是在基本公共服务话语下进行讨论的。从基本公共服务视角来看，贫困实质上是由公共卫生、基本医疗、基础教育和社会保障等基本公共服务供给不足或缺失所致。改革开放以来，经济社会快速发展导致基本公共服务在区域之间、城乡之间和社群之间的供给出现差异，并逐渐形成了一种不均衡和不平等的状态，而这种状态便是基本公共服务不足导致的贫困。

减贫的目的是减少不平等和促进社会公平，因为贫困的本质就是不平等。在个人和家庭无法实现平等发展的条件下，政府就应为公民生存与发展提供最低层次的公共服务，这是由政府公共责任决定的。但是，个人之间的异质性是难以改变的，政府的决策不可能照顾到每一个人的特殊需求，政府也不可能做一个“无限政府”，替公民做好每一件事情，未来的减贫应该回归到“有限政府”上来，政府做好该做且能够做的事情。因此，这就需要一个“最大公约数”，即为公民提供基本公共服务，这既能够保证相对贫困人口有获得基本生存和发展的均等机会，又能为每一个可能面临风险的个体提供保障，有效化解风险和预防贫困。中国扶贫工作的探索与实践过程，实质上是在党的领导下，政府不断对贫困问题进行治理的过程。尤其是对贫困人口基本权利和相关利益的持续关注，并不断进行制度改革与政策调整，从而不断提升贫困人口的福祉。

第三章
基本需求：基本公共服务视角下的贫困

第一节　重新理解现代社会的贫困：从收入不足到机会与能力欠缺

一　不同话语下公共服务的内涵与外延

（一）学术话语下的公共服务

“现代意义上的公共服务滥觞于古典自由主义理论和社会契约论”（张立荣、姜庆志，2013），公共服务（Public Service）作为一种学术话语被提出，始于19世纪末的英、法、德等西方学界，他们最初依据物品的特性来界定公共服务（柏良泽，2008），之后两个多世纪“公共服务”的理论和概念不断变迁，但关于公共服务概念中的“公共性”到底如何表达，时至今日还未形成统一的观点（姜晓萍、陈朝兵，2018）。但“公共服务”理论和概念的变迁过程则可以被看作人类社会在发展过程中关于生存权利、公共利益和政府责任不断思考与完善的过程（尹栾玉，2016）。在西方学术界，最早给公共服务下定义的学者是狄骥，他认为公共服务就是指“那些政府有义务实施的行为”（高铁军，2015）。后来伴随着公共服务研究和实践的不断深入，不同理论流派的学者从不同的学科视角出发提出了不同的观点，经济学家萨缪尔森所提出的公共产品理论便是其中的代表性理论之一，他认为“当任何一个人的一般权利增加或者减少时，所有其他人依然可以保持相同的和不受影响的水平”（Samuelson，1954）。在此之后，学者们虽然对公共服务的概念进行了拓展和深化，但都未脱离萨缪尔森所定义的公共服务内涵。二战之后，伴随着西方政府改革浪潮的兴起，“传统的公共行政学向‘新公共管理学’的范式转换”（陈振明，2000），这一范式的转换主要以奥斯本和盖布勒（2006：8）为代表，他们提出要建立一个“企业家型政府”，将企业管理原则和市场化原则引入政府公共服务管理系统中，以此提升公共服务的效能。但是，“新公共管理”运动的核心思想过分强调公共服务的经济与效率，而忽视了公共服务的公平性特点，由此遭到来自学界的多方面批评（张立荣、姜庆志，2013），如罗伯特·登哈特（Robert Denhardt）和珍妮特·登哈特（Janet Denhardt）（2014：6~9）便是批评者，他们在对新公共管理理论进行批判性吸收的基础上，提出了“新公共服务理论”，这一理论强调政府的职能是“服务，而不是掌舵”，认为服务的公平性和责任比企业家精神更重要。这两种不同的公共服务理论虽强调的重点不同，但二者之间仍具有互补性，因此成为目前指导学者从事学术研究和实践服务的重要理论依据（高铁军，2015）。通过对以上“公共服务”在西方语境下提出、发展和变迁过程的简单回顾，笔者发现，时至今日，公共服务的概念和内涵在西方学界仍未形成统一的观点，仍存在很多争论。

而国内学术界对“公共服务”的研究沿用了西方学界提出的公共服务基本理论和概念，在此基础上依据中国当代政治、经济和文化的实际，对相关情况进行了解释（高铁军，2015）。研究发现，中文语境下的公共服务研究主要聚焦于以下两点内容。一是把“公共服务”作为一种政府治理理念或政府职能改革的方向。坚持这一观点的研究者深受西方学界“新公共管理”运动和“新公共服务”理论的影响，接受了“服务型政府”的概念，认为政府改革和政府职能演变必须以公共服务为导向（龙朝双、田芳，2002），这一理论不仅得到学者的认同，也成为影响国内政府进行政治体制改革的主要理论之一。二是对公共服务均等化的关注。公共服务具有社会财富再分配的功能，推进公共服务均等化是实现改革成果共建共享和社会公平正义的重要途径（杨波，2019），这一观点得到国内很多学者的认同，他们围绕如何构建基本公共服务均等化的体制机制（于树一，2007）、影响基本公共服务均等化的因素（陈振明、李德国，2011）、基本公共服务供给的财政分担机制和政府在提供公共服务时应该负有的责任与边界等重大理论与现实问题展开了研究（傅勇、张晏，2007；沈志荣、沈荣华，2016），并取得了一些成果。但是，需要指出的是，这些关于公共服务的研究，都偏向于从政策层面和政府行为的角度来讨论公共服务，而对于公共服务的概念与基本内涵关注较少，尚未清晰界定公共服务的内涵与外延。此外，学界和政策界普遍存在对公共服务理解的泛化，很多人会将“公共服务”

等同于一般意义上的服务，认为凡是政府的行为都属于“公共服务”，这便没有将“公共服务”与政府的其他职能区分开来（马英娟，2012）。“公共服务”作为一种学术话语应该有其特定的含义，这种对“公共服务”的泛化理解，不利于学界构建清晰的公共服务理论体系。

总体而言，学界关于公共服务的理解主要可以概括为两大类。一类是基于“物品性质”界定的公共服务。这一类学者将公共服务看作可以与公共产品互换的一个概念，这种界定方式主要是基于公共经济学中“公共产品”的概念引申而来，从非排他性和非竞争性来对公共服务进行分类，其关注的核心是物化的产品或服务（韩小威、尹栾玉，2010）。而另一类则是基于“行为方式”来界定公共服务（尹栾玉，2016）。这种观点认为公共服务应该是政府政治伦理的要求和体现，政府利用其拥有的政治权力和资源促进公众的公共利益最大化，通过分担公众消费风险而进行的一系列公共行为（刘尚希，2007），这种界定方式主要是基于现代政府的基本职能，其关注的核心是公众的公共利益，旨在满足公民获得均等化公共服务的一种政府行为（韩小威、尹栾玉，2010）。这两种界定和理解都有其可取之处，而本书在理解“公共服务”时，将会吸纳目前学界对“公共服务”概念界定的合理成分。

（二）政策话语下的公共服务

政策话语下的公共服务与学术话语下的公共服务既有联系，亦有区别。上文回顾了中西方学界对“公共服务”的理解和认知的变迁过程，从中可以看出中外学者对“公共服务”有着多重理解，但对“公共服务”概念的界定尚未形成统一的认识。本书主要探讨的是基本公共服务在减贫中可能发挥的作用与功能，故在定义“公共服务”的概念时吸纳了各理论流派对“公共服务”概念定义中的合理成分，既包含物品性质的，又包含职能性质的，且在回顾涉及“公共服务”的政策文本时重点关注新中国成立以来的历史变迁过程。新中国成立以来社会事业的建设与发展，实际上就是具有中国特色的公共服务的发展过程，尤其是改革开放40多年来，我国在教育、医疗、减贫和社会保障等领域取得的重要进步，都可以被视为我国在公共服务领域所取得的成绩。这里所讲的公共服务主要是物品性质的，主要涵盖公共基础设施、公共教育、公共卫生和就业创业服务等内容。通过历史回顾发现，中国农村基本公共服务政策经历了从城乡分割到城乡一体的变迁过程（林万龙，2018），但“公共服务”最早被写入官方文件是在1998年（马英娟，2012），这一年政府发布的《关于国务院机构改革方案的说明》中强调“要把政府职能切实转变到宏观调控、社会管理和公共服务方面上来……”，这是官方文件中首次出现“公共服务”一词。此后“公共服务”一词就频频出现在政府文件中，2001年的《中央政府工作报告》中就指出“要在企业技术开发和生产营销、社会公共服务、政府行政管理等方面广泛应用数字化、网络化技术，把工业化和信息化更好地结合起来”[①]，但这一次主要是从企业社会化服务的层面来进行表述的，而真正从政府基本职能角度来谈“公共服务”则始于2002年的《中央政府工作报告》，强调“必须进一步解放思想，彻底摆脱传统计划经济的羁绊，切实把政府职能转到经济调节、市场监管、社会管理和公共服务上来”[②]。至此，“公共服务”作为一个专用名词出现在中国官方话语体系之中（姜晓萍、邓寒竹，2009）。2006年颁布的《中华人民共和国国民经济和社会发展第十一个五年规划纲要》强调，“合理划分中央与地方及地方各级政府间在经济调节、市场监管、社会管理和公共服务方面的权责”[③]，这一文件的颁布也为后来政府体制改革指明了方向。在此之前的政策文本中有关“公共服务”的话语，主要从政府职能转变的角度来进行讨论，均指的是一种政府改革的理念或一种政府行为。

但是，在2012年国务院颁布的《国家基本公共服务体系“十二五”规划》中对“公共服务”提出了新的理解，并对“基本公共服务”的概念进行了界定，认为“基本公共服务是指建立在一定社会共识基础上，由政府主导提供的，与经济社会发展水平和阶段相适应，旨在保障全体公民生存和发展基本需求的公共服务”[④]，这是官方文件首次对“基本公共服务”的内涵进行界定。这一规划的出台进一步强化了政府的公共服务职能，也为

---

① 内容参见2001年《政府工作报告》，这里所讲的“政府工作报告”均指的是中央政府工作报告，而非地方政府工作报告。

② 公共服务作为一种政府职能的表述参见2002年《政府工作报告》，2002年3月5日在第九届全国人民代表大会第五次会议上，时任国务院总理朱镕基向大会做了此报告。

③ “公共服务”作为政府四大功能之一的表述参见《中华人民共和国国民经济和社会发展第十一个五年规划纲要》。

④ 关于“基本公共服务”概念的界定来自《国家基本公共服务体系“十二五”规划》，系国家首次编制基本公共服务规划，也标志着国家建立基本公共服务制度的开始。

督促政府履行公共服务职责提供了重要依据。同时，这一规划也对基本公共服务的基本范围、标准和工作重点做出了明确规定，指出狭义上的基本公共服务应该包括“教育、就业、社会保障、医疗卫生、计划生育、住房保障、文化体育等”①，涉及基本民生需求的公共服务。而广义上的基本公共服务则包括“交通、通信、公用设施、环境保护、公共安全、消费安全和国防安全等”②，是与人民群众环境紧密关联和安全需要相关的公共服务。自此以后，国家围绕基本公共服务体系建设目标出台了多项文件，2017 年国务院颁布的《“十三五”推进基本公共服务体系均等化规划》继续沿用了对“公共服务”的这一界定，并提出了《“十三五”国家基本公共服务清单》（以下简称《清单》），《清单》涉及 8 大领域 81 个项目③，并明确了服务对象、服务指导标准、支出责任和牵头负责单位等，清单制的建立是促进基本公共服务均等化的重要基础。国家为了促进《清单》内容的有效落实，于 2018 年和 2019 年先后出台了《基本公共服务领域中央与地方共同财政事权和支出责任划分改革方案》《加大力度推动社会领域公共服务补短板强弱项提质量 促进形成强大国内市场的行动方案》两个文件，前一个文件对中央政府和地方政府在公共服务领域应当承担的财政责任和分担比例做出了明确规定，后一个文件则对补齐和增强社会领域公共服务短板和弱项提供了指南，这两项文件的颁布对促进公共服务均等化和保障社会公平正义起到积极作用。通过梳理相关的政策文本发现，近年来国家明显加快了社会建设，更加关注民生问题，努力促进全民共享发展成果，因为《清单》所罗列的公共教育、公共卫生、社会保障和公共就业等都与民生问题密切相关。由此可见，“新时期以民生发展为重点的社会建设，正在成为中国政策语境中‘公共服务’的核心议题”（曹爱军，2019）。

二　公共服务视角下的贫困及其成因

贫困是一个非常复杂的学术概念，又是一个不断更新的概念，回顾减

① 《国家基本公共服务体系“十二五”规划》中对基本公共服务的狭义分类。

② 《国家基本公共服务体系“十二五”规划》中对基本公共服务的广义分类。

③ 《“十三五”推进基本公共服务均等化规划》中规定基本公共服务应该包括公共教育、劳动就业创业、社会保险、医疗卫生、社会服务、住房保障、公共文化体育、残疾人服务等 8 大领域 81 个项目，基本上涵盖了与公民生存与发展密切相关的各个领域。

贫实践和理论研究历史，发现人类对贫困的认知先后经历了绝对贫困、相对贫困、能力贫困和权利贫困等概念的变迁过程，不同领域的学者从不同学科视角对贫困问题进行了不同解释，并产生了一批富有影响力的学术成果，对人类减贫与发展做出了独特贡献。但是，伴随着人类扶贫实践的不断发展，贫困概念也在不断被拓展，实践者和研究者逐渐认识到人类福祉在很多方面是无法用货币衡量的，货币只是衡量贫困的一个重要维度，并不能完整地反映其他方面的问题（林闽钢，2018）。进而又提出了“多维贫困”这一概念，期望从多个维度对贫困展开测量，并进行政策干预。多维贫困的测量主要是基于可行能力方法，代表人物是阿马蒂亚·森，所谓的可行能力指的是“一个人所拥有的、享受自己有理由珍视的那种生活的实质性自由”（森，2002），即个体在特定社会结构中应该有足够的权利和自由来从事相关的功能性活动（许汉泽、李小云，2019a）。同时，森指出收入低下是一个人可行能力被剥夺的重要原因，但并不是唯一原因，除收入以外，还有其他因素影响一个人的可行能力，进而影响到真实的贫困。因为贫困的实质就是贫困人口缺乏改变其生存状况、抵御各种生存风险、抓住发展机会和获取经济收益的“能力”（渠鲲飞、左停、王琳瑛，2018；森，2002：85），这种能力包括享受健康、教育、饮水和住房等多个方面的能力（王小林，2018），人们一旦拥有这种能力，就能够获得维持自身可持续发展的机会、权利与自由（钟晓华，2016），从而摆脱贫困，实现社会公平与人的全面发展（虞崇胜、余扬，2016），这实质上表现为一种基本公共服务贫困。

“贫困”一词在中文语境下的含义是多维度的，既包含货币维度的收入不足，亦包含非货币维度的福利缺失，但本书所使用的贫困概念主要突出贫困之“困”，这种“困”着重强调非货币福利。因此，在基本公共服务话语下，贫困不能仅仅被视为收入不足，同时还应该被视为因基本公共服务供给缺失导致的一个人基本可行能力被剥夺而陷入多维行动困境的状态，即贫困可以被视为“机会缺失”和“能力不足”（见图 3－1）。“机会缺失”主要指的是公民获得基本公共服务的机会不均等或由于结构和制度的挤压导致部分社会群体无法获得基本公共服务，这在农村贫困地区表现得尤为突出。因为“公共服务贫困从多个方面体现出来，其中包括财政投入方面、公共服务产出方面和公共服务的可及性”（任强，2009），且基本公共服务在区域之间、城乡之间和社群之间的分布呈现不均等状态。这种状态包括温饱、安全、教育、健康和社会交往等各种需求（钟晓华，2016），“机会缺失”将会导致贫困人口无法实现这些社会功能性活动。而“能力不足”则反映的是个人无法实现各种功能性活动和选择不同的生活方式，本质上是没有条件和平台实现能力转化。二者是相互联系和相互依存的，只有实现公民获得基本公共服务的“机会均等”，才能有条件和平台实现“能力转化”。能力是功能性活动的内化，功能性活动是能力的外显，实现社会功能性活动的多少体现的是个体能力的强弱，而能力的强弱又是人们实现功能性活动和自由选择的保障。根据森的观点，发展的首要目的是扩展人的自由，而影响人实现自由的因素主要有个体特征和环境因素两个维度，这两个维度之间的不断互构与叠加，所导致的弱势累积会阻碍人们无法获得“有价值的生活和实质自由”。

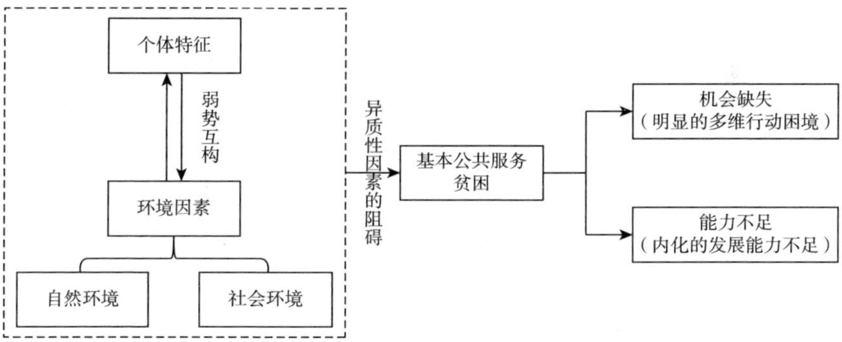

图 3-1　基本公共服务话语下的贫困

自 20 世纪 80 年代政府开始有组织、有计划地开展扶贫以来，就一直将开发式扶贫作为提高农村贫困群体收入和改善其生活状况的重要工作内容，开发式扶贫也是直接聚焦提升贫困人口收入的减贫战略。国家虽然也在贫困地区开展了基础设施建设、改善农村教育教学条件等扶贫开发工作，但从扶贫开发的工作重点来看，开发式扶贫一直处于农村扶贫开发工作的中心位置。党的十八大以来，中共中央、国务院将扶贫开发提到治国理政的新高度，通过实施精准扶贫战略，使中国贫困人口数量持续下降，贫困人口收入持续提升。“伴随着贫困群体收入的不断提高，收入型贫困特征将日趋淡化，由中国特定的城乡二元结构导致的基本公共服务差异而形成的多维贫困特征将会日益凸显”（李小云，2019b）。换句话说，就是以货币短缺为特征的贫困将渐趋淡化，而以基本公共服务短缺为主要特征的多维贫困将会日益突出。这种因为基本公共服务匮乏或缺失所导致的多维贫困，从根源上讲便是“机会贫困”与“能力贫困”，这两种贫困在自然空间和社会空间中将会表现为多维行动困境和内化的能力不足，我们秉持基本公共服务视角来理解贫困，其最终目的是帮助贫困人口获得均等的基本公共服务，通过基本公共服务实现“能力转化”，从而构建起长效的减贫机制，助其摆脱贫困。

众所周知，中国的减贫实践是从问题视角来寻找致贫因素的，通常将导致贫困的因素归结为因病致贫、因学致贫、因残致贫和因交通不便致贫等，这只是从一般视角归纳的贫困成因。而在基本公共服务视角下，贫困成因可归结为公共卫生和基本医疗制度、基础教育和社会保障制度不健全或保障不足，以及缺乏普惠金融支持、职业技能培训或社会化服务不足等（见表 3－1），这些基本公共服务在区域之间、城乡之间和社群之间都存在不同程度的差距，从而形成了分布不均衡的局面。这种局面对处于落后地区的乡村人口形成了“机会挤压”和“能力剥夺”，导致他们陷入了贫困的“恶性循环”。因此，从这个角度来讲，基本公共服务短缺是贫困产生、积累和传递的重要根源（李雪萍、汪智汉，2009）。本书提出基于基本公共服务的减贫理念，目的在于通过补足弱势群体和落后地区的基本公共服务短板来实现“底线公平”，从而有助于缩小区域之间、城乡之间和群体之间的差距，缓解因差距而产生的各种社会冲突。而从基本公共服务话语来理解和认识贫困成因，不仅有助于消除绝对贫困，还有助于缓解相对贫困。因为基本公共服务不仅具有满足贫困人口基本生存与发展需求的功能，还具有收入再分配的功能。

表 3－1　一般话语和公共服务话语下的贫困成因对比

一般话语下的贫困成因	公共服务话语下的贫困成因
因病致贫	公共卫生服务或医疗保障不足
因学致贫	公共教育不足或受教育机会不平等
因残致贫	残疾人公共服务不足
因交通不便致贫	基础道路和公共交通工具不足
因灾致贫	兜底保障不足或避灾机制不健全
缺资金	缺乏普惠金融支持

续表

一般话语下的贫困成因	公共服务话语下的贫困成因
缺技术	职业技能培训或社会化服务不足
缺劳力	人力资本支持不足
自身发展动力不足	公共文化和教育不足

第二节　田野调查中的“特困地区”与国家级贫困县

一　作为“特困地区”[①]之一的秦巴山区

根据2011年中共中央、国务院印发的《中国农村扶贫开发纲要（2011～2020年）》第十条的规定，“六盘山区、秦巴山区、武陵山区、乌蒙山区、滇桂黔石漠化区、滇西边境山区、大兴安岭南麓山区、燕山—太行山区、吕梁山区、大别山区、罗霄山区等区域和已明确实施特殊政策的西藏、四省藏区和新疆南疆四地州将是扶贫攻坚的主战场”。[②] 以上地区受地理位置偏僻、自然环境恶劣、社会经济发展滞后和基础设施建设薄弱等多重因素的制约而处于特别贫困的境况，属于一般意义上的深度贫困地区。而根据中共中央办公厅和国务院办公厅于2017年印发的《关于支持深度贫困地区脱贫攻坚的实施意见》中的提法，深度贫困地区特指“三区三州”地区，此后国务院直属部门在制定支持深度贫困地区脱贫攻坚的专项政策时，也主要以对“三区三州”地区实施特惠政策为主，而尚未覆盖到其他特困地区。但是，笔者在选择田野调查区域时，因为考虑到特困地区的共性问题，以及贫困特征的相似性，而选择倾向于从一般意义上来界定深度贫困地区，不局限于“三区三州”，所以选择了秦巴山区作为田野调查区域，并通过筛选机制，选择此区域的一个国家级贫困县作为具体的田野调查地点，在此开展了三个多月的田野调查工作（2018年7月16日～30日、2019年3月1日至5月10日、2019年7月20日～30日），获取了翔实

① “特困地区”在这里指的是集中连片特殊困难地区，即特别贫困的地区，2020年前在中国有14个集中连片特殊困难地区，这些地区的农民人均纯收入为2676元，仅相当于全国平均水平的一半。

② 关于集中连片特困地区划分的文字表述可参见《中国农村扶贫开发纲要（2011～2020年）》。

的一手资料和调查数据。

秦巴山区集中连片特殊困难地区（以下简称“片区”），横跨河南、湖北、重庆、四川、陕西和甘肃六省的80个县（市/区），集革命老区、大型水库区和自然灾害易发多发区于一体，内部发展差异大，致贫因素多元复杂，是所有特困地区中涉及省份最多的片区。国家统计局数据显示，2010年底，该片区总人口为3765万人，其中少数民族人口56.3万人。秦巴山区西起青藏高原东缘，东至华北平原西南部，横跨秦岭和大巴山，地貌类型主要以山地、丘陵为主，间有汉中、安康和徽成等盆地。地跨长江、黄河、淮河三大流域，是淮河、汉江、丹江、洛河等河流的发源地，水系发达，径流资源丰富，森林覆盖率达53%，是国家重要的生物多样性和水源涵养生态功能区。2001~2010年教育状况有所改善，适龄儿童入学率从86.4%提高到98.6%，区域内居民接受教育的年限增加了1.9年。公共卫生条件也在2001~2010年得到较大改善，所有乡镇都建立了卫生院，卫生室覆盖了83.1%的村庄。2010年城镇居民人均可支配收入为13155元，农村居民人均纯收入为3978元，城乡居民收入相差9177元，收入的绝对值与2001年相比有所提高，但城乡居民收入的差距进一步扩大①。

造成该区域贫困面广、贫困程度深和贫困发生率高的原因主要有以下几个。一是秦巴山区农户生计脆弱，致贫原因复杂，是14个集中连片特困地区的典型区域。经过统计发现，该区域80个县（区/市）中有42个位于南水北调的中线工程区，4个县位于三峡水库区，90%以上的县（区/市）是国家和省级扶贫开发工作重点县，面临开发与保护的双重规制，资源开发与环境保护矛盾突出。此外，该区域地方病严重，因病致贫现象突出，未控制大骨节病的县有16个，占全国（45个县）的35.56%。依据国家统计局的数据，按照1274元扶贫标准来计算，2010年该区域的贫困发生率为9.9%，比全国平均水平高7.1个百分点，比西部地区平均水平高3.8个百分点，农村人均纯收入水平仅为全国平均水平的67.2%②。二是受限于自然地理条件，区域发展内部差异较大，农产及其他产业发展基础薄弱，且支撑能力有限。片区东部与片区西部、盆地与山区、农村与

① 关于秦巴山区区域特征、贫困状况和致贫原因的介绍整理自《秦巴山区区域发展与扶贫攻坚规划（2011－2020年）》。

② 秦巴山区的数据整理自《秦巴山区区域发展与扶贫攻坚规划（2011~2020年）》。

城镇之间的发展差距较大，尤其是深山和高山区存在较大面积的深度贫困。中心城市对周边城市的带动发展明显不足，而城乡二元体制的存在亦导致城乡发展差距扩大，农村人口在这样的结构中被边缘化。再加上受此区域自然地理条件的限制、基础设施建设比较落后和产业发展链条不完整等导致旅游和农业资源开发程度低，资源优势难以转化成发展优势。三是公共基础设施建设比较薄弱，公共交通、信息基础设施和物流网络等现代化基础设施比较落后，严重限制了区域内居民的发展能力。该区域虽然为南水北调的中线工程区，但片区内的小型农田水利设施非常薄弱，部分地区工程性缺水严重，基本农田有效灌溉面积不足37.5%，40.2%的农村住户存在不同程度的饮水困难，69.3%的农村还存在饮水安全问题，有24.7%的行政村没有完成农网改造[①]，省际和县际断头路多，铁路网和物流网覆盖严重不足，现代化的公共基础设施建设严重滞后，不能满足片区内居民的发展需求，严重限制了区域优势和资源优势的发挥。四是基本公共服务供给严重不足，尤其是科、教、文、卫等方面的条件与发达地区还存在较大差距，严重制约了区域内居民行动能力的提升。据统计，片区内的人均教育和卫生支出仅相当于全国平均水平的56.8%，且教师和医生的数量与全国平均水平相比还存在较大差距，教育基础设施和师资力量薄弱，教学水平相对较低，完成高中学业的人数比例偏低，人均图书拥有量和阅读量以及参与文化活动的次数和频率均比较低，基层卫生服务能力不足，公共医疗保障水平较差，这些都无法满足区域内居民的发展需求，尤其是深度贫困人口。

二　集中连片特殊困难地区中的国家级贫困县

A县[②]置县较早，有着悠久的历史文化，这对A县的经济社会发展具有一定影响。据“《新唐书・地理志》记载，A县之名，始于唐至德二年(757年)。1949年11月29日县域解放，1958年并入B县，1961年9月分出复设至今”[③]。从地理学上讲，A县地处秦巴山区腹地，汉江上游，县境

① 数据来源于《秦巴山区区域发展与扶贫攻坚规划（2011～2020）》。

② A县为化名，遵照学术规范，对文章中所有的县、乡（镇）、村及农户的姓名都进行了学术化处理。

③ 关于A县历史的论述均摘自《A县志（1949～1987）》（A县志编纂委员会，1991）。

东西宽约51公里，南北长约58公里，面积约1347平方公里，属于革命老区县、国家扶贫开发工作重点县和秦巴山区集中连片特困地区覆盖县之一，全县共辖10个镇141个行政村，总人口31.3万人，其中农业人口26.4万人。据《A县志（1949～1987）》记载，全县地貌总体上呈现为“三山夹两川”的地形，南北剖面呈“W”形，状如展翅的蝙蝠，北部和南部分别为山区，中间为川道，属于北亚热带季风湿润气候。境内最高处海拔为2128米，最低处海拔为290米[①]，受自然地理条件的制约，A县在发展过程中面临着生态失衡、自然灾害频繁、矿藏资源贫乏、人口增长过快和耕地减少带来的压力等问题。

A县的社会经济发展在历史长河中曲折前进，据《A县志（1949～1987）》（A县志编纂委员会，1991）的记载：

> 在旧中国，由于专制剥削制度的长期统治，导致生产关系严重束缚着生产力的发展，A县的国民经济十分落后，农业处于“种在人，收在天”的状况，工业只有几家手工业小作坊，既无电，又无地方公路，劳动人民生活极为贫苦。新中国成立后，社会制度发生了根本性变化，全县人民在中国共产党的领导下，进行社会主义革命和社会主义建设，生产关系得到逐渐调整，尽管有过“大跃进”、3年经济困难的影响和长达10年的“文化大革命”的破坏，但A县的工农业生产和各项事业仍取得了一些成绩，特别是十一届三中全会以后，坚持四项基本原则，贯彻执行“改革、开放、搞活”的方针和政策，A县的社会经济发展得以恢复发展，人民的生活水平有所提高。[②]

从历史维度来衡量A县的社会经济发展水平[③]，可以看出，A县从新中

① 关于A县的数据整理自A县政府网站和《A县志（1949～1987）》（A县志编纂委员会，1991）。

② 内容参考《A县志（1949～1987）》（A县志编纂委员会，1991）的相关记载，县志中对A县的社会经济发展情况做了详细的描述，此处只是摘取其中的一部分内容，并对其进行了精简。

③ 纵向维度实际上是从历史维度进行的比较，主要侧重于考察A县经济社会发展的变迁过程，从这个角度来讲，A县从新中国成立之初的一穷二白发展到现在的水平，确实经历了翻天覆地的变化，取得了很高的发展成就。

国成立至今取得了显著的发展成就。但是，若从现实的横向维度①进行比较的话，则会发现 A 县的发展基础薄弱，单薄的工业体系和脆弱的农业体系并存，自给自足的小农经济仍然占据主导地位，农业生产的规模化和机械化受到诸多因素的限制，农业产品种类多而不优，农业产品品牌杂而不亮，贫穷落后仍是 A 县的基本面貌。根据《A 县志（1949～1987）》的记载造成 A 县贫穷落后面貌的原因主要在于："商品经济不发达，人均生产水平低；农业内部结构不合理，农民收入水平低；地方工业起步迟，基础薄弱，在工业生产总产值中所占比例低；财政拮据，入不敷出，基本上靠中央转移支付，自给率不高；科技教育文化发展缓慢，长期处于后进状态。"② 以上原因共同造成了 A 县在历史发展起点上就处于不利地位，进而又导致 A 县在区域发展结构中一直处于边缘化的位置。

从历史维度来看 A 县的扶贫开发实践，从 1949 年至 1985 年，A 县的扶贫工作也与全国其他区域一致，都经历了小规模救助式扶贫和制度改革缓解贫困的阶段，而真正有组织、有计划和大规模的扶贫开发工作始于 1986 年。据《A 县志（1949～1987）》记载，这一年 A 县恢复"'A 县农业办公室'（原 A 县农业委员会），县多种经营办公室并入县农业办，县扶贫领导小组办公室设在县农办。1995 年 9 月撤销县农业办公室、农业区划办公室，设立县农业发展办公室（扶贫办公室），与新设立的世行扶贫项目贷款办公室合署办公，下设行政股、农业综合开发股、扶贫开发股、世行贷款扶贫项目股 4 个股"。

表 3－2　1949～1987 年 A 县部分年份国民经济主要指标统计

年份	年末人口（万人）	年末耕地面积（万亩）	其中农业人口平均（亩）	社会总产值		国民收入	
				金额（万元）	人均（元）	金额（万元）	人均（元）
1949	13.15	44.07	3.36	—	—	—	—

① 横向维度主要是从现实维度进行的比较，主要侧重于考察 A 县与东部地区和全省其他县的对比情况，从这个角度来看，A 县确实与东部地区发达县和省内其他发达县还存在较大的发展差距，贫困发生率还比较高。

② 关于 A 县为何陷入贫困的原因是摘自《A 县志（1949～1987）》（A 县志编纂委员会，1991）中的总结，与笔者在实地调查中了解到的实际情况基本吻合，故在此采纳作为总结使用。

续表

年份	年末人口（万人）	年末耕地面积（万亩）	其中农业人口平均（亩）	社会总产值		国民收入	
				金额（万元）	人均（元）	金额（万元）	人均（元）
1957	17.48	41.12	2.52	—	—	—	—
1962	18.65	37.19	2.08	—	—	—	—
1965	19.80	38.07	2.06	—	—	—	—
1975	23.90	36.02	1.60	—	—	—	—
1978	24.47	35.92	1.55	5926	242.2	3296	134.7
1980	25.04	35.69	1.53	6116	244.3	3750	149.8
1985	25.63	33.46	1.41	9372	365.7	5664	221.0
1987	26.29	32.53	1.33	10930	415.8	5816	221.2

注：此表数据按照 1980 年不变价计算所得。

资料来源：A 县志编纂委员会，1991：8。

从此 A 县便有了专门负责扶贫开发的领导机构，并逐渐在全县范围内开展扶贫攻坚工作，采取的扶贫方式主要有信贷扶贫、迁移扶贫（移民搬迁）、科技扶贫和社会扶贫等举措。在 1986 年，“A 县有 32 个贫困乡，贫困户 24804 户 109837 人，占全县总农户的 45.9%（即贫困发生率高达 45.9%），占到农业总人口的 46.3%。其中特困户 9394 户 48647 人。至 1988 年，累计投放贴息贷款 915.1 万元、扶贫资金 104 万元，32 个贫困乡全部解决温饱，15 个乡脱贫”①。

在取得前一阶段扶贫成效的基础上，A 县继续采取其他举措来应对贫困，尤其是进入 21 世纪以来，采取了开发式扶贫与保障性扶贫相结合的扶贫举措，取得了不错的扶贫成绩。“A 县志（1988～2010）”（草稿）中关于各项扶贫举措的相关记录情况如下。

第一，残疾人扶贫。“2001 年，解决贫困残疾人温饱 430 人，纳入最低生活保障 906 人。2004 年扶持残疾人 660 人，发放扶持金 20 余万元；争取国家财政无偿扶持资金 6000 元，扶持 6 户贫困残疾人家庭脱贫；实施省残联扶持价值 10 万元的布尔山羊养殖项目。2005 年，落实基层残联基础设施

① 文字和数据均摘自 A 县县志编纂委员会编“A 县志（1988～2010）”（草稿），尚未公开出版。需要说明的是，A 县经过多次乡镇合并后，2019 年只有 10 个乡镇，此处的乡镇数量应该是 1988 年的数量。

建设项目资金15万元，兑现财政扶贫项目资金0.8万元，解决8名残疾人的资金困难，筹集7.75万元，实施农村贫困残疾人危房改造31户。2006年，争取市县扶贫项目资金2.6万元，扶持26名贫困残疾人发展产业。2007年扶持29名贫困残疾人发展产业，争取‘专项彩票公益残疾人危房改造项目’，实施贫困残疾人危房改造45户。”[①]

第二，迁移扶贫（易地扶贫搬迁）。“A县从1998年开始实施迁移扶贫工作，最初以分散安置为主；至2001年，易地搬迁6690人；2002年之后，集中安置与分散安置相结合，以集中安置为主，分散安置为辅；至2004年，建集中安置点22个，安置399户1707人，分散安置160户640人；2005年，移民重点向移民新村建设转移，建成15户移民集中安置点9个，安置150户650人；2006年移民搬迁与扶贫重点村建设、与主导产业建设、与沼气富民工程、与地方病防治、与新农村示范村和环境工作相结合，全面完成移民搬迁166户720人；2007年，建成10户以上移民集中安置点6个，新建房屋1200余间3万余平方米，搬迁安置贫困人口150户650人。”[②]

第三，科技扶贫。“1986年，从扶贫资金中拨出0.8万元，开展烤烟、蚕桑、黄姜等实用技术培训，至1992年，累计培训17.8万人次。1993年，开展农业科技承包。1994年，完成各类技术承包面积30.28万亩。1996年，落实5类27个科技承包项目。1997年技术承包4类21个项目，完成19个项目。1998年，‘水稻、小麦、玉米’三项技术的普及率90%以上，桑、茶、果规范化率85%以上。1999~2003年，开展蚕桑、茶叶加工和食用菌栽培等实用技术培训24万人次。2005~2010年，以地膜覆盖、配方施肥、畜禽饲养，‘蚕桑、油料和生猪’三大主导产业，以及烤烟、茶叶、魔芋等特色产业开发为主，培训贫困农民9万余人次，组织贫困学员2000余名免费参加职业技能培训，并全部安置到东南沿海经济发达地区就业。”[③]

---

① 关于贫困残疾人的扶贫措施和成效参考A县县志编纂委员会编“A县志（1988~2010）”（草稿），尚未公开出版。

② 关于迁移扶贫的相关内容参考A县县志编纂委员会编“A县志（1988~2010）”（草稿），尚未公开出版。

③ 关于科技扶贫的相关内容参考A县县志编纂委员会编“A县志（1988~2010）”（草稿），尚未公开出版。

第四，社会扶贫。“1997 年，省地单位和全县社会各界为贫困村和贫困户捐款 94 万元，捐赠衣物 13 万件套、化肥 24 吨、籽种 1.36 吨、水泥 21 吨、车辆 4 部，救助失学儿童 692 人，其他社会人士和国家建行捐助 20 万元，修建 3 所希望小学。1998 年 17 个省地单位到县帮扶，县级联乡扶贫单位 257 个，全县 652 名扶贫攻坚队员投入帮扶第一线。为贫困村和贫困户捐款 78 万元，扶持开发项目资金 62 万元，捐赠衣物 1.5 万件、化肥 18 吨、魔芋种子 1.3 万千克。贫困人口提前 1 年‘越过温饱线’。2000 年，省地联县扶贫捐款 18.7 万元，捐物折款 8.4 万元，县直部门和社会各界捐款 54.5 万元，捐物折款 12.3 万元。2001 年，省市联县扶贫单位共落实项目 8 个，捐赠资金 21 万元，物资折价 8.7 万元。2002 ~ 2005 年，省市 16 个联县扶贫单位共捐款 390 余万元，县直 67 个帮扶单位捐物捐资价值 61 万元。2006 年，省市联县帮扶单位捐资总额达到 240 余万元。2007 年帮扶单位捐资捐物总额达到 200 余万元。”①

虽然经历了前面几轮的开发式扶贫和保障性扶贫，A 县的温饱问题得到基本解决，但是伴随着贫困线和扶贫标准的提高，A 县仍面临着严峻的贫困挑战。截至 2014 年，A 县贫困村和贫困人口主要分布在南部和北部山区，按照 2011 年确定的贫困标准，2014 年建档立卡之初，全县共有建档立卡贫困村 77 个，占行政村总数的 54.6%，建档立卡贫困户 28773 户 84856 人，贫困发生率为 30.45%。2014 年国家启动精准扶贫战略以来，A 县进一步加大了扶贫开发力度，出台了多项扶贫举措，逐渐形成了政府主导、市场引领和社会参与的多元化扶贫网络，确立了“专项扶贫、行业扶贫和社会扶贫”多种举措有机结合和相互支撑的大扶贫格局。到 2017 年贫困人口已经下降到 18127 户 49770 人，贫困发生率也下降到 17.86%。但是，为了及时纳入新增加和剔除不符合条件的贫困户，A 县于 2017 年 4 月对全县建档立卡数据库进行清洗，并对扶贫对象进行核实，全县还剩余贫困人口 15749 户 41475 人，贫困发生率高达 14.88%②（见表 3 - 3），全县共有 20 个深度贫困村，其中有 9 个深度贫困村分布在一个镇。

① 关于社会扶贫的相关内容参考 A 县县志编纂委员会编“A 县志（1988 ~ 2010）”（草稿），尚未公开出版。

② 数据更新于 2017 年 4 月。

表 3-3　A 县贫困人口分布情况动态调整对比

指标 镇名	2014 年农业户籍人口数（人）	动态调整前（2017 年）			动态调整后（2017 年）		
		贫困人口规模		贫困发生率（%）	贫困人口规模		贫困发生率（%）
		户数（户）	人数（人）		户数（户）	人数（人）	
合计	278669	18127	49770	17.86	15749	41475	14.88
G 镇	52968	1212	2633	4.97	958	1837	3.47
H 镇	10041	968	2645	26.34	822	2155	21.46
Y 镇	26317	2860	8497	32.29	2436	6962	26.45
C 镇	43956	2238	5621	12.79	1875	4403	10.02
L 镇	35621	2363	5899	16.56	2287	5670	15.92
X 镇	27372	1116	2730	9.97	945	2222	8.12
K 镇	16699	1494	3791	22.70	1299	3191	19.11
S 镇	15098	392	869	5.76	365	783	5.19
T 镇	15651	1812	5439	34.75	1676	4938	31.55
W 镇	34946	3672	11646	33.33	3086	9314	26.65

资料来源：根据 A 县扶贫部门提供的《脱贫攻坚基础数据手册》及其他资料整理得来。

第三节　一般视角下 A 县的贫困及其主要表征

一　A 县致贫因素的一般表达

A 县地处秦巴山区集中连片特困地区，不仅受到产业发展滞后的限制，还受到自然条件的限制，致贫原因多元且复杂。根据当地扶贫部门对全县建档立卡贫困户致贫原因的统计分析，发现排在前五位的致贫原因分别是缺资金（25.79%）、交通条件落后（18.12%）、因残致贫（15.54%）、缺劳力（13.75%）和因病致贫（12.75%），这些致贫原因的交织与叠加导致贫困人口深陷于贫困之中（见表 3-4）。基于扶贫办提供的统计数据可以发现，A 县的致贫原因可以大体上分为三类，即人力资本、自然生产条件和经济社会发展条件。同时，扶贫办提供的统计数据显示脱贫攻坚期的主要致贫原因已发生变化，而且变得更加多元复杂，从绝对收入不足，转变为经济发展水平低下、基本公共服务不足、因灾因残和因病因学等多种因素致贫，而开发式扶贫方式一直在我国各类扶贫举措中占据主导地位，这明显与当时的致贫原因不符。不过党的十八大以来，以习近平同志为核心的党中央高度重视扶贫开发工作，将扶贫工作提到治国理政的新高度，形成了系统完备的精准扶贫精准脱贫战略，出台了多种扶贫举措，并针对不同的致贫原因采取了具有针对性的帮扶措施，扶贫开发手段也从单纯的“生产型开发”扩展为“生产型开发”与“人力资本开发”并重，并通过不断补齐农村基础设施和基本公共服务短板的方式，实现了贫困人口的可持续发展。

表 3-4　A 县贫困户主要致贫原因统计（2017 年）

单位：%

地区	人力资本因素					自然生产条件			经济社会发展条件		
	因病致贫	因残致贫	因学致贫	缺劳力	自身发展力不足	因灾致贫	缺土地	缺水	缺技术	缺资金	交通条件落后
合计	12.75	15.54	2.15	13.75	5.19	0.60	0.03	0.48	5.58	25.79	18.12
G 镇	16.18	29.33	1.77	24.43	0.73	0.00	0.00	0.00	4.07	21.09	2.40
H 镇	11.44	12.77	2.68	13.02	4.14	0.36	0.00	1.58	11.19	15.45	27.37
Y 镇	7.64	7.39	3.20	18.06	8.99	0.21	0.00	0.08	5.25	29.19	19.99
C 镇	20.64	19.84	1.23	15.36	9.23	0.59	0.11	0.16	5.01	15.25	12.48
L 镇	11.98	17.18	1.09	6.60	5.99	1.44	0.00	1.71	1.44	26.28	26.19
X 镇	22.22	23.07	1.16	3.17	5.29	1.38	0.00	0.42	4.34	15.03	23.92
K 镇	10.70	17.78	1.85	17.55	4.70	0.46	0.00	0.00	10.93	20.79	15.24
S 镇	14.79	27.12	1.37	24.93	4.38	0.55	0.00	0.00	3.01	13.42	10.41
T 镇	15.81	14.62	2.92	15.63	1.37	0.30	0.12	0.54	6.80	18.26	23.63
W 镇	7.91	10.47	2.75	10.86	3.18	0.52	0.00	0.16	5.99	44.33	13.84

资料来源：根据当地扶贫部门提供的《脱贫攻坚基础数据手册》及其他资料整理得来。

正如 A 县副县长在谈到该县的贫困原因时说：“该县地处秦巴山区，既是重点生态功能保护区，又是国家扶贫开发重点县，在发展农业产业的过程中始终面临开发与保护的双重规制问题。秦巴山区地质条件复杂，山高林深，洪涝和山体滑坡等自然灾害多发，土地细碎化严重，农业机械化和规模化程度较低，有‘八山一水一分田’之说，一方水土难以养活一方人。且辖区内自然地理环境和社会环境相对封闭，农民的思想观念较为落后，各种主客观因素交织叠加在一起造成了这一区域内农户呈现集中连片贫困的现象。”（访谈编号：20180716）该县的副县长对 A 县贫困原因的陈述与

表 3－4 中所罗列的致贫原因基本吻合，在自然生产条件方面，主要致贫原因是灾害、缺水和缺土地；而在人力资本层面，主要是疾病、残疾和自身发展动力等原因。同时，另外一位乡镇的党委书记在谈到致贫原因时说："深度贫困县和深度贫困村的基础设施依旧薄弱，有些深度贫困村手机信号尚未覆盖到，通信条件较差，而且道路建设还存在一些问题，需要进一步加强建设；另外，贫困户的内生发展动力不足也是一大问题，基层干部在加强教育之外，还需要国家政策进行引导，才能帮助这些人口解决脱贫问题。"（访谈编号：20180725）该镇党委书记从基础设施建设和内生发展动力不足等方面对致贫原因进行了陈述，这与笔者在实地调查中所获得的经验感知是一致的。虽然开展脱贫攻坚以来，从贫困县到贫困村，基础设施得到较大改善，但深度贫困村仍存在短板和薄弱环节，这些也成为限制贫困村和贫困户发展的主要障碍之一。

此外，一位深度贫困村的村党支部书记在谈到该村的致贫原因时说："我们村之所以贫困，主要有以下几点原因：一是自然条件差，全村共有 433 亩水田，人均耕地面积少，且没有充足的水源灌溉，土壤肥力较差，导致农作物产量较低。二是缺少产业带动，虽然从 20 世纪 80 年代就开始发展产业，但都未成规模，比如柑橘和黄姜都未能成功。而这些产业之所以失败，主要在于地方政府往往只看重短期的利益，而缺少长远的发展眼光，缺乏整体的规划，且受制于交通条件。"（访谈编号：20190319）如上所述，笔者在 A 县所调查的深度贫困村基本上都存在以上问题，主要是受到自然地理环境的制约和产业发展滞后的限制，深度贫困村的贫困发生率高，致贫原因复杂，脱贫难度大。由此可见，从一般视角来看 A 县的致贫因素多元且复杂，造成 A 县贫困的原因既有结构性因素，又有非结构性因素，多种因素交织在一起共同造成了 A 县的贫困。那么，在基本公共服务视角下 A 县的贫困成因、主要表征和再生产机制如何？下文将结合宏观数据和 A 县的实地调查材料进行深入分析。

二　A 县贫困的主要特征

第一，恶劣的自然条件与传统的农业生产方式相伴。一是受资源禀赋和生态环保条件约束，农业面源污染防治压力大。秦巴山区生物多样性丰富，动植物种类多，境内河流纵横交错，径流量大，森林覆盖率高达 53%，

A 县位于秦巴山区，既是重点生态功能保护区，又是国家扶贫开发重点县，蕴藏着丰富的矿产资源和天然气资源，具备发展农业产业的比较优势，但这些地区的生态环境系统脆弱，又具有自然地理条件较差、基础设施薄弱和基本公共服务供给滞后等相对劣势，开发与保护的矛盾比较突出。同时，自然地理条件引致的土地碎片化和基础设施建设投入大、效率低，也决定了这些地方的农业生产方式以小农生产为主，规模化与机械化的现代农业发展缓慢。二是山多地少且细碎化程度高，农业生产机械化和规模化程度低。秦巴山区地质条件复杂，山高林深，洪涝和山体滑坡等自然灾害多发，是中国六大泥石流高发区之一；受崇山峻岭的阻隔，A 县域内相对封闭，辖区内耕地资源较少，土地细碎化程度高，农业科技应用水平低，导致农业机械化水平不高，农业生产规模小而分散。各种主客观因素造成这一区域内的现代农业发展缓慢，农业科技支撑当地发展的潜力没有充分显现，当地的资源优势没有被激活，科技对当地的经济增长贡献率较低。三是农产品种类多而不优，品牌杂而不亮，缺乏市场竞争优势。生物多样性的优势并没有将其转换成产业发展优势，面临种类多而不优的困境。如 A 县地处富硒带上，当地的农产品多富含硒元素，但缺乏统一的规划与经营，发展的富硒农产品种类繁多，但品质较差，尚未注册地理标志产品，缺乏品牌竞争优势。同时，基础设施薄弱，交通制约突出，远离市场，销售不畅，导致旅游业和农业等特色资源的开发程度较低，农业产业链条不完整，资源优势难以转化成产业发展优势。四是现代农业经营体系不健全，小生产与大市场之间的矛盾突出。秦巴山区长期处于贫困状态，当地的农民受教育程度较低，生产经营能力不足，农户的组织化程度不高，基本上还是一家一户独立进行生产和经营。小农户家底薄，生产积累少，既难以形成规模，又难以满足市场需求，抵抗市场风险的能力也弱，从而导致这部分人群具有较高的脆弱性。秦巴山区属于集中连片贫困地区，大量乡村能人外流，村庄留守人员素质普遍较低，新型职业农民培育难度大，家庭农场、农业大户和农民合作社发育不足，难以将小生产与大市场进行衔接，供给侧矛盾突出。

第二，贫困人口的亚文化与现代市场经济发展相脱节。贫困人口长期以来形成的生产生活方式、消费观念和其他独特的群体文化，都对他们的生活方式和发展观念产生了负面影响，贫困人口较低的受教育水平和对子女较低的教育期望都有可能导致他们陷入贫困的“恶性循环”。贫困人口常常居住在地理位置偏僻、自然环境恶劣和信息、交通闭塞的大山深处，多年来虽在国家的支持下取得了较大进步，但从外部文化视角来看仍然呈现保守的生计方式、懒散的生活态度和“等、靠、要”思想严重等特征，自我内生的发展动力不足，尤其是他们的生计文化难以与现代市场经济发展相契合（李小云，2017）。改革开放以来，市场经济的发展已成为一种趋势，小农生产可在市场各个环节分享利润，但深度贫困地区由于受到历史、地理和社会等多重因素的限制，市场经济发展基础差，使此地区的居民，尤其是贫困人口难以分享市场经济发展带来的红利，这部分归咎于贫困地区社会经济建设滞后、基础设施建设薄弱和不发达的商品经济。同时，也与贫困人口的亚文化，尤其是生计方式和消费文化有关（左停、李卓、赵梦媛，2019）。长期以来，贫困人口在与周围环境的互动和日常实践中构建起以低物质均衡为主要特征的生存型文化，表现出与现代致富伦理的断裂，缺乏发展的内生动力，而长期以来，主流扶贫方式却忽视了这一点，从而导致扶贫投入多但效率低的局面（李小云，2017）。不同发展阶段与不同文化背景下贫困人口所特有的亚文化难以与现代经济社会发展相契合，这便决定了深度贫困地区的深度贫困问题不可能单靠开发式扶贫来解决。

第三，社会经济发展滞后与人口劳动力素质不高叠加。A 县由于受到历史因素和现实条件的限制，社会经济发展滞后，劳动力整体素质不高且缺乏技能，这些因素都严重限制了地方经济社会发展，同时也增加了脱贫攻坚的难度。据统计，当地贫困人口中拥有职业技能的占比非常低，仅为 0.35%，大部分贫困人口为普通劳动力，占比为 56.69%，而且无劳动能力的贫困人口约三分之一，占比为 33.27%，丧失劳动能力的贫困户也接近十分之一，为 9.69%（见表 3-5）。由此可见，在剩余贫困人口中，劳动力素质普遍偏低，大部分农户仍以从事传统的农业生产和就近打零工为生，兼业现象严重，贫困农户应对风险的能力较弱。其中，已丧失劳动能力和无劳动能力的贫困人口主要依靠家庭和政府的转移支付维持基本生存，这部分贫困群体脱贫的难度极大，且返贫风险极高。

表 3-5 A 县贫困人口劳动能力类型统计（2017 年）

单位：人，%

地区	人数	普通劳动力	占比	技能劳动力	占比	丧失劳动力	占比	无劳动能力	占比
合计	41475	23514	56.69	145	0.35	4019	9.69	13797	33.27
G 镇	1837	862	46.92	7	0.38	450	24.50	518	28.20
H 镇	2155	1240	57.54	14	0.65	209	9.70	692	32.11
Y 镇	6962	4144	59.09	25	0.36	388	5.57	2435	34.98
C 镇	4403	2351	53.40	10	0.23	639	14.51	1403	31.86
L 镇	5670	3165	55.82	17	0.30	587	10.35	1901	33.53
X 镇	2222	1328	59.77	11	0.50	230	10.35	653	29.39
K 镇	3191	1757	55.06	11	0.34	372	11.66	1051	32.94
S 镇	783	360	45.98	8	1.02	154	19.67	261	33.33
T 镇	4938	2873	58.18	17	0.34	511	10.35	1537	31.13
W 镇	9314	5464	58.66	25	0.27	479	5.14	3346	35.92

资料来源：根据当地扶贫部门提供的《脱贫攻坚基础数据手册》及其他资料整理得来。

第四节 基本公共服务视角下 A 县的贫困再生产

一 贫困之“困”：基本公共服务供给缺失与不足

开发式扶贫举措在面对集中连片贫困问题和 2020 年以后的相对贫困问题和低收入人口的发展问题时具有一定的局限性，但它在中国减贫历史上发挥的独特作用不容否定。伴随着贫困地区经济发展和贫困人口收入的不断增加，“以收入不足为特征的贫困日趋淡化，由中国特定的城乡二元结构导致的基本公共服务差异而形成的多维度贫困特征则日益凸显”（李小云，2019b）。本书所讲的贫困更侧重于贫困之“困”，即农村贫困地区因基本公共服务供给不足或缺失导致农村人口行动能力受限而表现出来的多维困境。脱贫攻坚期内，贫困地区农户的生产生活条件虽得到较大改善，但是因为历史欠账多，与东部发达地区农村相比，西部贫困地区农户的生产生活条件还存在较大差距。数据显示，截至 2018 年底，我国贫困地区仍有 1.9% 的农户居住在竹草土坯房中，20.2% 的农户无法使用管道供水，43.6% 的农户无法使用经过净化处理的自来水，仍有 6.4% 的农户存在饮水困难，

4.1% 的农户无独用的厕所，39.2% 的农户仍在使用柴草做燃料（见表 3 -6）。

表 3 -6　2014 ~ 2018 年贫困地区农户生产生活条件改善情况

单位：%

指标名称	2014 年	2015 年	2016 年	2017 年	2018 年
居住竹草土坯房的农户比例	6.6	5.7	4.5	4.1	1.9
使用管道供水的农户比例	55.9	61.5	67.4	70.1	79.8
使用经过净化处理自来水的农户比例	33. 1	36.4	40.8	43.7	56.4
饮水无困难的农户比例	82. 3	85.3	87.9	89.2	93.6
独用厕所的农户比例	93.1	93.6	94.2	94.5	95.9
炊用柴草的农户比例	57.8	54.9	51.4	49.7	39.2

资料来源：数据来源于国家统计局住户调查办公室（2019）和国家统计局农村贫困监测调查。

但是，这一比例在集中连片特困地区更高。截至 2018 年底，所有集中连片特困地区仍有 2.0% 的贫困人口居住在竹草土坯房中，而在笔者所调查的秦巴山区这一比例为 4.7%，明显高于全国贫困地区（1.9%）和集中连片特困地区（2.0%）的平均水平；秦巴山区有 58.5% 的农户未能使用经过净化处理的自来水；5.8% 的农户存在饮水困难；55.9% 的农户使用柴草做燃料。这些比例均高于贫困地区和集中连片特困地区的平均水平（见表 3 -7）。这些统计数据也从一个侧面表现出秦巴山区的农户住房和生产生活条件与东部发达地区相比，还存在较大差距。

表 3 -7　2018 年“特困地区”农户住房及家庭设施状况

单位：%

集中连片特困地区名称	居住竹草土坯房的农户比例	使用管道供水的农户比例	使用经过净化处理自来水的农户比例	饮水无困难的农户比例	独用厕所的农户比例	炊用柴草的农户比例
全部片区	2.0	80.4	53.5	93.6	95.5	40.7
六盘山区	3.2	84.9	71.5	93.8	99.3	37.1
秦巴山区	4.7	77.2	41.5	94.2	98.5	55.9
武陵山区	0.8	81.8	49.9	93.1	98.6	42.9
乌蒙山区	3.7	89.0	35.7	88.5	91.5	18.7
滇黔桂石漠化区	0.5	88.3	52.6	92.7	95.9	30.7
滇西边境山区	1.2	88.1	45.7	90.7	81.3	51.1

续表

集中连片特困地区名称	居住竹草土坯房的农户比例	使用管道供水的农户比例	使用经过净化处理自来水的农户比例	饮水无困难的农户比例	独用厕所的农户比例	炊用柴草的农户比例
大兴安岭南麓山区	5.9	64.7	64.7	93.3	99.3	79.6
燕山－太行山区	2.8	68.6	47.4	98.7	97.3	26.4
吕梁山区	2.0	79.3	50.0	88.7	90.0	22.4
大别山区	0.0	77.8	73.9	96.5	96.8	38.4
罗霄山区	0.7	68.3	46.2	97.2	98.0	40.3
西藏区	0.8	53.1	33.3	87.4	71.1	54.0
四省藏区	3.6	70.2	34.7	85.6	81.3	37.4
南疆四地州	0.0	90.6	89.3	97.4	98.9	53.5

资料来源：数据来源于国家统计局住户调查办公室（2019）和国家统计局农村贫困监测调查。

实施脱贫攻坚以来，随着贫困地区基础设施和公共服务建设步伐的加快，以及投入资源的不断增多，所在自然村通水泥路、通电话、有线电视信号覆盖和村庄主干道硬化等方面取得了不错的成绩，改善了农村公共基础设施。但是，由于贫困地区受到自然地理条件、社会发展阶段和地方财政支付能力的制约，2018 年与东部发达地区农村相比仍存在较大差距，贫困地区仍有 28.4% 的农户在自然村无法便利乘坐公共汽车；5.6% 的农户所在自然村未通宽带；21.1% 的农户所在自然村无法实现垃圾集中处理，人居环境治理状况堪忧；6.8% 的农户所在自然村没有卫生站；12.9% 的农户所在自然村无法便利上幼儿园；10.2% 的农户所在自然村无法便利上小学（见表 3－8）。

表 3－8　2014～2018 年贫困地区基础设施和公共服务情况

单位：%

指标名称	2014 年	2015 年	2016 年	2017 年	2018 年
所在自然村通公路的农户比例	99.1	99.7	99.8	99.9	100.0
所在自然村通电话的农户比例	99.2	99.7	99.9	99.8	99.9
所在自然村接收有线电视信号的农户比例	88.7	92.2	94.2	96.9	98.3
所在自然村进村主干道路硬化的农户比例	90.8	94.1	96.0	97.6	98.3
所在自然村便利乘坐公共汽车的农户比例	58.5	60.9	63.9	67.5	71.6

续表

指标名称	2014 年	2015 年	2016 年	2017 年	2018 年
所在自然村通宽带的农户比例	—	71.8	79.8	87.4	94.4
所在自然村集中处理垃圾的农户比例	35.2	43.3	50.9	61.4	78.9
所在自然村有卫生站的农户比例	86.8	90.4	91.4	92.2	93.2
所在自然村便利上幼儿园的农户比例	74.5	76.1	79.7	84.7	87.1
所在自然村便利上小学的农户比例	81.2	81.7	84.9	88.0	89.8

资料来源：数据来源于国家统计局住户调查办公室（2019）和国家统计局农村贫困监测调查。

同样，集中连片特困地区基础设施和公共服务的建设情况要比一般贫困地区更落后，《中国农村贫困监测报告（2019）》（国家统计局住户调查办公室，2019）显示，截至2018年底，在集中连片特困地区仍有29.1%的农户所在的自然村不能便利乘坐公共汽车，而在秦巴山区这一比例为30.3%；在秦巴山区仍有3.3%的农户所在自然村未通宽带；21.9%的农户所在自然村垃圾不能实现集中处理；3.7%的农户所在自然村无卫生站；15.3%的农户所在自然村不能便利上幼儿园；12.4%的农户所在自然村不能便利上小学（见表3-9、表3-10）。这些比例都高于一般贫困地区，但经过多年的不懈努力，剩余贫困人口的收入在绝对意义上有所提高，但伴随着收入贫困特征渐趋淡化，因基本公共服务供给缺失或不足而形成的多维贫困特征将会日益凸显。

表3-9 2018年集中连片特困地区农村基础设施和公共服务状况

单位：%

集中连片特困地区	所在自然村接收有线电视信号的农户比例	所在自然村进村主干道路硬化的农户比例	所在自然村便利乘坐公共汽车的农户比例	所在自然村通宽带的农户比例
全部片区	97.9	98.0	70.9	93.8
六盘山区	97.9	97.2	82.7	95.6
秦巴山区	98.7	98.1	69.7	96.7
武陵山区	99.1	99.2	73.5	94.8
乌蒙山区	97.6	95.4	60.0	84.8
滇黔桂石漠化区	98.3	97.4	57.1	92.1
滇西边境山区	99.1	94.6	51.3	92.7
大兴安岭南麓山区	100.0	100.0	91.3	97.4

续表

集中连片特困地区	所在自然村接收有线电视信号的农户比例	所在自然村进村主干道路硬化的农户比例	所在自然村便利乘坐公共汽车的农户比例	所在自然村通宽带的农户比例
燕山－太行山区	96.8	99.6	89.8	97.3
吕梁山区	95.1	98.9	86.1	88.9
大别山区	97.1	99.6	76.7	96.4
罗霄山区	98.9	99.3	67.3	97.6
西藏区	82.3	98.0	66.4	67.6
四省藏区	85.3	92.3	53.4	66.4
南疆四地州	100.0	100.0	78.5	98.5

资料来源：数据来源于国家统计局住户调查办公室（2019）和国家统计局农村贫困监测调查。

表 3－10　2018 年集中连片特困地区农村基础设施和公共服务状况（续表）

单位：%

集中连片特困地区	所在自然村集中处理垃圾的农户比例	所在自然村有卫生站的农户比例	所在自然村便利上幼儿园的农户比例	所在自然村便利上小学的农户比例
全部片区	76.9	92.7	86.9	90.1
六盘山区	81.1	95.2	86.7	91.7
秦巴山区	78.1	96.3	84.7	87.6
武陵山区	77.5	95.8	85.1	87.1
乌蒙山区	60.9	91.1	88.3	93.0
滇黔桂石漠化区	78.2	88.4	86.1	89.3
滇西边境山区	69.9	86.8	84.1	91.0
大兴安岭南麓山区	46.4	94.5	85.8	87.1
燕山－太行山区	78.4	98.1	86.6	88.6
吕梁山区	66.3	91.8	65.5	67.6
大别山区	88.7	90.0	93.5	96.2
罗霄山区	95.8	94.6	91.3	95.5
西藏区	78.3	72.5	91.6	90.4
四省藏区	72.7	81.5	77.0	79.0
南疆四地州	73.0	96.4	97.1	97.0

资料来源：数据来源于国家统计局住户调查办公室（2019）和国家统计局农村贫困监测调查。

上文对 A 县所处的秦巴山区与全国其他集中连片特困地区的基本公共

服务供给情况进行整体呈现后发现，实施脱贫攻坚以来，全国农村地区的基本公共服务虽得到了改善，尤其是集中连片特困地区的基本公共服务得到较大改善，但是，从横向对比来看，这些地区与东部地区相比，还存在较大发展差距，包括收入和基本公共服务方面，正是这些差距造成集中连片特困地区的人口无法拥有均等的机会，也缺乏能力去实现最基本的功能性活动。由此可见，基础设施建设薄弱与基本公共服务供给不足是A县面临的主要问题，A县所处的集中连片特困地区与A县之间的弱势不断累积与互构，共同导致该区域的贫困人口难以摆脱贫困。A县的贫困人口主要分布在南部山区和北部山区，全县共有20个深度贫困村，其中有19个分布在南北山区。这些贫困村和贫困人口受到自然地理条件和地方经济社会发展水平的制约，财政供给能力有限，导致地方公共基础设施建设薄弱和基本公共服务供给不足的问题比较突出。实施脱贫攻坚以来，中央政府在农村投入大量的扶贫资金，A县的农村基础设施和基本公共服务与过去相比得到较大提升，但整体而言，A县由于地处集中连片特困地区，公共基础设施和基本公共服务历史欠账多，仍存在很大缺口。依据A县2018年发布的《脱贫攻坚公共服务和基础设施建设三年行动计划（2018～2020年）》规定，2018～2020年是A县以实施农村基础设施建设和改善公共服务为突破口，着力提升贫困地区和贫困村基础设施水平的关键时期，项目总投资约为56856万元，项目实施后将有效提高贫困村的基础设施服务水平，使全县77个贫困村、建档立卡贫困户18127户49770人受惠，补齐制约贫困村发展的短板，改善贫困群众的生产生活条件。这一项目主要涉及村组道路建设、安全饮水、农村电网改造升级、综合文化服务中心建设、贫困卫生室建设、农村环境综合整治、农村校舍安全升级、危房改造和网络通信等公共基础设施建设。由此可见，A县的基本公共服务还存在较大缺口，当时还无法满足贫困人口的基本生存与发展需求。总体来讲，A县当时的发展仍面临发展不平衡和不充分的问题，主要表现在以下几个方面。

案例3－1：通信基础设施薄弱与机会缺失

深度贫困村往往地处交通、通信等极不发达的地区，在实地调查过程中，笔者发现所调查的多个深度贫困村距离镇政府所在地单程距离就超过了20公里，如鳌村距集镇25公里、上村距集镇22.5公里，而且这些村庄的居民居住都较为分散，实地调查发现这样的深度贫困村不仅交通闭塞，而且网络通信设施较差，村中的部分区域无法接收到手机信号，或者信号较差，造成这些深度贫困村的居民受到各种各样的限制，也造成生活在这一区域的贫困人口因为消息闭塞而丧失了很多发展机会。（访谈编号：20190315）

按照森的能力贫困理论，信息缺失和接收信息不畅，便是对其发展机会的一种剥夺。案例3－1所描述的居民处于深度贫困村，他们往往受制于自身经济能力、自然区域环境和社会制度等多种因素，与外界交流不畅或者受阻，导致其对信息的接收、把握和利用出现滞后性，这样长期积累的信息不对称，便会导致其处于一种“信息贫困”的状态。有学者将其称为“信息贫困人口”（information poor），实质上强调的是信息不平等，这些人群通常会表现为“有缺陷”“无选择”“低品质”的状态（曲慧、喻国明，2019）。因为与其他拥有较强资源禀赋和发展条件的个体相比，这一群体无法拥有与强势群体一样的生活机会和生活质量。

案例3－2：医疗保障不足与高额的医疗支出

LYK[①]，男，43岁，小学文化，汉族，家有5口人，其中3个是女儿，属于贫困户，被列为2017年预脱贫户，享有4个人的低保，妻子在外打工，妻子月收入为3000元。去年他患脑瘤，做手术花费8.8万元，报销39959元，大女儿在上大学，二女儿12岁，三女儿上小学。二女儿患有癫痫病，每个月需要吃药治疗，月花费700元，智力低下。患有重大疾病的父亲和女儿给这个家庭带来了沉重的经济负担，虽然通过医保政策报销了一部分医疗费，但自费的部分仍让这个脆弱的家庭背上了“不能承受之重”，因为除了医疗费用的开支之外，还需要支付大女儿的学费以及全家的生活费，而他们的收入来源又极其有限，这便导致家庭陷入了“贫困—疾病—贫困”的恶性循环。（访谈编号：20180717）

---

① LYK为被调查农户姓名中拼音首字母的缩写，遵照学术规范，对涉及的农户姓名进行了匿名化处理，下文如无特殊说明，凡是出现在案例中的英文字母均为农户姓名中拼音首字母的缩写。

贫困人口往往经济收入少，导致自身在遭遇疾病侵扰时选择接受较差的医疗服务，有的贫困个体甚至会因为各种各样的原因而耽误治疗，甚至放弃治疗，从而对个体健康造成不可逆的影响，导致贫困个体及其家庭陷入贫困陷阱。如案例 3－2 所示，LYK 因为自身和小女儿患病，背负了沉重的经济负担，同时，疾病导致其丧失了劳动能力，家庭的主要劳动力不能参与劳动，其经济收入水平急剧下降，仅仅依靠妻子打工的收入，是无法满足全家高额支出的，这便导致该家庭陷入“贫困—疾病—贫困”的恶性循环。糟糕的身体状况不仅增加了贫困户的家庭负担，还限制了他们进一步获得其他发展机会的可能性。

案例 3－3：学前教育服务不足与城乡教育的非均衡发展

笔者在实地调查过程中发现，很多深度贫困村没有学前教育机构，小学阶段师资力量薄弱。村中的富裕户会选择将孩子送到县城或市里读书，享受较为优质的教学资源和其他服务。而经济基础差的贫困人口只能选择让孩子留守在村里就读小学（部分村庄会有小学），小学被撤并的村庄，只能承担高额的经济成本将子女送到集镇或县城就读小学或初中，并且需要家长陪读。如果家长在镇上陪读的话，一个家庭一般会选择让母亲或奶奶陪读，父亲则外出打工，而陪读一般需要租房子。这不仅减少了家庭能够参与社会劳动的劳动力，还增加了在城（镇）生活的经济成本。虽然现在义务教育阶段免除了学杂费，但房租、较高的生活费用和交通成本的增加，仍然是一个家庭要面对的严峻问题。（访谈编号：20190323）

教育是阻断贫困代际传递的一个重要手段。虽然精准扶贫战略将减贫目标聚焦于“两不愁三保障”，教育作为“三保障”重点关注的一个方面，国家制定了一系列扶贫政策，投入了大量的人力、物力和财力来确保教育扶贫落到实处，保障 6～15 周岁的适龄儿童在义务教育阶段全部入学，地方政府也都严格按照中央的要求在努力完成脱贫攻坚确定的目标。但是，笔者在实地调查过程中发现，秦巴山区集中连片特困地区由于缺乏村级幼儿园，且很多“村小”因为生源的问题被撤并，很多家长只能送孩子去集镇或县城就读，这样就产生了很多额外的费用。比如案例 3－3 所叙述的家庭生活成本的增加，正是深度贫困地区村庄的小学教育情况和农民的生活情况。虽然这些地区已经摆脱了贫困，但是与东部发达地区相比，公共教育服务仍然存在发展上的差距，实质上 A 县农村存在的这种现象，也进一步表明了教育扶贫政策仍存在一些不足。

正如一个深度贫困村的村党支部书记所言："村庄小学在 2013 年被撤并，所有适龄小学生均需去集镇就读，但由于住宿条件和学校空间的限制，镇上小学规定，五公里以内的小学生不能住校，5 公里以外的小学生可以住校。但村庄有 20 个村民小组，人口居住非常分散，居住最远的一户从家里到村部，步行大约需要两个小时，这样的交通距离让小学生每天往返于学校和家里，是很不现实的。于是，孩子的家长便与当地从事营运的私家车达成口头协议：按照每学期 800 元/人的价格付费，由私家车主负责接送小学生上学，一天两趟。这便让农户增加了一笔额外的支出，因为如果村庄里有小学或者有校车接送的话，农户便可以节省下这笔支出。此外，村庄道路坡陡弯急，遇到雨雪天气，还存在一定程度的安全风险，而农户与私家车主并未签订安全协议。"（访谈编号：20190321a）这仅仅只是"撤校并点"之后产生的额外交通费用，并不包含其他费用。"如果一个家庭嫌麻烦，不让孩子每天往返于家和学校之间，就需要在集镇租房子照顾孩子读书，但在集镇租房子每年的成本为 3000～4000 元，还不包括在集镇的生活费用。同时，如果一个家庭中有一位成员选择在集镇照顾孩子读书，也就意味着他或者她不能再外出务工，实际上这个家庭成员就失去了'劳动的可能'，外出务工人员的减少，也自然会导致这个家庭务工收入减少，这也是所有适龄儿童家庭必须面对的问题和挑战。"（访谈编号：20190321b）如上所述，"两免一补""生活补助"等政策虽在一定程度上减轻了农户的家庭负担，但也仅限于义务教育阶段，且这些补贴政策所带来的补贴效应也比较有限，并不能真正减轻农村贫困家庭的经济负担。因为对于这些贫困家庭而言，每年增加将近 5000 元的支出，也会使他们的生活状况变得更差。

另外，笔者调查发现，深度贫困地区的农村普遍缺少幼儿园，学龄前儿童入园比较困难，要想入园也必须去集镇或者县城，这便对农村贫困家庭带来了很高的经济成本。当地的很多农村家庭基于经济成本的考虑，一般会选择不送孩子去上幼儿园，而是等孩子到了上小学的年龄，直接送他们去小学就读，这是贫困家庭不得不做的一项选择。实质上，学前教育在整个教育体系中占有重要的位置，在整个教育系统中起着基础性的作用，如果在学前教育阶段没有对儿童的智力进行良好的开发，他们就会在后面的教育阶段出现脱节，其学业表现会比那些接受过学前教育的儿童要差。所以，学前教育的缺乏、义务教育阶段师资水平不高和高额的教育成本等会制约贫困地区儿童的发展。

案例 3－4：公共交通工具的缺乏与路途遥远的束缚

公共交通工具的缺乏和乘坐私人交通工具的高额花费是贫困人口分享优质教育服务和医疗服务的主要限制性因素，同时限制了贫困地区的发展，使贫困人口远离市场。这带来了村民出行交通成本、农业产业发展成本高等问题，进而导致农户生产的农产品在市场上的竞争力较差。在实地调查过程中，某村的村支书说，他们虽然主体部分位于镇政府旁边，但是这一村庄是在 2016 年由三个行政村合并而成的，大部分居民都是沿河沟居住，居住最远的一家农户，距离村委会所在地步行需要两个小时。（访谈编号：20190324）

如案例 3－4 所叙述的，在脱贫攻坚期内，很多深度贫困村的村内道路虽得到极大改善，并且村庄主干道基本上实现了水泥路全覆盖，但由于受村庄自然地理条件的限制、农户经济条件的制约，以及公共交通工具的缺乏，这些贫困农户出行基本上还是依靠步行的方式，以便节约出行成本。在笔者所调查的区域，公交车基本上只通行到集镇，因为考虑到供给成本和效率的问题，从集镇到各个行政村便不再提供公共交通工具，家庭富裕的村民出行可以依靠私家车，而家庭经济条件较差的村民只能依靠合租私家车出行或者步行。正如一位深度贫困村的村委会主任所言："虽然村民付给私家车的费用要高于搭乘公共交通工具的费用，但是深度贫困地区的村民别无选择，有时候为了出行，不得不承担这些成本。"（访谈编号：20190320）路途遥远限制了深度贫困地区的贫困人口的发展，导致他们的发展成本居高不下，这在一定程度上限制了贫困人口谋求进一步发展的可能。

如上所述，贫困之"困"侧重于考察非经济维度的功能缺失和能力不足，这也是本书关注的重点所在，非经济维度的功能缺失和能力不足是造成贫困人口掉入"贫困陷阱"的关键要素，而这比经济维度的收入不足更难打破，因为造成这种状况和局面的因素更加复杂多变，往往是长期弱势积累的结果，并且与经济维度的贫困相互交织、相互影响，多重因素的叠加与互构，造成这一部分群体深陷贫困而难以自拔。

二　贫困之“困”的再生产机制

森提出可行能力理论来讨论贫困时，不仅从结果层面关注贫困者的功能缺失，还从过程层面关注贫困产生过程中的人际差异（钟晓华，2016）。从这个角度来讲，基本公共服务视角下的贫困内涵实质上包含“机会缺失”和“能力不足”两个层面的内容。“机会缺失”主要强调的是个体在一定社会条件下无法享受到较强资源禀赋个体所拥有的生活质量的一种状态（钟晓华，2016）。这种状态可以表现为个体基本生存受到威胁、生活质量低下、身体健康状况和受教育状况糟糕等单个或组合的社会功能缺失，使个体作为人所应该享有的生存与发展权益受到严重损害。“能力不足”主要强调的是个体在实现社会功能性活动时表现出来的无能为力，即拥有更少的物质资源和社会资源，且无法将其转换成可行能力。这种个体发展受限的状态受到个体特征和环境因素的限制，往往在不同的个体之间表现出极大的差异，个体特征主要包括健康、年龄和性别等。而环境因素则包括自然环境和社会环境两个维度，自然环境包括地理条件、生态条件和自然资源等；社会环境包括政治、经济、文化和社会保障制度等诸多方面。“机会缺失”和“能力不足”是个体与环境之间不断影响与互构形成的，这种异质性因素阻碍了人们的发展，进而因基本公共服务供给不足导致贫困。

而要想解决基本公共服务供给不足导致的贫困问题，就必须找准致贫原因。精准分析导致贫困的系统性因素，准确了解贫困地区贫困人口的需求，有针对性地精准发力，才能补齐贫困地区的发展短板（《学术前沿》编者，2018），帮助贫困人口跳出“贫困陷阱”。众所周知，脱贫攻坚所针对的是绝对贫困人口，尤其是处于深度贫困之中的人口，这些人属于“贫中之贫，困中之困”，是整个社会阶层中生存状况最差的一个群体。本节结合A县的基本公共服务状况对贫困的再生产机制进行深入分析。在基本公共服务视角下，这种贫困的再生产机制可用图3-2表示。

A县的基本公共服务供给水平与东部地区、城镇地区相比，无论是供给

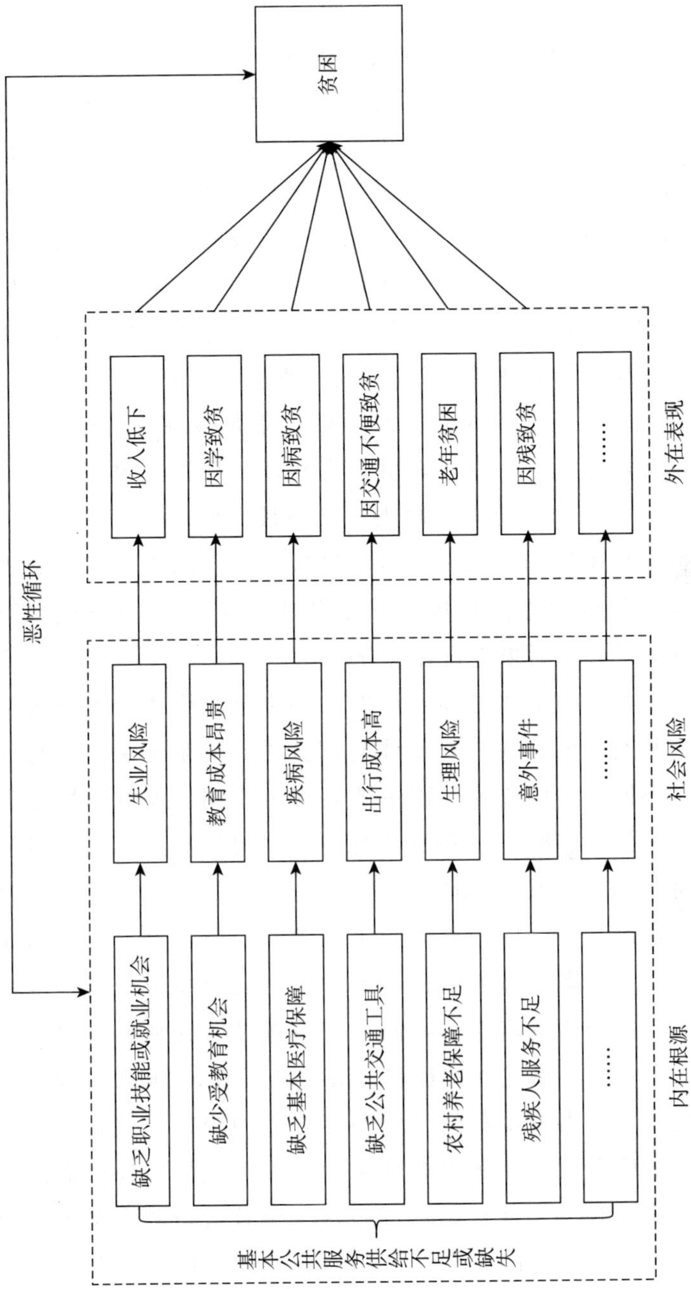

图3-2　基本公共服务视角下的贫困再生产机制

水平，还是供给质量都存在较大差距。个体特征与环境因素[①]之间的弱势累积使贫困人口暴露在众多生存与发展风险之中，如失业风险、疾病风险等，而基本公共服务供给不足或缺失将会导致这些弱势人群在面临风险时失去有效保障，从而无法应对风险带来的“灾难”，进而陷入贫困；陷入贫困的人口又常常伴有收入低、受教育程度低、疾病缠身、缺乏职业技能和人力社会资本薄弱等特征，在一些公共服务被推向市场的条件下，这些特征又决定了作为弱势人群的贫困人口注定无法获得支持，或者获得的成本太高以至于贫困人口无力支付，这就会导致贫困人口无法获取富裕家庭所拥有的一些服务，如优质的教育、医疗服务等，从而导致贫困人口缺少应对风险的有效手段，陷入“贫困陷阱”，形成一种恶性循环。

总体而言，贫困地区基本公共服务供给不足或缺失的情况较为严重，尤其是集中连片特困地区，基本公共服务供给底子薄、欠账多和缺口大等结构性矛盾突出，比如学前教育缺失、义务教育质量参差不齐、医疗卫生条件差、交通条件落后和信息闭塞等，导致该区域的人口无法获得均等的机会，从而陷入贫困而无法自拔。下文将对贫困的再生产机制进行论述，并对其可能导致的社会后果进行客观分析。

首先，贫困群体与个体之间所享有的基本公共服务匮乏导致贫困持续发生。集中连片贫困的形成具有整体与部分之间的辩证关系，与分散性的个体转型贫困不同，集中连片贫困主要表现为不同规模群体性福利的缺失（张明皓、豆书龙，2018），这种整体性与整个村庄甚至更大区域的贫困状态有关，并且与整个区域落后的经济社会发展相联系（李小云，2017）。长期以来，处于深度贫困之中的群体与个体之间的弱势累积与互构导致贫困的层次位移，就贫困者个体而言，贫困的主要成因在于无法获得基本公共服务，基本可行能力遭受剥夺，人们“自由选择的权利和无法过上自己想要生活的能力”缺失导致功能性福利无法实现（森，2002）。同时，贫困者个体在社会资本、人力资本和经济资本等方面的匮乏，决定了贫困群体和个体具有极高的脆弱性，往往很难规避生活中出现的各种风险，严重阻碍了贫困者个体实现社会功能性活动的自由，引致可行能力贫困。同时，贫困者个体或所在家庭遭受的先赋性弱势与事件性弱势累积直接导致个体能

① 环境因素包括自然环境和社会环境。

动性的作用空间被挤压，贫困的自我再生不断被强化，从而引发了贫困的自我生产（张翠娥、王杰，2017）。从群体的角度来讲，深度贫困地区的贫困人口与其他地区相比，呈现贫困人口多、贫困程度深和贫困面广的特征，且贫困群体内部的福利差距较小，但都处于低水平的物质均衡状态。中国正处于快速发展的社会转型期，农村社会分化在不断加剧，导致农民内部分层逐渐显现，贫困者个体之间的差异在不断拉大；再加上东西部差距和城乡差距导致贫富之间的福利差距出现地域性和阶层性特征，并呈现平行移动和放大的趋势（李小云，2015a）。因此，群体贫困既是因为个体贫困的加总，又是因为弱势累积而在整体上呈现结构化特征，这便造成了"群体贫困因其'整体'的结构性情景而对作为'部分'的个体贫困的生成具有支配性作用"（张明皓、豆书龙，2018）。由此可见，贫困在群体和个体之间的不断转化与互构，导致两者之间的弱势不断被强化，弱势累积效应在群体和个体之间显现之后带来贫困的再生产。

其次，时空因素的交错与叠加造成贫困个体的发展能力受到极大限制。集中连片特困地区的贫困人口处于不利的地理位置，大部分处于自然环境恶劣的高山和高寒地区，且基本公共服务发展相对滞后。其日常生活和交往局限于村庄或者群体内部，并形成了与其落后生产力相适应的社会小生态，生活于其中的人们与现代社会不仅表现为时间上的断裂，而且还表现为空间上的隔离，长时间的时空分割导致这部分人群难以融入现代社会，更难参与现代社会活动（王卓，2018），从而造成贫困个体的行动能力受到极大限制，这在一定程度上表现为可行能力的缺失。可行能力缺失导致贫困人口表现出外部视角下"等靠要"思想严重的贫困文化，即大家经常所讲的贫困人口内生发展动力不足，这已经成为制约贫困地区发展的瓶颈问题。内生发展动力不足实际上暗示着贫困群体内部存在着一个与贫困人口亚文化有关的"贫困陷阱"，主要强调的是"贫困群体的共同价值和伦理影响了群体的总体行为，而群体的总体行为又制约着个体行为的变化"（李小云，2018）。但内生发展动力不足不是问题的根本所在，它只是内生能力不足的外化，本质在于基本公共服务供给的不足或缺失。贫困人口由于受到历史因素和现实社会条件的制约，导致其长期处于弱势地位，从而陷入"贫困陷阱"之中而难以改变现状，并产生贫困的代际传递；同时，由于受地理环境因素的限制、交通落后、信息闭塞和观念保守，导致贫困人口难以接触和参与现代化市场活动。另外，现代性在消费端的扩张与贫困人口消费亚文化之间的张力，也使贫困人口的消费结构走向固化，正在使其变成现代化的贫困人口（李小云、高明，2018）。由此可见，在贫困地区，由于历史因素的累积和空间因素的叠加，导致贫困人口在整体社会底层的位置被强化，社会功能性活动严重缺失，行动能力受到极大限制。

最后，“强 - 弱”结构关系中贫困人口在享有基本公共服务时被边缘化。作为弱者的贫困人口在“强 - 弱”结构关系中被边缘化导致其一直处于整体社会的底层位置，这部分人群的脆弱性极高，但社会流动性很低，在这样的“强 - 弱”结构关系中始终处于弱势地位，难以获得优质的基本公共服务，长时间维持贫困状态，并产生代际传递。同时农村社会已经出现阶层分化，并呈现显著的结构化特征，贫困人口在社会资本、经济资本、政治资本和人力资本等方面的结构性弱势，导致贫困人口难以跨越“贫困陷阱”，结构性贫困的出现也使摆脱贫困的代际传递变得异常困难（邢成举，2017），并且已有研究显示，扶贫资源在下乡过程中容易被村庄精英所俘获，这些村庄精英群体凭借手中持有的强社会关系和社会资源，垄断了村庄发展的机会和利益，真正的贫困人口由于掌握着较少的资源，而只能获得较少的发展机会，甚至出现被排挤出局的现象。精准扶贫政策贯彻执行的是国家规则，但在落地执行过程中容易被熟人社会里普遍存在的关系和面子等乡土规则所消解。因此，在精准识别的过程中，精英农户通过自己的社会关系仍然可以成为建档立卡贫困户，并且已有研究进一步表明，建档立卡的瞄准失误率高达33%，其中精英俘获的贡献率为74%，可见建档立卡面临严重的精英俘获问题（胡联、汪三贵，2017）。乡村社会中的乡村精英往往拥有较为强势的政治、经济和文化资源，且乡村的政治精英、文化精英和经济精英可实现相互转化，在农村社会结构中处于强势地位，而贫困人口因为无法持有这些资源，且长时间持续的弱势累积，造成了他们一直处于弱势地位，在“强 - 弱”结构关系中被边缘化。作为强者的村庄精英对扶贫资源产生的利益间接或直接的“捕获”，使作为弱者的贫困人口更加难以获得基本公共服务。强者往往通过合法手段俘获各种扶贫项目的收益，导致扶贫项目的减贫效益发生合法性溢出（李小云，2017），这进一步强化了贫困人口的弱势地位，从而使作为弱者的贫困人口持续处于边缘化状态。

第五节　贫困之“困”的社会后果：发展内卷化

贫困作为一个社会问题，其产生的根源在于社会不平等，它不仅会造成贫困人口福利的缺失，同样也会影响到富人的福利（森，2002）。对贫困人口而言，陷入贫困之中的个体，因为缺少基本公共服务的支持而没有机会实现自身的功能性活动，从而陷入“贫困陷阱”；对于整个社会而言，由贫困个体组成的群体性贫困则会导致区域发展人力资源的流失，进而损害社会发展的整体利益。贫困之“困”引发的社会后果是什么，一直是政策界和学术界关注的重点问题。本书希望借助“内卷化”的概念来对此后果进行阐述，认为贫困之“困”造成的社会后果是引发“发展内卷化”，也就是“无发展的增长”。“内卷化”的概念最初是由人类学家戈登威泽提出，最早被用来描述人类的一种文化模式，指的是某种文化达到一种状态之后，既无法稳定下来，亦无法转变到新的形态，取而代之的便是内部的不断复杂化（刘世定、邱泽奇，2004）。后来经过格尔茨和黄宗智等人的拓展与引申，成为被学界所熟知的一个学术概念，但格尔茨和黄宗智在使用此概念时仍然存在分歧，并非指的是同一含义。格尔茨在将“内卷化”引入农业生产领域之后，对“农业内卷化”所做出的解释是指在土地面积有限的情况下，增长的劳动力不断进入农业生产并使内部变得更加精细和复杂的过程（刘世定、邱泽奇，2004）；而黄宗智则使用劳动边际报酬递减来界定“内卷化”的概念，认为“内卷的要旨在于单位土地上劳动投入的高度密集和单位劳动的边际报酬减少”（黄宗智，2002）。由此可见，本概念在学术界仍然存在争议，但本书无意对这些争议进行辨析，只想借用这一概念对贫困之“困”引发的社会后果进行解读。

回顾“内卷化”概念研究的谱系和学术话语变迁的历史，发现“内卷化”经格尔茨和黄宗智等人的拓展，在农业经济领域应用较为广泛；后来杜赞奇又将其进一步引申到国家治理领域，提出了“国家政权建设内卷化”的概念（杜赞奇，2003）；我国学者基于中国社会情境，在进行学术研究时也尝试提出了“基层治理内卷化”（李祖佩，2017；陈锋，2015）、“公共服务内卷化”（李春霞、巩在暖、吴长青，2012）和“农村治理内卷化”（周常春、刘剑锋、石振杰，2016）等概念来理解中国经济社会发展中的现实问题，这些理论探索进一步拓展了“内卷化”的内涵。郭继强对“内卷化”的概念提出了新的解释，认为“内卷化是对经济主体特别是家庭农场（农户）自我战胜和自我锁定机理的一种概括”（郭继强，2007）。有鉴于此，本书将“内卷化”的概念引申到发展研究和贫困研究领域，特指贫困群体和个体长时间处于一种“机会剥夺”状态，既无机会，又无能力改变自身处境，被持续卷入货币短缺和非货币福利缺失状态，从而陷入“恶性循环”，即所谓的“个体发展内卷化”。因为按照基本公共服务贫困的视角，贫困群体应该是获得基本公共服务的机会长时间遭受剥夺的一个群体，他们由于长期无法实现同等社会经济条件下资源禀赋较高群体所享有的社会功能性活动，从而形成独有的生存型文化。这种生存型文化有着自己独特的生活逻辑，并在群体性内部表现为不同规模的群体性福利缺失，贫困者个体的生活也遭受严重侵害。这种生活状态往往表现为一个村庄或者更大范围内群体的生存与发展状态欠佳，严重的可表现为贫困个体的自我剥削与自我生产，这在深度贫困人口中表现得尤其明显，长此以往便会演变成“发展内卷化”，即有经济增长而无人的全面发展，或者说只有富人的发展，而无贫困人口的发展。

那么，面对“发展内卷化”现象，该如何进行治理？那就是有针对性地进行“内卷化”治理，提升全体社会成员的生活福祉，尤其要关注刚刚摆脱贫困的深度贫困人口，如何将这些人群拉出“贫困陷阱”，防止这些人群出现规模性返贫，进而缩小与其他社会群体之间的发展差距，才是补齐农村发展短板的关键。如上文所述，基本公共服务视角下的贫困，关键在于提升贫困人口获得基本公共服务的“均等机会”，帮助他们实现“能力转化”。因此，在全面打赢脱贫攻坚战的基础上，要持续关注脱贫人口的返贫问题，进一步巩固拓展脱贫攻坚成果及有序衔接乡村振兴工作，就必须更加重视脱贫地区的基本公共服务供给质量和均等化水平的提升。因为基本公共服务是政府对全体公民所负有的不可推卸的公共责任，为公民提供最基本的公共产品和服务，确保公民的生存与发展权得到有效保障是政府的基本职能。至于基本公共服务如何促进减贫和扩展贫困者个体的自由，以及从哪些维度和层次上缓解相对贫困，这些内容将在下文进行详细讨论。

第四章
机会均等：基于基本公共服务的减贫的作用机理

第一节 基于基本公共服务的减贫：对贫困治理路径的重新考察

一 隐蔽的贫困：既往贫困治理易忽视的几个因素

回顾中国减贫的历史可以发现，从新中国成立至今，中国在减贫领域取得了举世瞩目的成就。尤其是改革开放以来，中国的减贫速度和效率都取得了令人惊讶的成绩。按照2010年的贫困标准计算，贫困人口从1978年的7.7亿人到2020年底清零，贫困发生率从97.5%下降到0，我国脱贫攻坚战取得了全面胜利（见表4－1）。

表4－1 历年全国农村贫困人口规模和贫困发生率

单位：万人，%

年份	1978年标准		2008年标准		2010年标准	
	贫困人口	贫困发生率	贫困人口	贫困发生率	贫困人口	贫困发生率
1978	25000	30.7			77039	97.5
1980	22000	26.8			76542	96.2
1985	12500	14.8			66101	78.3
1990	8500	9.4			65849	73.5
1995	6540	7.1			55463	60.5
2000	3209	3.5	9422	10.2	46224	49.8
2005	2365	2.5	6432	6.8	28662	30.2
2010			2688	2.8	16567	17.2

续表

年份	1978 年标准		2008 年标准		2010 年标准	
	贫困人口	贫困发生率	贫困人口	贫困发生率	贫困人口	贫困发生率
2011					12238	12.7
2012					9899	10.2
2013					8249	8.5
2014					7017	7.2
2015					5575	5.7
2016					4335	4.5
2017					3046	3.1
2018					1660	1.7
2019					551	0.6
2020					0	0.0

注：1978 年标准：1978～1999 年称为农村贫困标准，2000～2007 年称为农村绝对贫困标准；2008 年标准：2000～2007 年称为农村低收入标准，2008～2010 称为农村贫困标准；2010 年标准于 2011 年确定。

资料来源：历年《中国农村贫困监测报告》和国务院扶贫办。

2020 年困扰中国千百年之久的绝对贫困问题得到历史性解决。中国减贫所取得的历史性成就，不仅为中国老百姓带来了实实在在的实惠，也为处于世界其他地区的贫困人口带来了摆脱贫困的希望，因为中国在减贫实践中所探索出来的经验为国际减贫贡献了“中国方案”，为其他国家和地区的减贫实践提供了参考与借鉴。同时，中国的实践亦为世界减贫与发展理论的创新提供了素材。如“精准扶贫”“合作共赢”“试错”“五年规划”“大扶贫格局”等都彰显出在中国社会场景下，所创造出的一套独特的扶贫理论、工具与方法，经过提炼和总结，可将其上升为发展理论的一部分。

深度贫困地区的致贫原因多元复杂，发展基础条件薄弱和社会经济发展滞后等导致脱贫人口面临较大的返贫风险。从致贫因素来看，这些地区的贫困人口面临的致贫因素通常呈现多样化、复杂化和结构化的特征，一些个性化的致贫因素开始弱化，共同性的致贫因素却日益凸显，并在市场条件下，这种“强－弱”结构关系被不断固化（李小云、于乐荣、唐丽霞，2016）。因此，不能简单地认为贫困综合治理是对贫困人口的治理，而是力图改善扶贫治理结构和社会结构，让扶贫资源得到有效利用。精准扶贫战略采取的以户为单位的识别机制，虽提高了扶贫瞄准度和扶贫资源的利用效率，但仍存在不足，因为没有考虑到家庭结构和性别结构等结构性因素对贫困个体造成的影响，从而导致贫困家庭内部真正的个体贫困被掩盖。同时，也忽略了潜在的贫困人口和农村女性参与劳动的可能，下面将对此展开讨论。

（一）贫困与家庭结构：被掩盖的个体贫困

改革开放以来，我国的家庭结构发生了深刻变化，“大多数家庭已经由原来三代同堂的传统大家庭演变为核心家庭，独生子女家庭和少子女家庭已经成为家庭的常态模式”（邓高权，2014），家庭结构的快速变化对家庭功能产生了重要影响，尤其是对以家庭为基础的传统养老模式带来了巨大冲击。伴随着我国老龄化程度的加剧，农村老年人口数量不断增加，农村养老保障问题日益突出，农村老年人面临着三重困境：一是子女外迁导致老年家庭户人力资本减少，这在一定程度上改变了老年家庭户生计资本的水平和结构，子女对留守老人的日常照料减弱；二是老年人一旦退出劳动力市场，便会失去收入来源，而且现有的市场竞争机制，不利于老年人参与竞争，导致其部分利益受损（姜向群、郑研辉，2013）；三是由于特定的城乡二元结构、职业和区域发展差异造成老年群体内部出现两极分化，城镇老年人的经济保障水平明显优于农村老年人，农村老年人因为收入结构来源单一，家庭支持减弱和劳动收入下降，处于持续的经济弱势地位，导致其陷入长期贫困状态，从而成为农村社会中最贫穷和最弱势的群体（宋璐、李树茁，2017）。但是，开发式扶贫政策并未观照到这一点，仍然是“只见森林，不见树木”，即只看到贫困群体和家户贫困而没有关注到真正处于贫困状态的个体。以下几个案例则从不同的侧面反映了家庭结构变动与贫困之间的关系，也从一个侧面印证了个体贫困应该受到重视这一现实问题。

案例 4 -1：低收入家庭与老年个体贫困

FQH，非建档立卡贫困户，男，67 岁，其妻 65 岁，家中现有 5 口人。儿子和儿媳带着孙子在外地打工和生活，很少回家照顾他和老伴的生活起居，也很少往家里寄生活费，二老长年留守在家且生活困难，但因为与儿子连户，在 2014 年评选贫困户时，当地干部认为按照他儿子和儿媳的年收入来计算，其家庭人均纯收入高于当时设定的贫困线，按照贫困户识别标准，无法成为建档立卡贫困户。老人表示儿子不管自己，仅仅靠他和妻子务农获得的收入，连基本的生活都无法维持，实质上已经处于贫困状态，便多次找当地的扶贫部门，要求将其纳入贫困户。当地干部在了解情况之后，还是坚定地表示按照国家识别标准，无法将其重新识别为贫困户，他面临的问题是家庭内部的问题，建议当地村干部出面找他儿子协商解决赡养问题，但老人表示他与儿子的关系紧张，恐怕难以促成。后来当地村干部多次尝试找其儿子协商解决老人赡养问题，但最终并未得到令人满意的结果，老人现在面临家庭不管、国家政策覆盖不到的困境。老年个体贫困被掩盖了。（访谈编号：20190326）

在案例 4－1 中，由于家庭结构的变化，FQH 的家庭已演变成一个典型的主干家庭，其家庭养老水平和结构发生了重要变化，FQH 的儿子和儿媳在人口城乡流动的时代大背景下，为了谋生而不得不外出打工，家庭劳动力迁移和流动，导致 FQH 和老伴留守在农村，从而出现“空巢家庭”。名义上 FQH 可以依靠家庭养老，但实质上家庭结构的变动和子女外迁对家庭功能造成了冲击，FQH 依靠家庭养老已不可能，从而成为事实上的贫困老年人。FQH 依靠家庭养老无望，便寄希望于当地政府，但当地政府认为，按照当时的扶贫政策和社会救助制度并不能为其提供必要的帮助，这就导致他和配偶陷入长期贫困状态，这种贫困状态往往非常隐蔽。“家庭结构的变动会影响低收入家庭减贫政策的可及性，从而间接地影响其家庭的消费能力”（梁土坤，2019），而且这种变动在一定程度上改变了家庭养老的水平，且在城镇化大背景下呈现一种不可逆转的趋势，这种家庭结构变动和子女迁移引起的独居老年人福利的损失，需要政府支持（王萍等，2018）。但是，当时的扶贫制度设计并未及时回应这部分群体的需求，这便暴露出扶贫制度设计和扶贫政策设计的缺陷，虽实现了精准到“户”，却未能精准到“人”，造成家户制度中个体贫困被掩盖。

案例 4－2：教育扶贫的实践困境与儿童个体贫困

建档立卡贫困户 ZDT 家中的小赵，在精准扶贫政策实施前已经辍学，时年 12 岁，现在在外打工，但在家庭被评为建档立卡贫困户时，小赵刚年满15周岁，按照识别标准来算，已经不算义务教育阶段的辍学儿童（6~15周岁），因为其在脱贫考核时已经超过15周岁。仅仅因为“一年”之差，被排除在外，这就暴露出来一个问题：小赵并未接受完整的义务教育，且接受教育的质量不高，但是，在精准扶贫、精准脱贫的基层实践中，他被制度“遗忘了”，因为在建档立卡的时候，他并没有被识别为义务教育阶段的辍学学生，这也是开发式扶贫政策对贫困个体的一种掩盖。（访谈编号：20190401）

在案例4-2中，需要讨论的是另一个维度的个体贫困被掩盖的问题，即儿童个体贫困问题。如案例4-2所述，严格来讲，小赵实质上就是一个辍学的初中生，因为他并未按要求完成九年义务教育，也没有获得初中毕业证书。因为教育扶贫政策的漏洞，而且无法溯及过往，造成在贫困识别过程中小赵并未被列入义务教育阶段辍学学生的名单中。所以说，精准扶贫期间所执行的这种识别机制和扶贫政策存在一定的漏洞，掩盖了儿童个体贫困，本质上还是基础教育体系不健全带来的后果。

案例4-3：养老服务供给不足、家庭养老缺位与老年个体贫困

DGH，建档立卡贫困户，女，患有精神疾病，育有3个儿子，但现在3个儿子都未能履行赡养义务，因为1个儿子已经去世；1个儿子长年不在家，基本上处于失联状态；1个儿子户口迁走，入赘到外地，每年只给老人寄有限的赡养费。虽有3个儿子，但各种原因导致老人仍旧独自生活。目前DGH收入来源结构单一，基本上靠赡养费，但赡养费每年的金额比较少。2018年当地政府为其解决了低保问题，但如果这样来算的话，她的收入来源主要是政府转移支付，因为政府转移支付收入已经超过收入总额的50%，所以按照当时精准脱贫的要求，她也不能算作脱贫户。（访谈编号：20190720）

按照部分学者对家庭结构类型的划分，家庭结构类型可分为核心家庭、主干（直系）家庭、复合（联合）家庭、单人家庭和残缺家庭（邓高权，2014；王萍等，2018）。如上所述，案例4-3中的家庭结构名义上属于复合家庭，但事实上已变成单人家庭，家庭能够为其提供的养老支持非常有限，这样的独居老人在深度贫困地区往往面临重大风险，脱贫难度极大，即使在政府的帮扶下摆脱了贫困，也仍然是极易返贫的个体。在巩固拓展脱贫攻坚成果和全面推进乡村振兴的背景下，家庭结构对贫困产生的影响应该引起政策制定者的足够重视。

（二）贫困与性别结构：边缘和困境中的女性

贫困不仅仅表现为收入低下，同时还表现为获得基本物质福利的机会和能力的缺失（森，2002）。国际社会和中国的减贫历程均表明女性贫困增长速度要快于男性，越来越多的证据表明"贫困的女性化"在加剧（郝君富，2016）。这说明贫困不仅与收入不高有关，还与性别结构和性别不平等有关，因为家庭内部资源享有的不平等性决定了家庭内部贫困分布的非均等性，即在一个家庭当中并非每一位成员都处于贫困或非贫困状态（张雪梅、李晶、李小云，2011）。已有研究指出，造成妇女处于深度贫困的原因主要有三点：一是妇女存在群体的脆弱性；二是受到基于性别的社会排斥；三是存在男性中心主义的家庭结构和隐蔽的父权制意识形态（金一虹，2016）。首先，脆弱性是贫困的重要特征之一，妇女的脆弱性主要表现在生理、就业机会和经济方面，但这种脆弱性更多地与社会制度和性别文化有关（张颖莉、游士兵，2018）；其次，这种制度文化所造成的社会排斥通常表现为直接或隐蔽的社会歧视，导致女性被隔离于某种社会关系之外，限制他们获取社会资源和公共服务的机会（金一虹，2016），从而使其因"能力剥夺"而陷入贫困；最后，"男性中心主义的家庭结构和与此相适应的性别规范、性别角色分工的长期存在"（金一虹，2016），导致女性在家庭中长期从事无报酬的劳动，但这种劳动常常被家庭和社会所忽视，造成女性社会地位的底层化与劳动的边缘化。"男主外女主内""男主女从""男强女弱"等传统观念在农村依旧流行，这种性别规范严重限制了女性的行动自由，造成了家庭内部生产资料和生活资料分配的性别不平等，女性往往表现得更加弱势（汪雁、慈勤英，2004），从而在家庭内部显得比男性更加贫困。

案例 4－4：养老服务不足与老年贫困女性

LZ，女，61 岁，丈夫去世，跟儿子单独居住。儿子 35 岁，至今未婚，长年在外打工，很少回家照看母亲，家中缺少劳动力，而 LZ 患有

> 慢性病，需要吃药治疗，每年吃药的花费在2000~3000元。这个家庭的主要致贫原因是家庭成员患有重大疾病，并且缺少劳动力，虽于2016年顺利实现脱贫，但据她反映，家里的收入并未得到提高，生活状况并未得到较大程度的改善，脱贫前主要靠儿子在外打工赚钱养家，脱贫后依然靠儿子在外打工赚钱养家，只是多了一份低保金（每年有1140元低保金）。但每年的医疗费、人情费[①]和其他生活开支较大，依靠儿子在外打工的收入根本无法维持，而现在自己身患疾病，没有收入来源，丈夫前几年去世，对于这个家庭来说是雪上加霜。家里的房子修建于20世纪80年代，现在有一些小问题，下雨会漏水，申请过移民搬迁，但是村干部说不符合政策，未申请成功。（访谈编号：20190415）

如上所述，女性贫困问题需要引起足够的重视，因为在家庭内部存在的性别结构不平等现象在以“户”为单位进行识别时往往会被掩盖，如案例4-4中反映的情况，LZ虽名义上已经脱贫，但实质上还处于困境之中，无法通过自己的努力改善生活状况，这样的现象在老年女性独居家庭和家庭结构残缺的贫困户中较为常见，而精准扶贫政策和实践还没有关注到这一点，在一定程度上掩盖了女性贫困，造成这些社会问题的根本原因在于养老服务供给不足和性别盲视。

此外，笔者在实地调查过程中还发现，精准扶贫政策对妇女的发展需求并未观照到。在村干部召集贫困户开会商讨如何发展产业时，基本上都要求户主参加，而农村户主以男性为主，女性户主较少；在讨论贫困户的发展需求时，男性主导了话语权，女性发声的机会很少，即使参会，也往往羞于表达，这便导致女性群体基本上处于一种“失语”状态，最终在确定发展何种类型的产业时，男性处于主导地位，所以选定的产业类型更加男性化。而另一种现象更加值得关注，那就是女性即使参加了相关的技能培训，掌握了一些技能，也基本处于在家“待业”的状态，因为农村地区根本无法提供更多的就业岗位，而进入城市寻找工作又存在各种各样的束缚，这便导致农村女性陷入了困境，即女性虽为家庭的一个劳动力，但没

---

① 这里主要指农村居民在红白喜事时相互之间随份子钱的花费。

有外出从事社会劳动获取收入的可能。因此，“与贫困女性的需求相比，许多减贫政策对社会性别不平等的盲视，影响了减贫的效果”（张颖莉、游士兵，2018）。讨论社会性别与贫困的关键意义在于消除社会性别盲视，促进每一个贫困个体都能实现平等的发展。也就是说，要观照到每一个贫困个体，不能只关注家庭贫困或群体贫困，而对个体贫困视而不见。

（三）边缘人群与农民工：潜在的贫困人口

深度贫困地区的居民由于受到内在条件和外在条件的限制，收入整体上处于较低水平，呈现区域性整体贫困的特征。在深度贫困地区进行精准识别时，被纳入贫困户的家庭和未被纳入贫困户的家庭收入水平与生活状态差异不大，相当一部分属于贫困边缘群体（朱冬亮，2019），因为他们的人均纯收入略高于国家划定的贫困线，而未被识别为建档立卡贫困户，而变成了相对贫困群体。这种差别不仅表现为一种身份上的差别，更重要的是享受政策红利的差别。被识别为贫困户的农户可以享受教育、医疗、住房、产业奖补和贴息贷款等组合型的优惠政策，这使处于相对贫困处境的贫困“边缘户”产生相对剥夺感，很容易产生明显的心理落差和不平衡感（朱冬亮，2019），于是就会出现争当贫困户（冯华超、钟涨宝，2017）和与扶贫抗争的现象（徐明强、李卓，2019）。这些现象的出现一方面表明农民“不患寡而患不均”的心理仍然存在；另一方面说明扶贫政策设计本身存在不足，未能协调好同一性与差异性的分配原则。

案例 4－5：贫困“边缘户”及其相对剥夺感

NWC 属于一个贫困村的自然村。这里的生活条件较差，村民分散居住在山区内，很多村民都选择搬到镇上居住，以便在附近打工。此次调研过程异常艰辛，村内常住人口稀少，几乎成了“空心村”。村内大量人口外迁，导致村干部与村民之间的联系较少，这给村委会的信息和通知传达造成了不便。部分受访的贫困边缘户表示，村庄内由于人口较少，村干部对村庄内部的发展关注度也不高，一些重要的政策信息往往接收不到，信息宣传渠道也太少。这几年村干部主要关注的是贫困户，对非贫困户的关注比较少，一些优惠政策也是优先考虑贫困户，而对非贫困户的合理诉求处理得比较慢，为了提高群众满意度，才开始关注非贫困户。在实地调查过程中，一些贫困“边缘户”表示，他们的实际生活状态和收入与贫困户相差不大，而村干部的这些做法让他们产生了一种不公平感，他们表示这样的做法不会让他们感到满意。（访谈编号：20190721）

除了案例 4 – 5 提到的农村贫困“边缘户”以外，农民工群体也是扶贫政策设计时容易忽视的一个潜在贫困群体，这些群体都面临着较高风险，基本公共服务的可及性和获得感都比较低，从而导致他们的主观剥夺感要强于非贫困人口（朱晓、段成荣，2016）。农村社会保障体系不健全会使农村边缘人口和农民工群体形成相对剥夺感，基本公共服务供给缺失和不足会使农民工成为潜在贫困人口，在脱贫攻坚完成后需要高度警惕这部分群体的返贫问题，及早制定针对这部分人口的返贫监测和帮扶机制，以便为乡村振兴奠定坚实的基础。

案例 4 – 6：农民工就业的稳定性与流动人口服务体系

LYB，男，家中有六口人，他和老伴均已年逾六旬，自身轻度残疾，老伴常年身体不好，儿媳妇患有精神病，有 1 个孙子和 1 个孙女，都正在上小学。家中经济收入来源单一，除了老两口常年在家务农之外，只有儿子一个人在外打工，维持生计。在评选贫困户时，村干部认为他们家有人在外打工，经济收入来源尚可，就没有考虑将其纳入贫困户。但 LYB 认为自身的家庭状况确实存在困难，对未将其纳入贫困户一直心有怨言，多次到镇政府和县政府上访，要求为其申请低保和贫困户，以帮助其解决家中的困难。他给出的理由是：儿子在外打工会面临各种不确定性因素，进而影响就业质量和就业稳定性，经济收入波动比较大。但政府解释说，LYB 的家庭情况不符合政策的相关规定，并没有对其提出的要求进行受理。（访谈编号：20190415）

农民工就业稳定性对脱贫质量的影响一直存在。根据笔者的参与式观察和当地扶贫干部的叙述，外出务工已成为贫困户脱贫的重要途径，农村家庭中如有人在外打工，此家庭一般不会陷入贫困；如家庭中无一人在外打工仅靠务农生存，则此家庭可能会陷入贫困。外出务工已成为农村家庭是否会陷入贫困和能否脱贫的一个关键变量（李卓、左停，2018a）。在基层帮扶过程中，只要贫困户家中有人在外打工，村干部在计算其收入时便会自动按照打工所在地的最低基本工资足月计算，这样计算出来的家庭人均纯收入就明显超过了贫困线。于是，当地干部在研判时就会认为此户收入已达标，可列为脱贫户。但事实上农民工的收入并非如当地干部所计算的那样高，这样的计算方法忽略了农民工就业的临时性、短期性和不稳定性等特点，农民工一般很难像工薪阶层那样获得足月的工资，经常会面临间歇性失业或者拖欠工资的情况，一年很难获得完整意义上的12个月工资。同时，在经济转型和产业结构调整的大背景下，国内和国际多种负面因素导致经济下行压力加大，农民工受自身素质和技能的限制，在此背景下也很难找到适合自己的工作。再加上社会保障制度不健全，农民工非常容易陷入贫困，或者依靠打工脱贫的贫困户容易再次返贫。因此，农民工和贫困“边缘户”是一个高风险群体和潜在的贫困人口，也是一个容易被忽视的群体。脱贫攻坚期内针对这些群体没有太多的基本公共服务或者专项政策支持，便是精准扶贫政策的局限所在。

（四）劳动能力与劳动可能：不能被等同的两个概念

劳动能力和劳动可能是两个既有联系又有区别的概念。一个成年人具备劳动能力并不意味着他就具备劳动的可能，因为在现实生活中他总是会受到各种因素的制约，进而导致其无法参与社会劳动，或者无法获得就业岗位，无法参与社会劳动或者无法获得就业岗位便意味着他无法获得劳动收入。这种情况在农村地区比较普遍，尤其在已婚女性身上体现得较为明显，因为已婚女性参与社会劳动“一般受到劳动力市场中正式组织结构和制度、来自家庭及亲友的社会支持、劳动力市场机会结构和个体在结构与制度约束下的选择偏好等多重因素的型构”（刘爱玉，2018）。因此，必须重视农村地区具备劳动能力却无法参与劳动的现象，因为这事关脱贫的稳定性和农村居民的可持续发展。

案例4－7：社区社会化服务不足与家庭劳动力的劳动不可能

LM，建档立卡贫困户，已于2018年底实现脱贫。家里共有5口人，妻子和3个孩子，大儿子16岁，处于高中教育阶段；两个小儿子是双胞胎，只有3岁，处于学前教育阶段。两个小儿子身体素质较差，并患有先天性心脏病，需要长期护理，其妻子便不得不负责照顾两个小孩子的生活起居。这些家务劳动占据了她的大部分时间，她虽然具备劳动能力，但无法参加社会劳动，只能在家里进行大量的无报酬劳动，丈夫一人负责全家人的生活开销。LM 在家建了养鸡场，养殖了 800 只鸡，但因为不懂养殖技术和缺乏管理经验，不能很好地对鸡苗进行管护，导致鸡苗损失严重，2018 年不仅没有赚到钱，还赔了不少。面对此种情景，他的妻子无可奈何，因为她帮不上忙，一方面是受时间限制；另一方面是受能力限制。（访谈编号：20190419）

在农村地区，虽然很多家庭有 3 个或者更多的劳动力，但家庭结构变动等因素，导致很多家庭成员的劳动力并没有参加劳动的可能性。在案例4－7中，LM 所在家庭面临的情况便是如此。LM 虽已实现脱贫，但大儿子上学的费用和两个小儿子的日常医疗花费等使他面临较大的经济压力，而 LM 的妻子因为深陷琐碎的家务劳动，几乎没有外出参与社会劳动的可能，这在一定程度上增加了 LM 一家再次陷入贫困的风险。

二　开发式扶贫和保障性扶贫的局限

（一）A 县的开发式扶贫举措及局限

A 县的脱贫攻坚实践遵循的是国家提出的开发式扶贫举措，将产业扶贫作为帮助贫困户摆脱贫困的关键举措，成立了产业脱贫工作领导小组。该领导小组由县委常委、县政府副县长任组长，农林科技局、脱贫办和县扶贫局主要负责同志担任副组长，县督查室、发改局、经贸局等局的负责同志为成员。A 县先后制定出台了《2016 年脱贫攻坚工作方案》《A 县产业脱贫实施方案》《A 县产业脱贫奖励办法》等政策，鼓励贫困户通过发展产业摆脱贫困，如 2017 年的《A 县产业脱贫实施方案》提到要大力开展产业扶贫工作，培育壮大特色产业，不断拓宽贫困群众增收渠道，这一工作的总体目标是：

按照政府引导、市场向导、效益先导、贫困户主导的原则，积极整合项目资金，因地制宜发展特色产业，分类指导贫困户参与，确保产业持续健康发展。到 2020 年，全县每个重点贫困村都培育了 1～2 个特色产业。积极动员有劳动能力的贫困户参与产业扶贫，通过产业扶贫的带动辐射作用，有效促进建档立卡贫困户持续增收，达到稳定脱贫的目标。

在这一总体目标的指引下，《A县产业脱贫实施方案》提出了七种具体的扶贫方式，以帮助全县贫困人口摆脱贫困（见表4-2）。这些产业扶贫政策都是以鼓励农业企业、大户等经营主体的发展来带动贫困户脱贫，但这些公司、企业或大户并未建立起有效的益贫机制，对贫困户的带动效应比较差，农户仅仅通过分享有限的股权和从事简单的体力劳动而获得有限的收入。同时，在实地调查过程中发现，在农村往往会出现“一个扶贫干部带动一个扶贫产业”的情况，就是贫困村农业产业发展的“好坏”与帮扶单位、驻村干部的职位属性和社会资本高度相关。如果帮扶单位和驻村干部的职级越高，社会资源就会越多，贫困村的产业发展就会越好；反之发展则会越艰难。也就是说贫困村产业发展高度依赖帮扶干部，而伴随着脱贫攻坚战的结束、驻村干部的更替和离任，再加上农业产业风险抵抗能力较弱，部分地方已出现扶贫产业中途撤走或停滞的危机，产业扶贫的可持续性存疑。

表4-2 产业脱贫方案中提出的七种具体产业扶贫举措

产业扶贫举措	具体内容
种植业扶贫	立足特色优势，引导贫困村有能力的贫困户发展富硒粮油、魔芋、蔬菜、烤烟、茶叶、食用菌、中药材、油用牡丹、苗木花卉、特色经济林果等农业产业，通过帮扶推动，在全县77个贫困村，每村发展1~2个特色主导产业、2~3个其他产业
养殖业扶贫	支持有条件的贫困村、贫困户发展以生猪、肉牛、山羊为主的畜牧产业，以稻田养鱼、林下养鸡等为主的综合种养产业，以生态甲鱼、大鲵为主的特色水产养殖产业
农产品加工业扶贫	鼓励通过订单生产、原料加工和土地、资金、设施设备参股等方式，将分散弱小的贫困户纳入现代产业体系，建立健全“利益捆绑、责任共担”的利益联结机制，促进贫困户在参与中增收，在增收中发展。扶持贫困村发展小微企业、手工作坊或工商户，以“大众创业”促进“万户增收”
乡村旅游业扶贫	充分挖掘贫困地区生态农业、观光旅游、文化教育等多种功能，整合现有资源和项目资金，在贫困村扶持发展以美丽乡村游、特色民居游和休闲观光农业等为主的乡村旅游业，使之成为贫困户收入新的增长点

续表

产业扶贫举措	具体内容
农村电商扶贫	大力实施电信普遍服务和宽带乡村项目，不断改善贫困村电信基础设施条件。加快电商产业园建设，推动“村淘”项目落地，搭建农产品“线上线下”交易平台，使线下产业发展与线上电商有机融合。推进贫困村农产品产地市场建设和现代物流体系建设，逐步建设覆盖县、镇、村与电子商务快速发展相适应的现代物流配送体系，实现宽带网络、物流运输对贫困村的全覆盖
光伏产业扶贫	积极推广中国建行在双河口镇三柳村的产业扶贫经验，对日照资源好、住房相对集中、四周无建筑遮挡，无劳力、无稳定收入来源的贫困户实施光伏扶贫。重点在易地搬迁安置点和危房改造户选择安装光伏电池组件，使特困户每年得到稳定的电价补贴收入
互助金融产业扶贫	深化与中国乡建院合作，通过在贫困村探索建立金融扶贫互助村社，激发村民内生动力，保持村庄长久生命力，实现稳定脱贫；大力实施供销精准扶贫，按照政府组织、企业运作、贫困户参与的思路，采取政府（供销社）+富硒农民专业合作社联合社（龙头企业）+合作社（公司）+贫困户的扶贫模式，省供销总社与县政府整合筹集扶贫基金3000万元，投资贫困户增收和产业精准扶贫的特色产业，每投入10万元扶贫基金必须带动不少于3户贫困户脱贫

资料来源：根据《A县产业脱贫实施方案》相关资料整理而成。

此外，针对农户设计的产业奖补政策，也是以奖代补，贫困户前期发展产业需要的资金由贫困户先行垫付或贷款支付，后期发展具有一定规模之后才能获得政府的补贴，这个补贴一般比较有限，常常无法弥补农户遭遇风险时的损失。如A县在一份“鼓励发展茶叶、蚕桑、猕猴桃三大产业，促进农民持续增收奖补办法的意见”中提到奖补对象为在全县带动贫困户增收的茶叶、蚕桑、猕猴桃产业专业合作社、大户和其他经营主体。同时，还提出了以下奖补原则①：

1. 村集体合作社选定发展的产业必须与市场主体有销售合同或订单，凡未与市场主体对接的产业项目一律不奖补（新建茶园除外）。

2. 村集体合作社发展的产业必须集中连片，新发展的项目一个点的规模须连片成带50亩以上，一个村的规模须在500亩以上（可以是两年新发展的面积）；一个村长远规划须在1000亩以上。凡是没有规模发展的项目一律不奖补。

① 奖补原则摘自《A县人民政府办公室关于印发发展茶叶、蚕桑、猕猴桃三大产业促农民持续增收奖补办法（试行）的通知》。

> 3. 村集体发展的产业，其基地建设必须坚持标准化，用标准化建园来保障项目的高效益，用高效益来保障带贫益贫的好效果。凡是没有标准化建设产业园的项目一律不奖补。
>
> 4. 村集体合作社发展产业，必须落实项目带头人（相当于职业经理人）风险共担、利益共享的机制。凡是没有选准带头人、没有落实带头人风险共担和利益共享机制的项目，一律不奖补。
>
> 5. 奖补大户的原则，每个项目最低要求达到50亩以上，每个项目至少带动3户以上贫困户，通过土地流转、务工、分红等方式实现增收，每户年人均增收不低于1000元。凡是没有规模、带贫效果不明显的不予奖补。

这些奖补原则实际上对农业产业发展提出了很高的准入门槛，一般贫困户根本无法达到，因为发展农业产业需要一定的资金、人脉和能力作为基础。这些产业扶贫政策主要针对农业企业、经营大户等成规模的经营主体，而贫困户在此过程中很少参与农业企业的运营，能够获得的利益也只是依靠劳动所得，且已建立起的贫困户链接机制也并不紧密，导致在这样的扶贫实践中“富了大户，穷了小农”的现象时有发生，这实际上是对小农和贫困户发展的一种限制。

虽然地方政府针对贫困户也出台了相关的产业扶持政策和产业奖补办法，但这些产业政策的准入门槛较高，正如A县在《关于贫困村贫困户发展产业奖补办法（试行）的通知》中提到的：“产业扶贫的对象为建档立卡、有产业发展意愿，并具备相应能力和条件的在册贫困户。”此文件提出了以下扶持原则①：

> 1. 坚持统一规划、集中连片的原则。贫困村要科学制定产业扶贫工作规划，按照一村一（两）品的总体要求，精选产业类型，编制规划，整村推进，形成产业带。
>
> 2. 坚持长短结合，突出长效的原则。贫困户发展产业要坚持突出

① 摘自A县《关于贫困村贫困户发展产业奖补办法（试行）的通知》，产业脱贫办发〔2018〕6号。

长效，长短结合、以短养长，短保当年，长保稳定，优选 2～3 个特色鲜明、市场前景看好的产业项目，确保贫困群众持续稳定增收。

3. 坚持项目资金捆绑整合的原则。按照全县扶贫资金整合方案的要求，做好涉农财政专项扶贫、移民搬迁、现代农业园区、贴息贷款等产业资金工作，集聚资金项目，确保产业扶持健康发展。

这份文件虽是针对在册贫困户发展产业而制定的，看似为促进贫困村贫困户发展提供了一份保障，但并未解决真正的问题。笔者实地调查发现，这些奖补原则在落地实施过程中似乎还为贫困村和贫困户获得政府补贴制造了障碍，因为这些原则都要求贫困村和贫困户要有足够的政治、经济和社会资源，而贫困户之所以贫困，就是因为这些资源相对较弱，一般贫困户依靠自身的能力很难进入，或者即使进入，也很难承担独立经营面临的风险，因为贫困户自身具有很强的脆弱性，其往往陷入两难困境，即如果不发展产业，则面临没有可持续的收入来源的问题；如果发展产业，则无法承担产业失败带来的诸多风险。正如一位驻村第一书记所言："政府在奖补政策文件中规定的产业发展类型，都是政府指定的类型，如养羊、种植羊肚菌等，这些产业类型与农民的生产经验相差甚远，且技术培训也只是流于形式，农民很难在短期内掌握这些农业生产技术，政府后续的技术指导又跟不上，这便会导致产业风险提高；此外，还要求贫困户发展的产业需要具备一定的规模，才能给予财政补贴，贫困户基于自身能力、风险规避等各种原因的考虑，一般积极性都比较低，宁愿选择去给企业或者生产大户打工，也不愿意自己发展产业，因为他们认为打工比自己经营产业的风险要低。"（访谈编号：20190713）

不同的扶贫措施对贫困者的能力、素质和技能要求不同，如现金救助与以工代赈、有条件转移支付和公益性岗位等相比，不需要具备太高的劳动技能、知识和能力，而开发式扶贫往往不仅要求贫困者具备较充分的专业知识和较高的产业技能，还需要满足一定的市场准入条件，有一定的资本和社会关系网络，尤其是对贫困者的自我发展能力要求较高，但贫困个体往往缺乏这些关键的能力。也就是说，这些扶贫举措在进行政策设计时有良好的愿景，但是在落地实施过程中面临不同程度的困境，如资产收益扶贫政策，目标定位是向弱能和失能贫困户倾斜，让这些人群获得资产收益，但在实践中与目标发生了偏离。如T镇的一位包村干部说："资产收益扶贫政策的初衷是好的，开始我们在实践的过程中也会选择一些比较困难的贫困户作为受益对象，且每年调整一次，但经过一段时间的实践后发现，这些贫困户的发展愿望不足，他们进来也不做事，其他人也确实带不动，结果就是将这些人调整出去，将其他发展意愿强的人调整进来，只有建立起这样一种惩罚机制，才能保证产业发展的效益。"（访谈编号：20180725）正如这位包村干部所言，资产收益扶贫政策在基层实践中政策目标已发生偏离，实际上沦为一种有条件的转移支付。

（二）A县保障性扶贫举措及局限

A县也出台了一些保障性扶贫政策，在保障贫困人口的基本生存方面发挥了重要作用，但在帮助脱贫人口预防风险和提升发展能力上还稍显乏力。就危房改造政策而言，该项政策的设计仍存在一些漏洞，在实际操作中也存在一些困境，国家政策规定与地方实际存在偏差，基层干部在执行时也遭遇了种种困难。在实地调查发现，地方干部提及如果严格按照国家政策规定执行，有时候还可能引发干群矛盾或其他问题。正如W镇某村驻村第一书记所说："危房改造政策目前的补贴还是偏少，无法满足群众危改房屋的空间需要和资金需求，因为按照国家政策的规定，贫困户修建房屋不能超出政府规定的空间标准，即人均不能超过24平方米，财政补贴的标准也必须严格按照国家的标准执行，且这些资金都需要贫困户先期垫付，待改造完毕之后再拨付，这便导致危改工程在农村推进过程中遇到现实困难。因为按照农村的实际情况来讲，村子里面经济条件较好的人早都已经搬到外地或者县城居住，或者已经新建了房屋，现在还住在危房里面没有修建房子的人，主要是因为资金紧张，如果经济条件好的话，也不用等到现在才修建房屋。此外，农村人修房子，一般都考虑到日后儿子娶媳妇的需要，都想把房子盖得空间大一点、装修得好一点，将来才好给儿子娶媳妇，这种文化显然与国家政策规定相冲突。在这种情况下，他们一般都会采取拖延、哭诉等方式与当地干部讨价还价。即使最后在当地干部的再三督促之下，进行了危房改造、加固维修和就地新建，也是从亲戚或银行借款垫付，这便会导致贫困户隐性负债。"（访谈编号：20190322）这种情况实际上是在进行危房改造政策设计时并未考虑到的，这就会出现镇村干部在进行危房改造动员时，报名人数多，而实际开工改造的人数少的窘境。这位驻村第一书记还说："在进行危改动员时，我们村有 30 户登记新建房子，实际上只有 13 户开始动工建设，主要是因为政府的危房改造政策只奖补 26000 元（贫困户），而非贫困户则更少，这些资金对于贫困户而言，实际上是非常少的，根本不够建造房子，很多农户由于资金原因，一直处于观望状态，迟迟未动工。"（访谈编号：20190322）这便进一步表明，危房改造政策还需要进一步完善，以更加契合农村情况和农民的实际生活。

从扶贫实践来看，脱贫攻坚只是在重点解决"贫"的问题，虽然也兼顾了医疗、教育和住房等其他方面，但对这些方面的关注度仍然不够，尤其是对非货币维度的贫困之"困"考虑的比较少，如权利、能力和基本公共服务等方面。在此所讲的保障性扶贫举措，一般可以将其分为广义和狭义两个层面：狭义层面主要是针对开发式扶贫举措存在的不足和漏洞进行补充，以保障脱贫人口不再返贫和预防低收入人群滑入贫困；广义层面指的是为了保障贫困人口的生存权、发展权和个体均等的生活机会，而针对所有人口构建的一张社会安全网，这其中包括医疗、教育、住房、养老和就业等方面，也是促进所有人更好享受经济社会发展成果的重要途径（孙久文、张静，2019）。本书所说的保障性扶贫举措是广义层面上的，而不是狭义层面上的，因为已有研究表明为低收入人群提供单纯的贫困救助容易挤出"私人"救助资金，从而"诱发"低收入人群对政府贫困救助的依赖，即通常所讲的容易使贫困人口产生"等靠要"思想，从而降低扶贫的效率。但是，政府提供的保障性基本公共服务和公共基础设施可以有效抵御和防范贫困（向运华、刘欢，2016），因为基础教育、公共医疗卫生等基本公共服务可以有效改善低收入群体的生活状况（徐月宾、刘凤芹、张秀兰，2007）。因此，面对这些低收入人群，精准扶贫政策自然是难以奏效的，政府应从深度贫困人口的现实需要出发，出台一系列综合性保障措施和制度安排，帮助这部分人群降低自身脆弱性，有效应对生产生活中面临的风险（左停、徐卫周，2019）。2020 年以后，国家应该秉持发展型社会政策，减贫政策设计应该从单纯的救济式扶贫、开发式扶贫和保障性扶贫转向为低收入人群提供更好的基本公共服务，即从绝对贫困治理转向相对贫困治理，这将是未来贫困治理的重点所在。

三　基于基本公共服务的减贫理念的提出

上文回顾了贫困治理中容易被忽视的几个因素，虽都表现为个体性贫困，但实质上是基本公共服务供给不足所致。收入贫困线是国际组织用来监测全球贫困的主要指标，中国 2011 年确定的贫困标准即以农民人均纯收入 2300 元的不变价作为国家扶贫标准，按照此标准计算出来的贫困人口在 2011 年大概有 12238 万人，贫困发生率达 12.7%。按照购买力平价指数（PPP）方法来测算，中国 2011 年确定的贫困标准相当于每人每天 2.2 美元，略高于 1.9 美元的国际极端贫困标准。但是，需要注意的是，这一贫困标准仅针对可计算的收入水平和可贸易的商品购买力而言，并未包括非货币福利和公共服务（王瑜、汪三贵，2018）。从长远来看，这将导致人们对贫困人口的福利产生认知偏差，而从短期来看，也不利于将基本公共服务供给作为重点投入方向来构建长效减贫机制。

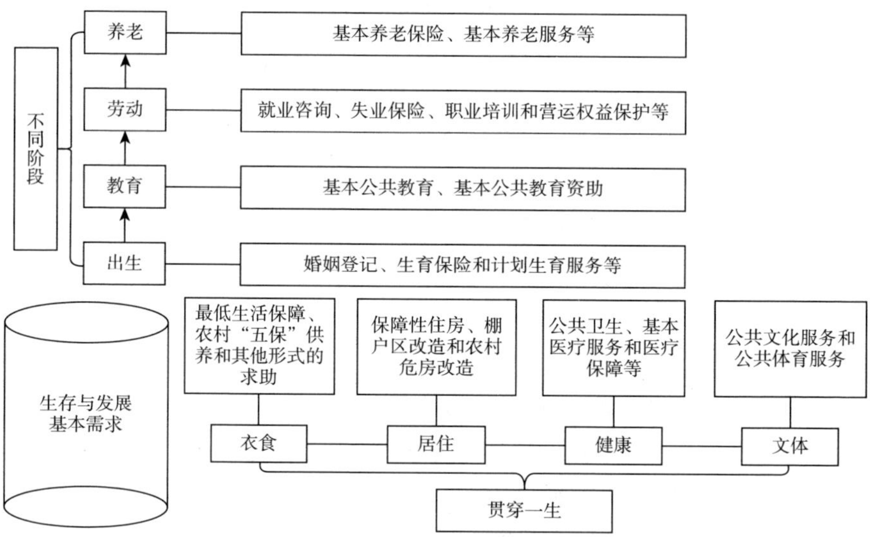

图 4-1　“十二五”规划确定的基本公共服务范围

资料来源：摘自 2012 年国务院颁布的《国家基本公共服务体系“十二五”规划》。

但是，伴随着我国扶贫进入新的历史阶段，贫困人口性质和特征开始发生新变化，提升贫困地区和贫困人口所享有的基本公共服务已逐渐进入减贫视野（曾小溪、曾福生，2012）。2011 年颁布的《中国农村扶贫开发纲要（2011～2020 年）》的总体目标除了稳步实现“两不愁三保障”之外，还明确指出，“到 2020 年，贫困地区基本公共服务主要领域指标接近全国平均水平，扭转发展差距扩大趋势”。这是我国历史上首次将基本公共服务主要指标纳入减贫规划，将提升贫困地区和贫困人口所享有的基本公共服务水平融入减贫目标，有助于提升贫困地区基本公共服务供给的整体水平。根据《国家基本公共服务体系“十二五”规划》的规定，基本公共服务范围一般包括：“保障基本民生需求的教育、就业、社会保障、医疗卫生、计划生育、住房保障、文化体育、基础设施和环境保护等领域的公共服务。”

这些基本公共服务贯穿人生的每一个阶段，覆盖生活的各个方面，享有这些基本公共服务是公民的权利，而保证人人公平享有基本公共服务则是政府的重要职责。按照《国家基本公共服务体系“十二五”规划》中划定的基本公共服务范围，《“十三五”推进基本公共服务均等化规划》在此基础上继续深化基本公共服务供给制度改革，到2020年基本公共服务体制机制更加健全，基本公共服务均等化总体实现。此规划确定了国家基本公共服务制度框架，明确了包括公共教育、劳动就业创业、基本社会保险等八大领域的主要指标（见表4－3），并建立了清单制，依法依规保障公民享有基本公共服务。《“十三五”推进基本公共服务均等化规划》列出的基本公共服务八大领域，基本上涵盖了人生每一个阶段的方方面面，从出生到养老，从衣食住行到文化教育，这些都是保障人民基本生存与发展权利的需要，应该得到重视。

表4－3　“十三五”推进基本公共服务均等化规划中的基本指标

一级指标	二级指标
基本公共教育	九年义务教育巩固率
	义务教育基本均衡县（市、区）的比例
基本劳动就业创业	城镇新增就业人数
	农民工职业技能培训
基本社会保险	基本养老保险参保率
	基本医疗保险参保率
基本医疗卫生	孕产妇死亡率
	婴儿死亡率
	5岁以下儿童死亡率
基本社会服务	养老床位中护理型床位比例
	生活不能自理特困人员集中供养率

续表

一级指标	二级指标
基本住房保障	城镇棚户区住房改造（万套）
	建档立卡贫困户、低保户、农村分散供养特困人员、贫困残疾人家庭等4类重点对象农村危房改造
基本公共文化体育	公共图书馆年流通人次
	文化馆（站）年服务人次
	广播、电视人口综合覆盖率
	国民综合阅读率
	经常参加体育锻炼人数
残疾人基本公共服务	困难残疾人生活补贴和重度残疾人护理补贴覆盖率
	残疾人基本康复服务覆盖率

资料来源：根据《国家基本公共服务体系“十三五”规划》相关内容整理。

上文提到基本公共服务已进入减贫视野，在《中国农村扶贫开发纲要（2011～2020年）》中也对基于基本公共服务的减贫有所体现，这一扶贫纲要中提出了要构建专项扶贫、行业扶贫和社会扶贫“三位一体”的大扶贫格局，并且在具体的扶贫举措中也提出了发展教育文化事业、改善公共卫生和人口服务管理、完善社会保障制度等举措来减贫（见表4-4），这些具体举措的提出进一步说明决策者已认识到基本公共服务对减少贫困的重要作用，但强调的范围和内容还不够，在未来的顶层设计和扶贫实践中，应该重新理解和认识现代社会贫困的内涵，拓展基于基本公共服务的减贫内容与范围。在全面打赢脱贫攻坚战，进入全面推进乡村振兴的新阶段和中国特色社会主义进入新时代之际，将基本公共服务纳入减贫框架是改善脱贫地区农民生产生活条件的重要途径，也是缓解相对贫困的重大举措（惠银春，2010），更是推进城乡一体化发展和促进社会公平正义的重要途径。因为这不仅有助于从整体上提升贫困人口的非货币福利，促进贫困人口共享社会发展的成果，还将有助于缩小城乡发展差距和贫富差距，实现协调与平衡发展。因此，在2011年确定的扶贫标准的基础上，再次强调基于基本公共服务的减贫理念，将贫困的内涵扩展到收入以外的非货币福利，是根据贫困人口特征变化积极回应贫困人口基本需求的必然选择（王瑜、汪三贵，2018），更是体现基本公共服务均等化和促进社会公平正义的主要途径。

表 4-4　“三位一体”大扶贫格局

扶贫举措	具体内容
专项扶贫	易地扶贫搬迁、整村推进、以工代赈、产业扶贫、就业促进、革命老区建设
行业扶贫	明确部门职责、发展特色产业、开展科技扶贫、完善基础设施、发展教育文化事业、改善公共卫生和人口服务管理、完善社会保障制度、重视能源和生态环境建设
社会扶贫	加强定点扶贫、推进东西部扶贫协作、发挥军队和武警部队的作用、动员企业和社会各界参与扶贫

资料来源：根据《中国农村扶贫开发纲要（2011～2020年）》相关内容整理而来。

基于基本公共服务的减贫理念意在转变贫困治理方式，从开发式扶贫、综合保障性扶贫转向基于基本公共服务的减贫，通过为贫困人口提供“起飞”的平台、机会和空间，从而保证他们获得均等的生活机会。因为公共服务是一种具有公共价值的产品（郁建兴、秦上人，2015），而基本公共服务则是“由政府主导、保障全体公民基本生存与发展需要，与社会经济发展水平相适应的公共服务”（王瑜、汪三贵，2018）。如上文所述，可将基本公共服务划分为基本公共教育、基本劳动就业创业、基本社会保险、基本医疗卫生、基本社会服务、基本住房保障、基本公共文化教育和残疾人基本公共服务八大领域。而基本公共服务均等化的内涵是“全体公民享有基本公共服务的机会均等、收益大体相同，同时具有较大的自由选择权”（陈海威、田侃，2007）。但就现实情况来看，基本公共服务的需求存在空间差异和结构差异，而供给则呈现区域差异和城乡差异（尹栾玉，2016），这些因素决定实现基本公共服务均等化目标还有很长的一段路要走。此外，还要认识到强调基本公共服务均等化并非简单的平均化，而是确保全体社会成员能够公平地享受达到基本标准以上的服务，这个标准应该与国家经济社会发展水平相适应，不能超越经济社会发展阶段而对民众做出不能兑现的承诺。

伴随着市场经济的快速发展，拥有不同水平的资产、信息和技术导致个人发展产生巨大差距（朱玲，2004），世界银行在2004年发布的《世界发展报告》中指出：“即使一个社会拥有充裕的公共产品和服务供给，那些陷入贫困之中的贫困人口也难以与其他社会成员分享同等的服务供给。”（世界银行，2004）因此，就需要政府通过一种制度性安排和投资取向的收入再分配政策来保障贫困人口公平地获得基本公共服务，从而缩小贫富差距，保证贫困人口的利益不受损。从本书对贫困内涵的界定来看，贫困应该包含不同层次和不同类型，而此处提出基于基本公共服务的减贫理念，实质上指的是“通过保证限定区域内公民获得基本公共服务的机会，从而使之免于或脱离因机会剥夺导致的贫困”（王瑜、汪三贵，2018）。根据阿马蒂亚·森提出的能力贫困理论，贫困不能被简单地看作收入低下，而是可行能力被剥夺，这一理论刷新了人们的贫困观，因为它将贫困与多维福利缺失相联系，强调了多维贫困的存在是威胁人类实现自由发展的“罪魁祸首”。从此视角来看，基于基本公共服务的减贫恰恰是一个福利逆向补足的过程，2011 年确定的扶贫标准不仅关注收入，还提出了“两不愁三保障”的多维标准，这些多维标准的背后蕴含的是贫困概念的扩展。而且，《中国农村扶贫开发纲要（2011～2020 年）》已将基本公共服务均等化纳入减贫目标，因为就基本公共服务包括的领域和维度而言，实质上已覆盖人们应该享有的多维福利。

此外，为充分发挥中央统一领导和地方组织落实的制度优势，国家于 2018 年出台了《基本公共服务领域中央与地方共同财政事权和支出责任划分改革方案》（以下简称《改革方案》），《改革方案》进一步明确了中央政府和地方政府在提供基本公共服务上的权责和财政分担机制，明确指出优先选择那些涉及人民群众基本生活和发展需求的基本公共服务予以支持，共计包括 8 大领域 18 个小项（见表 4－5），在这些领域内中央财政和地方财政共同分担，分担比例则依据基本公共服务的属性和地方财政的支付能力进行划分。一般而言，中央政府在公共教育领域承担较大支付比例，并向西部地区倾斜，公共财政转移支付的比例要大于东部发达地区。因此，未来要努力在八大领域构建中央和地方权责明确，财政分担比例科学合理，能够覆盖国家、行业、地方和基层服务机构四个层面的基本公共服务标准体系。那么，在脱贫攻坚战取得全面胜利，经济增长益贫性下降和开发式扶贫举措减贫效应有限的情况下，着眼于乡村振兴战略的顺利推进和相对贫困问题的有效解决，本书提出基于基本公共服务的减贫理念，目的在于向低收入群体或陷入相对贫困的人口提供保障基本生存与发展权益的公共产品，实质上是一种以投资取向为导向的收入再分配政策，无论是从短期，还是从长期来看，都有助于减少市场机制运行过程中带来的社会不平等（朱玲，2004）。因此，2020 年后应该将推进基本公共服务均等化融入乡村振兴实践，这将有利于巩固拓展脱贫攻坚成果和有序推进乡村振兴。

表 4－5　中央财政和地方财政优先支持的基本公共服务

主要领域	具体项目
义务教育	公用经费保障
	免费提供教科书
	家庭经济困难学生生活补助
	贫困地区学生营养膳食补助
学生资助	中等职业教育国家助学金
	中等职业教育免学费补助
	普通高中教育国家助学金
	普通高中教育免学杂费补助
基本就业服务	基本公共就业服务
基本养老保险	城乡居民基本养老保险补助
基本医疗保障	城乡居民基本医疗保险补助
	医疗救助
基本卫生计生	基本公共卫生服务
	计划生育扶助保障
基本生活救助	困难群众救助
	受灾人员救助
	残疾人服务
基本住房保障	城乡保障性安居工程（包括城镇保障性安居工程和农村危房改造等）

资料来源：根据《基本公共服务领域中央与地方共同财政事权和支出责任划分改革方案》相关内容整理而来。

第二节　基于基本公共服务的减贫的基本逻辑

一　逻辑起点：现代政府公共责任的部分局限

“现代政府是一个致力于追求公共利益最大化的责任政府，政府既是一个公共管理机构，又是一个为公民提供公共服务的公共组织，它的根本责任在于为公民提供有效的公共服务。”（吴业苗，2010）依据此观点，提供基本公共服务是现代服务型政府不可推卸的责任（卫建国、聂静港，2017）。但是，伴随着改革进程的加快，政府开始将不少基本公共服务推向市场，其中就包括基础教育、基本医疗等涉及重大民生的基础性服务，但这些服务的过度商业化提高了贫困地区人口获得服务的现金支出成本，从而加剧了社会不平等和社会排斥（Selden，1999）。一般认为，造成社会失衡的直接原因是公共服务供给不足，实质上症结在于政府公共责任的缺失（吕炜、王伟同，2008），我国贫困人口基本上都面临经济收入低下、人力资本有限和社会保障水平低等问题，从而限制了农村贫困人口的生存与发展能力（鲍曙光，2014）。所以，从本质上讲，基本公共服务供给不足或缺失是导致贫困人口长年处于贫困之中、难以摆脱贫困的主要原因。

我国城乡基本公共服务供给不均等，其根源在于城乡分割的二元结构和城市偏向型的公共服务非均衡供给制度。这导致贫困地区的贫困人口难以获得基本公共服务，极大地限制了贫困人口素质和能力的全面提升（孙晓莉、宋雄伟、雷强，2018）。但是，基本公共服务的特殊性质和城乡二元结构意味着基本公共服务不均等的问题是无法靠市场机制解决的，必须将各部门生产的公共服务集中在以政府为核心的公共部门手中，并由其进行垄断性配置（王敬尧、叶成，2014），才能实现城乡共同发展。基于基本公共服务减贫的效应的有效发挥，有赖于在顶层设计和制度保障环节破题，因为享有基本公共服务是每位公民的基本权利，而提供基本公共服务则是政府的重要职责。2018 年颁布的《关于建立健全基本公共服务体系的指导意见》指出，“以标准化促进基本公共服务均等化、普惠化和便捷化是新时代提高保障和改善民生水平，推进国家治理体系和治理能力现代化的必然要求”。

很显然，伴随着脱贫攻坚战的结束，乡村振兴工作的全面展开，推进基本公共服务均等化的重要性受到政府的高度重视，但城乡存在差距的现实和区域之间经济发展水平与阶段之间的差异（郁建兴、秦上人，2015），以及城乡二元结构利益固化的财政政策导致基本公共服务的供给水平仍存在区域和城乡差异（倪红日、张亮，2012；李燕凌、彭园媛，2016）。同时，地方政府的财政能力也决定着一个地区的基本公共服务供给水平，因为政府承担着提供基本公共服务的主要责任，但由于各地方政府的财政收支水平存在较大差异，便会造成各地方政府在提供基本公共服务时严重失衡（孙晓莉、宋雄伟、雷强，2018）。虽然我国公共财政在公共服务上的投入比例逐年上涨，但是与不断增长的公共服务需求相比，公共财政的投入比例和公共服务的供给能力仍然不足（姜晓萍、邓寒竹，2009）。因为通过国际比较来看，我国的基本公共服务水平仍然较低。但是，也需要认识到基于基本公共服务的减贫的实现是一个循序渐进和不断推进的过程，因为基本公共服务的供给能力与社会经济发展阶段、公共财政的支付能力有关。就实践来看，处于集中连片特困地区的贫困人口虽已摆脱绝对贫困，但因为缺乏基本公共服务而陷入相对贫困状态，政府在此方面的工作做得还不够，没有有效发挥其在提供基本公共服务方面的职能。

二　现实靶点：提升基本公共服务均等化水平

按照致贫原因的分类，贫困地区一般具有地理位置偏僻、资源匮乏、公共交通落后和信息闭塞等特征，这些特征加剧了贫困地区和贫困人口的脆弱性，使贫困人口在面对风险时，更易受到冲击（张姗姗、吴春梅，2016）。农村基本公共服务供给制度的非均衡状态造成了城乡基本公共服务的不均等（袁媛，2014），且省际基本公共服务供给水平差异显著（王晓玲，2013），与东部发达地区和城镇地区相比，中西部地区在基础教育、医疗卫生与社会保障等方面的供给水平和质量上都存在较大差距，使本身已非常脆弱的农村地区自主发展能力变得更弱，基本公共服务不均等又进一步加剧了自然不平等（贾康，2007）。而要改善这种不平等的局面，努力推进基本公共服务均等化将是一个非常有效的路径，因为基本公共服务的减贫效应不仅表现在能显著提高贫困人口的收入水平，还体现在改善贫困地区居民不利的收入分配局面（朱盛艳、李瑞琴，2019）。因此，提升基本公共服务供给水平和质量是改善农村生活和促进乡村发展的重要基础保障（陈秋红，2019），这不仅有助于缓解农业经济对自然环境和资源的依赖，减少自然不平等和市场机制运行带来的经济不平等（朱玲，2004），还有利于缩小地区之间、行业之间和社会群体之间的发展差距（苏明、刘军民、贾晓俊，2011），降低农村贫困发生率。

基本公共服务均等化的核心是机会均等（易柳、张少玲，2019），即保障每一个公民都有机会获得均等的基本公共服务。“均等化”在此强调的是机会均等，是将公共服务差距控制在可以接受的范围之内，并不断缩小差距，而不是“平均化”和“同质化”（贾康，2007）。同时，这里强调的是“基本”公共服务均等化，而非公共服务均等化，政府需要做的是弥补市场失灵，对市场配置效率低或市场配置容易出现不均等，且涉及重大民生的

“基础”公共服务负起责任，通过公共财政的再分配功能实现向社会弱势群体倾斜，从而促进社会公平（娄兆锋、曹冬英，2015）。实际上，基本公共服务均等化与国家减贫在战略目标、政策内容和行动举措等方面存在很强的逻辑一致性（苏明、刘军民、贾晓俊，2011），尤其是2011年发布的《中国农村扶贫开发纲要（2011～2020年）》明确提出减贫的总体目标不仅是要实现贫困地区农民人均纯收入的增长，还要实现基本公共服务主要领域指标接近全国平均水平，扭转发展不均衡不均等的局面，这就在事实上确认了减贫目标与推进基本公共服务均等化的内在一致性。所以，扶贫方式也应该由“扶贫”转向“防贫”，脱贫攻坚战完成后，中国减贫战略与政策迎来了一个重要的战略调整窗口期（叶兴庆、殷浩栋，2019）。从这一点来讲，提升基本公共服务均等化的水平和质量，便可以为贫困人口或弱势人群提供改变自身状况的平台、环境和条件，从而实现能力转化，这是有效发挥基于基本公共服务的减贫效应的现实抓手。因此，在多维贫困和相对贫困日益凸显的背景下，2020年以后的政府应该牢牢抓住这个战略调整窗口期，以基本公共服务均等化为契机，适时地推出和强化以基本公共服务均等化为基础的“防贫”政策，持续巩固拓展脱贫攻坚成果。

第三节　基于基本公共服务的减贫的内在机理

一　具有再分配功能的基本公共服务

基本公共服务是提高可行能力的重要条件，因为“基本公共服务作为人类最基本的生存和发展权利，既是维系社会公平和公正的基石，又是实现人的全面发展的基本社会条件”（张紧跟，2015）。《国家基本公共服务体系“十三五”规划》中提出“十三五”时期应该实现的民生目标是“学有所教、劳有所得、老有所养、病有所医、困有所帮、住有所居、文体有获和残有所助”①，这一目标的设定“与公民社会权利的基本要素——受教育权、工作与劳动权、社会保障权、健康权、居住权在理论逻辑和内容结构上是一致的”（曹爱军，2019）。所以，从这个角度来讲，基本公共服务的有效供给是提升公民可行能力的重要途径。按照森的观点，基本可行能力

① 基本公共服务的建设目标是《“十三五”推进基本公共服务均等化规划》中的规定。

的提升对实现人的自由全面发展具有重要作用，而教育和健康则是构成人类生存与发展权利的基本要件。教育、健康方面的基本公共服务供给水平会直接影响公民的受教育水平和健康水平，因为经济基础差，贫困人口在支付教育费用时存在困难，从而导致其受教育水平较低，这将直接影响个体技能的发展，迫使他们陷入“收入水平低→人力资本投资不足→谋生能力差→收入水平低”的恶性循环；而经济基础差，也使贫困人口在面临疾病等风险的威胁时，被迫选择较差的医疗资源或者直接放弃治疗，这将进一步导致贫困人口病情加重，致使其身体状况不断恶化，又会造成其无法通过劳动获得收入，从而陷入“贫困—疾病”的恶性循环（左停、徐小言，2017）。但是，基本公共服务可以在一定程度上帮助贫困人口规避教育和疾病带来的困扰，为他们提供基本的安全、生存和社会保障（张姗姗、吴春梅，2016），且可能影响家庭对子女的教育投资，并阻断贫困的代际传递。

同时，基本公共服务具有社会分配的功能。因为每一项公共服务的提供都需要成本，这些成本一般由国家公共财政来承担，而公共财政则来源于税收收入。现代责任政府是建立在政治契约基础上的，确保公民获得公共服务是政府必须履行的公共责任，这也是国家提供公共服务的逻辑起点（曹爱军，2019）。所以，现代责任政府一般要扮演两种角色，即“一方面要激发社会创造财富的能力，另一方面要合理地分配社会财富”。通过基本公共服务分配社会财富，实质上是公共财政在国民经济社会发展中发挥再分配功能的体现（柏良泽，2008），只有通过公共财政的再分配“抽肥补瘦”，才能从根本上减少农村贫困的发生（闫坤、刘新波，2013）。因此，从这个层面上讲，公共服务具有社会再分配功能，而且这种再分配功能主要是通过公共财政对贫困人口的补偿来实现的。因为“公共服务是收入分配中最基本的公平对象，其在群体间和个体间发挥着同一‘起跑线’或‘踏板’的重要作用，只有实现基本公共服务的最大公平，保证个人‘基本能力’的平等，才能使人们享受追求自我价值实现的自由”（陈昌盛、蔡跃洲，2007）。

二 基于基本公共服务的减贫的内在机理

集中连片特困地区发展基础薄弱，振兴难度大，基本公共服务供给不足或缺失是造成这种局面的重要原因（曾小溪、曾福生，2012）。已有一些研究指出基本公共服务对贫困地区具有减贫作用，不仅可以改善贫困家庭的福利（朱玲，2004），还可以降低贫困户的脆弱性，缩小地区发展差距和农户内部差距（吕炜，2007）。而另一些研究则针对基本公共服务单个指标的益贫性进行了研究，有学者指出教育是消除长期贫困和阻断贫困代际传递的重要途径，但农村地区的教育发展长期滞后、投资不足和“教育不公”正在使教育的减贫作用减弱，甚至导致教育的减贫作用无法发挥（陈全功、程蹊，2006），但最有效的脱贫方式是关注能够撬动贫困家庭命运的支点，这其中就包括教育、医疗和就业培训等方面的内容（徐水晶，2016）；而以新型农村合作医疗、村级标准化卫生室建设等为主的公共卫生服务体系的减贫效应也比较明显，并且具有空间外溢性（邹文杰，2014），与经济发达地区相比，贫困地区的“新农合”边际受益率更高，两个地区之间的差值正在缩小，这表明国家新农合制度中的“亲贫”政策倾向正在惠及贫困地区和贫困人口（卢洪友、刘丹，2016），但新农合和农村医疗救助的实际报销比例偏低，农村贫困人口因病致贫的“灾难性”支出仍然比较大，自付费用超过了部分农户的经济承受能力，因而农民就医的经济负担依旧沉重（方黎明，2013）。如上所述，虽然已有研究指出了基于基本公共服务的减贫效应和维度，但是对基于基本公共服务的减贫的作用机理尚不清楚，笔者将在下文对此进行详细论述。

有研究认为保证公民享有基本的公共服务能够体现国家职能，并且是“提升和改善社会成员生活质量的重要举措，也是促进社会参与、建设现代社会治理体系的重要内容”（王延中、宁亚芳，2018）。所以，通过提供基本公共服务来减少贫困既是现代政府的根本责任，也是其主要职能之一。因为基于基本公共服务减贫的内在目标，基本公共服务均等化的短板在农村，尤其是深度贫困地区和深度贫困人口，这些区域和人群不仅获得的基本公共服务不足，而且也是脱贫攻坚的重点和难点所在，“均等化”的重点覆盖对象与精准扶贫的帮扶对象基本一致，而且扶贫标准和脱贫目标的设定，与基本公共服务“均等化”所包含的指标和维度也基本一致。因此，“在以中西部地区和深度贫困地区为重点推进基本公共服务均等化的过程，实质上可以被看作基于基本公共服务的减贫过程”（王瑜、汪三贵，2018）。所以，有必要对基于基本公共服务减贫的内在机理进行深入研究。

如上文所述，按照基本公共服务在减贫中可能发挥的功能，可以将基本公共服务划分为四种类型：兜底型基本公共服务、孵化型基本公共服务、延伸型基本公共服务和发展型基本公共服务，这四种类型的基本公共服务可以在减贫中针对不同人群发挥不同的减贫作用，从而有效减少和预防贫困的发生，其减贫的内在机理如图 4－2 所示。

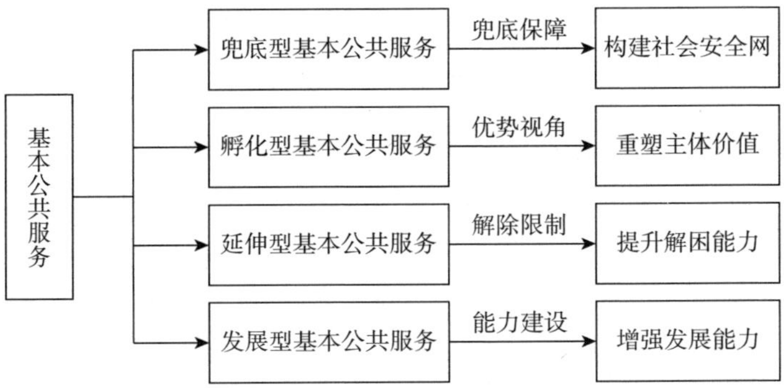

图 4－2　基于基本公共服务的减贫的内在机理

第一，能够直接回应和解决贫困人口的基本需求，帮助贫困人口改善基本生存状况，有效预防贫困人口面临的风险，并为贫困人口提供兜底保障，防止贫困人口因疾病或灾害的侵扰而再度陷入贫困。此类基本公共服务具有兜底保障的功能，完善的基本公共服务体系可以建立起一张安全的社会防护网，帮助贫困人口有效化解极端困境下的重大生存风险。

第二，基于优势视角，重新发现贫困人口的价值，充分挖掘贫困人口的优势资源，并进行“孵化”，即为其就业和创业提供机会与平台，这一类型的基本公共服务本身就带有“孵化”的功能，这些基本公共服务可以为贫困人口进一步发展提供基础性条件。

第三，增强贫困人口解“困”的能力，解除交通、居住环境和信息获取等因素对贫困人口发展的限制。一些基本公共服务具有延伸的功能，可以帮助贫困人口实现功能上的延伸与拓展，助其更好地获取便捷、快速和有效的信息与服务。此类基本公共服务可以帮助改善贫困人口生存的自然空间与社会空间，降低贫困人口的脆弱性，从而通过减少社会排斥来降低贫困发生率。

第四，可以有效提高贫困人口的自我发展能力，并阻断贫困代际传递。最有效的脱贫方式是帮助贫困者形成具有摆脱贫穷的智力和判断力，即提高可行能力。而一些具备发展功能的基本公共服务（如教育）便可以有效提升贫困人口的社会资本、经济资本和人力资本，增强贫困人口的内生动力和自我发展能力。

第四节　基于基本公共服务的减贫的政策意涵和现实关切

一　基于基本公共服务的减贫的政策意涵

基于基本公共服务的减贫作为一种理念上的倡导，其所蕴含的政策意涵是对减贫政策的重新定位。过去以开发式扶贫为主导和以保障性扶贫为辅的组合式扶贫政策取得了巨大的减贫成效，在中国减贫历史上所发挥的独特作用不容否定。但也存在一定的不足，其原因有二。一是既有扶贫举措是以开发式扶贫为主，对贫困者各方面的能力要求较高，针对那些各方面表现较好的轻度贫困人口非常有效，而对以“老弱病残”为主的贫困群体则效果不佳，因为这些人的能力、素质和资源较差，难以满足开发式扶贫的条件，开发式扶贫举措对他们难以奏效；二是贫困人口的性质和特征发生了新的变化。伴随着脱贫攻坚战的完成，中国消除了 2011 年确定的标准下的绝对贫困，解决了贫困人口的温饱问题，提升了贫困人口的绝对收入。在脱贫攻坚战取得全面胜利后，贫困人口的特征和性质也随之发生新变化，绝对贫困转向相对贫困，单维度的收入贫困转化为以基本公共服务供给差异为主的多维贫困。同时，伴随着社会主要矛盾的变化，社会发展不平衡不充分的问题不断凸显，在 2020 年以后，脱贫地区低收入人口的发展问题和脱贫攻坚与乡村振兴有效衔接将成为社会关注的重点问题。

综上所述，这便要求决策者能够及时转变减贫政策理念，持续进行制度革新，以顺应社会发展的趋势和及时回应低收入群体的最新需求。因此，这里所强调的基于基本公共服务的减贫政策意涵便是重新定位农村发展政策，期望在巩固拓展脱贫攻坚成果和全面推进乡村振兴的进程中，政府能够将基本公共服务均等化作为重要指标与乡村振兴战略目标相融合，并与巩固脱贫攻坚成果绩效考核、乡村振兴建设成效年度考核有机结合，制定基于基本公共服务的考核评估体系，促进基本公共服务惠及每一个人。

二　基于基本公共服务的减贫的现实关切

基于基本公共服务的减贫理念的提出主要是为了回应贫困人口需求的变化，即补齐农村地区的发展短板和回应贫困人口的发展型需求，最终目标是持续巩固脱贫攻坚成果和缓解相对贫困，现实关切主要表现在以下四个方面。

第一，基于基本公共服务的减贫和精准扶贫战略的目标具有内在一致性。实现“两不愁三保障”是贫困人口在2020年必须实现的脱贫目标，这一目标包含了“吃、穿、教育、医疗和住房”五个方面，而教育、医疗和住房就属于基本公共服务的范畴。国家要求在脱贫攻坚期内，要努力确保贫困人口在教育、医疗和住房方面有所保障，实质上就是推进基本公共服务建设。因为与城市地区相比，贫困地区的农民所享有的基本公共服务水平和质量相对较差，并且呈现区域差异、城乡差异和内部分化的特征，这便导致贫困人口在获取基本公共服务的能力上表现出差异。尤其是对处于深度贫困地区的贫困人口而言，他们所享有的教育、医疗保健和住房条件都是最差的，虽然已经摆脱贫困，但要想巩固拓展脱贫攻坚成果，接续推进脱贫地区的乡村振兴，还得依靠对脱贫地区基本公共服务的长期投资与建设。此外，伴随着贫困人口收入的不断增长和“两不愁三保障”减贫目标的实现，2020年以后脱贫地区农村人口的需求已悄然发生变化，从绝对贫困转化为相对贫困，贫困特征也从收入不足转向了多元福利缺失，而这种福利缺失与基本公共服务供给不足有很大关系。因此，将基于基本公共服务的减贫理念融入2020年以后政府促进脱贫地区发展的实践中，加大对脱贫地区基本公共服务的投资力度和建设步伐，这不仅是持续巩固拓展脱贫攻坚成果的现实需要，更是保证脱贫地区人口获得均等生活机会和促进脱贫地区乡村振兴的有力举措。从这个意义上讲，努力实现基本公共服务均等化也就意味着对脱贫攻坚成果的不断巩固和拓展。

第二，基于基本公共服务的减贫理念有助于理解精准扶贫框架下的福利内涵。回顾中国减贫的历史，发现自新中国成立以来，中国政府依据社会经济发展状况和自身财政状况，对贫困线进行了三次阶段性调整，并且具有不同的福利内涵（王瑜、汪三贵，2018）。第一阶段设置的贫困线为农民人均纯收入206元（按1984年的不变价200元计算），这一贫困标准仅仅只能满足贫困人口低质量的食品需求，是一个低水平的温饱标准；第二阶段的贫困线是在保留1984年贫困标准的基础上，于2001年将农民人均纯收入增加到865元（按照2000年的不变价计算），该标准是在满足贫困人口食品需求的基础上增加了部分非食品需求，此标准在2008年与低收入标准合二为一，统一使用1076元作为扶贫标准，此标准的食物支出比下降至约60%，是一种基本温饱标准；第三阶段是在2011年国务院扶贫办将贫困线提高到2300元（按照2010年的不变价计算），并且附加了“两不愁三保障”的贫困识别标准和退出标准。这一标准的改变，不仅拓展了贫困的内涵，也扩展了贫困人口应该享有的福利。如上节所述，“两不愁三保障”脱贫目标的提出是基于对贫困内涵的重新理解，认为单维度的收入贫困已经不能作为衡量贫困人口福利状况的主要标准，还需要配以其他指标，才能更加全面地反映贫困人口的福利状况。因为这一脱贫目标的提出本身就包含了对基本公共服务建设的期待，而提出基于基本公共服务的减贫理念本身也是对贫困人口福利缺失的回应。因为贫困人口所享有的福利不能仅仅使用货币价值进行衡量，还应包括非货币福利，而非货币福利的获得则依赖于基本公共服务供给的水平和质量，因而基本公共服务既是理解又是实现脱贫攻坚框架下福利内涵的重要途径。

第三，基于基本公共服务的减贫理念有助于确保贫困个体获得均等的生活机会。在脱贫攻坚期，处于集中连片特困地区的贫困人口不仅面临着严重的收入不足困境，而且所享受的基本公共服务的质量和水平也是最差的，比如信息基础设施差导致信息闭塞，交通条件落后导致行动受限，这些都极大限制了贫困人口的发展。首先，目前中国区域发展差异和城乡发展差异大，东部地区和城市地区所享有的基本公共服务质量好于中西部地区和农村地区，这便导致农户享受基本公共服务出现区域不平等和城乡不平等的问题。其次，按照精准扶贫政策识别出来的贫困户和非贫困户，所享有的福利差异也较大，贫困户可以在医疗、教育和住房等方面享有较大的优惠政策，而非贫困户却不能享受。经验调查显示，这种多种组合式扶贫政策的叠加已在部分农村地区造成了贫困户的福利堆积，引发了“福利悬崖”效应，导致非贫困户产生强烈的“不公平感”和“相对剥夺感”（易柳、张少玲，2019）。最后，农村市场经济的发展和城乡人口的流动，导致农村社会内部发生了阶层分化，在经济方面具有优势的农民进城安家落户，而在经济方面处于劣势的农户只能留守在农村，这也是导致他们享有基本公共服务的机会和质量出现不平等的原因之一。因此，提出基于基本公共服务的减贫理念的目的在于确保每一个生活在农村地区的农户都能获得均等的基本公共服务，而实现这一目标的途径便是推进基本公共服务标准化，因为标准化可以促进基本公共服务实现均等化、普惠化和便捷化，可以保障每一个贫困个体都能获得均等的生活机会。

第四，基于基本公共服务的减贫理念符合乡村振兴战略对脱贫地区的要求。为解决好新时期的“三农”问题，党的十九大做出了实施“乡村振兴战略”的重大决策部署，并提出了“产业兴旺、生态宜居、乡风文明、治理有效、生活富裕”二十字总方针，这一战略实质上是对精准扶贫战略的延续和巩固拓展脱贫攻坚成果的提前布局。2018 年初颁布的中央“一号文件”《中共中央 国务院关于实施乡村振兴战略的意见》（以下简称《振兴意见》）指出要分三个阶段实现乡村全面振兴，即“到 2020 年，乡村振兴取得重要进展，制度框架和政策体系基本形成；到 2035 年，乡村振兴取得决定性进展，农业农村现代化基本实现；到 2050 年，乡村全面振兴，农业强、农村美、农民富全面实现”[①]。《振兴意见》指出“摆脱贫困是乡村振兴的前提，坚决打好精准脱贫攻坚战对全面建成小康社会具有决定性意义”。同时，在乡村振兴战略的目标任务中提出到 2020 年“城乡基本公共服务均等化水平进一步提高，城乡融合发展体制机制初步建立”，到 2035 年“相对贫困进一步缓解，共同富裕迈出坚实步伐；城乡基本公共服务均等化基本实现，城乡融合发展体制机制更加完善”，到 2050 年实现乡村全面振兴。而这些目标的实现离不开基本公共服务均等化，因为基本公共服务均等化是乡村振兴战略建设内容的应有之义。此外，脱贫人口与其他社会阶层相比，也仍然是低收入群体，生活在基本公共服务供给水平和质量都较差的地区。所以，需要在脱贫地区推进基本公共服务均等化正是缩小发展差距、逆向补足非货币福利的重要过程，以此防止脱贫人口出现规模性返贫。因此，从这个意义上讲，基于基本公共服务的减贫符合乡村振兴战略对脱贫地区推进乡村建设的要求。

---

① 乡村振兴发展阶段的文字表述参见 2018 年中央“一号文件”《中共中央 国务院关于实施乡村振兴战略的意见》。

第五节 基于基本公共服务的减贫的地方实践

一 国家扶贫政策议程变迁：从区域扶贫开发到精准扶贫

“二战后，国际社会普遍认识到贫困绝不仅仅是经济问题，而是事关人权、安全与和平的关键要素，因而摆脱贫困也被认为是国家对其人民所必须承担的和无可推卸的基本责任。”（王鹏，2019）因此，可以说贫困是一个关乎最底层人民群众生存与发展的基本问题，国家的职能决定其必须回应和解决贫困问题。同时，这也是提升执政能力和治理能力的需要。所以，在理解贫困时，不仅要看到它是收入不足的表现，还要看到它是制度不公带来的一个社会问题，而这个社会问题需要公共治理才能解决，因为既有“理论研究和经验研究均已表明，一个国家和地区的贫困程度与其公共治理的好坏具有很强的正相关性”（张成福、王耀武，2008）。因此，贫困问题的解决还需要回归到公共治理的价值和规则上来。公共治理的核心价值不仅体现在追求经济、效率和理性，还表现为对公共价值的创造（张成福、王耀武，2008），而“脱贫致富正是涉及对社会公共利益和公共价值的权威性分配，其最终目标是推动构成‘共同富裕社会’的公平正义等实质性价值的实现”（陈振明、吕志奎，2017）。罗尔斯（1991）在其著作《正义论》中提出了关于正义的两项基本原则：“一是所有的民众必须享受基本的政治、经济和社会权利；二是社会不平等必须有利于最弱势群体的利益。”这两条原则为进行公共治理和公共价值提供了最初的政治哲学基础，它告诫政府必须关注以贫困人口为代表的社会弱势群体，使他们的基本权利得到保障，并在经济发展过程中保障他们的社会地位和福利水平不受损害（张成福、王耀武，2008）。同时，从现代政府理论来看，“现代政府是由公民选举组成的，公共责任是它的逻辑起点，而公共责任来源于公民的授权或委托，并建立在公民与政府间的政治契约基础上。因此，政府作为一个公共组织，它的根本责任就是为公民提供有效的公共产品或服务，这是政治契约对政府终极价值的根本要求，也是巩固其合法性的根本理由”（吴业苗，2010）。

新中国成立以来，中国政府就极其重视贫困问题，从小规模救济到成立国家层面的贫困治理机构，以专门负责统筹和协调全国贫困治理事务，都体现了贫困治理中的国家意志（邢成举，2014a）。自1986年国务院贫困地区经济开发领导小组成立以来（1993年改称为国务院扶贫开发领导小组），便进入大规模、有计划和有组织的开发式扶贫阶段，国家出台了诸多有力政策支持贫困地区的发展，扶贫瞄准的范围进一步缩小，从区域到县，从县到村，再到农户，扶贫政策从关注区域经济发展，到更加关注贫困个体的自我发展能力建设。这些政策主要包括以工代赈、整村推进、产业扶贫等多种扶贫政策。在不同的社会发展阶段和减贫阶段，国家为回应贫困人口的新需求和新特征，不断转变扶贫理念，适时调整扶贫政策议程的方向，以提高扶贫瞄准的精准度和扶贫资源的利用效率，让更多的贫困人口获得发展。中国政府在减贫过程中始终坚持"实事求是，因时因地做出变迁"的原则，在不同的历史发展阶段，依据国民经济社会的发展情况和贫困人口的特征，不断调整农村扶贫开发战略，进而不断完善扶贫开发政策与制度体系。从扶贫瞄准的范围来看，先后经历了以区域、县级和村级，再到户为单位的变迁，而扶贫政策也随之发生了重大变迁。本节内容主要回顾国家扶贫政策议程的演进及其时代背景、减贫目标与减贫效应，检视既有国家扶贫政策和制度设计的不足，从而思考2020年以后发展型社会政策的改进方向。

20世纪80年代启动的开发式扶贫最早以区域为单位进行经济开发，间接带动贫困人口脱贫，实质上区域开发式扶贫是一种通过促进贫困人口集中区域优先发展的方式来实现减贫的方法（汪三贵、曾小溪，2018），这种减贫方式为区域内所有农户提供了增加收入的机会，但只有具备劳动能力和发展意愿的贫困人口抓住了这一机会，他们依靠自身的能力和主动脱贫的意愿提升了收入，从而摆脱了贫困。而这一扶贫开发举措针对有劳动能力但无劳动意愿的贫困人口而言，是无法惠及的（贺雪峰，2018）。有鉴于此，国家进一步调整了扶贫开发政策，在区域扶贫开发的基础上，将县域作为扶贫开发的优先单元，开始以县为单位进行扶贫瞄准，这样做的原因在于：一是无论以何种方式和标准进行衡量，县域是贫困人口最为集中的地方；二是县域作为承上启下的重要层级，具备完整的行政区域和组织结构，可以节省政策执行和项目开发的成本；三是在中央财政支持能力有限的条件下，选择贫困程度较深的县进行扶持，既符合社会经济发展规律，又可以提高财政的使用效率；四是以县域作为扶贫单位，具有清晰的行政职责与管辖边界，便于实施考核、监督和管理，提高扶贫治理的行政效能（汪三贵、曾小溪，2018）。

但是，到21世纪初，伴随着大部分绝对贫困人口解决了温饱问题和贫困人口越来越向农村地区集中，此时以县为瞄准单位的扶贫开发策略的减贫效应开始下降（刘艳华、徐勇，2018）。有学者开始批评以县为单位进行扶贫的弊端，指出仅仅以贫困县为瞄准单位，会导致非贫困县贫困人口的漏出。因此，国家又进一步调整扶贫开发的政策，开始以村为单位进行扶贫瞄准，在全国范围内确定了14.8万个贫困村[①]进行“整村推进”，扶贫区域从贫困县扩展到一些非贫困县的边远山村，因为当贫困人口越来越少时，贫困县内的扶贫资源分配容易外溢到非贫困人口，但非贫困县的贫困人口面临着被排斥在外的窘境，从而造成扶贫效率的下降（汪三贵、曾小溪，2018）。为配合“整村推进”的顺利进行，将农村劳动力培训转移和产业化扶贫作为配合策略共同推进，俗称“一体两翼”，这一扶贫模式的实施提升了扶贫资源的瞄准度和减贫的效率。但这一扶贫策略在实践中仍遭遇了困境，如扶贫资源在下乡过程中往往会被精英所俘获（邢成举，2014b），有学者发现贫困村的瞄准错误率远高于以贫困县为单位的瞄准错误率，村级瞄准覆盖的贫困人口则更少，这便会导致扶贫政策的减贫效应严重下降（汪三贵等，2007）。实际上，大规模减贫阶段所取得的巨大成就主要得益于经济发展的推动，特别是农村和农业经济的发展，而具有针对性的开发式扶贫投资只起到补充作用（汪三贵，2008）。因此，在进入21世纪之后，在开发式扶贫政策之外，国家又针对特殊困难群体出台了以社会救助、农村最低生活保障制度为代表的保障性扶贫措施，以此来弥补开发式扶贫的短板。

《中国农村扶贫开发纲要（2011～2020）》实施以后，为避免扶贫资源的漏出，使扶贫资源的分配精准到户到人，国家制定并实施了“精准扶贫战略”。此战略指出要针对不同的区域环境、不同的致贫原因，采取不同的扶贫策略，分类施策，强调运用科学有效的程序对扶贫对象进行精准识别、

---

① 根据国务院扶贫办的测算，利用参与式贫困指数（PPT）在全国范围内确定了14.8万个贫困村，占全国行政村的21.4%，贫困村贫困人口占总贫困人口的83%。

精准帮扶和精准管理。也就是说，精准扶贫针对的贫困对象是因多种致贫因素陷入贫困的人，而不是传统意义上的收入低下者（虞崇胜、余扬，2016）。这一扶贫战略最大的特点就是“谁贫困就扶持谁”，这也是基于这一阶段贫困人口的分布特征、致贫原因和发展需求等现实情况而做出的抉择。同时，经济发展的益贫性在下降，也就意味着在贫困地区内部贫困人口很难再从区域经济发展中获益，且在扶贫资源没有直接瞄准贫困户的情况下，扶贫资源在下乡的过程中容易遭受“精英俘获”，从而造成非贫困目标群体的挤入和贫困目标群体的漏出，出现“帮富抑穷”的现象，即在贫困村内受益的主要是富裕农户（汪三贵、Park，2010），这也就意味着区域扶贫开发在缩小地区间发展差距的同时，加剧了贫困地区内部的收入不平等（李小云，2013）。从区域扶贫开发转向精准扶贫，因户因人施策进行贫困治理，实现扶贫资源的精准匹配，是完成 2020 年脱贫攻坚目标的一种必然选择。但是，在国家扶贫政策议程转变过程中所蕴含的扶贫理念值得深入研究，以及 2020 年以后如何完善现有的制度与政策，更好地巩固拓展脱贫攻坚成果和促进脱贫地区乡村振兴，都是亟须研究的重要课题。

上文简单回顾了中国扶贫政策议程演进的过程，发现在不同的减贫阶段，政府采纳了多种不同的扶贫手段，显示出不同的贫困治理模式。一般而言，可将其归纳为两种模式：一种是基于市场的发展型治理；另一种是基于权利的保护型治理（李小云，2013）。前者主要是以市场为基础的治理机制，前期主要得益于制度管制的放松和市场化改革的推进，扶贫成就的取得在很大程度上来源于经济增长的益贫性；后期主要得益于政府通过行政手段对区域和农户在经济发展中产生的不平等进行调节，而与基于市场的发展型治理不同，保护型的扶贫治理不是基于市场，而是基于权利均等的原则，设置了严格的准入机制和退出机制，并制定了科学的瞄准机制，从而保证扶贫资源的公平分配与高效使用（李小云，2013）。这两种贫困治理模式并不是完全独立的，而是在不同的减贫阶段兼而有之，尤其是进入 21 世纪以来，我国贫困人口特征发生新变化，农村扶贫战略进入“开发式扶贫”和“保护式扶贫”并举的综合扶贫阶段，扶贫手段更加多元和复杂，扶贫治理模式也呈现两者混合并行的状态（李小云、于乐荣、唐丽霞，2016）。虽然这两种模式在我国贫困治理中发挥了重要作用，但伴随着我国农村贫困治理格局的新变化，这两种贫困治理模式也面临着一些共同的治理困境，如何设计瞄准机制和如何促进扶贫资源有效传递到真正的贫困人口手中这一问题始终未得到有效解决（李小云，2013）。同时，从区域扶贫开发到精准扶贫，所瞄准单位虽逐渐缩小，提高了扶贫效率，但以户为单位的识别机制，仍然存在缺陷，这一机制忽视了家庭结构和性别结构对贫困个体的影响，导致家庭内部的个体贫困被“掩盖”，这不仅包括贫困户家庭内部的个体，也包括非贫困户家庭内部的个体。从一定意义上讲，精准扶贫还存在一些不足，这些问题将在下文进行详细讨论。

二　国家扶贫政策框架内 A 县的补充政策

地方政府的贫困治理创新，可以被称为一种“有指挥的即兴发挥”，即地方政府在坚决贯彻执行中央政府制定的政策原则和基本框架的前提下，可结合地方政府的实际情况出台适应性政策和补充性政策。以国家实施的精准扶贫战略为例，来检视地方政府在贫困治理过程中的自由裁量，发现各地方政府需要按照中央政府的统一部署，在脱贫攻坚期内通过“五个一批”的举措来消除绝对贫困，即发展生产脱贫一批、易地搬迁脱贫一批、生态补偿脱贫一批、发展教育脱贫一批和社会保障兜底一批①，这五种举措也由此构成了国家实施精准扶贫战略的基础性扶贫举措，各地方政府在严格贯彻落实的基础上，也可以结合各地实际情况出台地方性举措和补充性政策。

A 县在脱贫攻坚进程中，积极召开扶贫开发工作领导小组会议，不断完善脱贫攻坚指挥部的架构，明确在脱贫攻坚指挥部办公室下设综合协调组、项目资金整合组、基础建设推进组、行业和社会扶贫促进组、调研宣传组和督导考核组等 6 个工作组，并结合本县实际出台了“八个一批”脱贫攻坚基本政策（见表 4 – 6），来助力本县的脱贫攻坚。但需要指出的是，这“八个一批”政策并非完全意义上的政策创新，而是在国家扶贫政策框架内对原有政策的扩展，或加强其中某一项政策，或补充其中某一项政策。此外，A 县为了进一步夯实脱贫攻坚责任，及时召开了“十三五”农村脱贫规划编制工作培训会，要求各部门紧紧围绕“县摘帽、村退出和人脱贫”

① 这五种扶贫举措是《中共中央 国务院关于打赢脱贫攻坚战三年行动的指导意见》中明确的五种主要脱贫方式。

的目标，以问题为导向做好规划，着眼考虑贫困人口稳定增收和解决“两不愁三保障”等重点问题。同时，在县脱贫攻坚指挥部又成立了易地搬迁脱贫办公室、特色现代产业脱贫办公室、就业创业脱贫办公室、生态建设脱贫办公室、教育脱贫办公室、健康脱贫办公室和社保兜底办公室，分别研究制定全县易地搬迁、特色现代产业、就业创业、生态建设等方面的政策，通过扎实推进“八个一批”政策，确保全县如期实现脱贫。

表 4－6 A 县“八个一批”脱贫攻坚基本政策

政策名称	帮扶的主要方式和内容	重点帮扶对象	减贫的维度
发展特色产业脱贫一批	（1）金融支持/资金支持/项目扶持/用工奖励/表彰奖励；（2）贫困户自主发展产业的奖补/贴息贷款	（1）有发展能力和发展意愿且与贫困户建立利益联结机制的农业园区、合作社和大户等经营主体；（2）有发展意愿并且具备发展能力和条件的贫困户	增加收入
实施易地搬迁脱贫一批	集中安置为主/分散安置为辅	生存条件恶劣、生态环境脆弱和自然灾害频发的贫困户	保障基本住房
实施生态建设脱贫一批	生态护林员政策/生态补偿政策/退耕还林还休政策/造林补贴	有劳动能力的贫困户/公益林所有者/退耕还林还草农户/贫困村造林主体	改善生存环境和增加收入
加强教育扶贫脱贫一批	十三年免费教育/营养改善计划/免费技能培训/学生资助政策	建档立卡贫困户和特困供养家庭的在校学生	减少支出和阻断贫困代际传递
落实兜底保障脱贫一批	农村最低生活保障/特困供养/医疗救助/临时生活救助/残疾人两项补贴	无劳动能力或弱劳动能力，或因其他原因陷入生活困难的人	保障基本生存
引导劳务创业脱贫一批	就业交通补贴/公益性岗位/贫困大学生就业见习/培育社区工厂/就业扶贫基地/创业担保贷款/一次性创业补贴/双扶培训等	有劳动能力和劳动意愿的贫困户/有创业意愿和创业能力实现自主创业的建档立卡劳动力贫困户	增加收入和进行人力资本开发
开展健康扶贫脱贫一批	新农合基本医保/新农合大病保险/民政医疗救助/大病补充商业保险/县级医疗救助专项资金/社会慈善捐助	因病致贫的贫困户和非贫困户，差别在于贫困户医疗报销比例略高于非贫困户	减少支出和提高人力资本质量
实施金融扶贫脱贫一批	“5321”扶贫小额信贷*	有贷款意愿、就业创业潜质、技能素质和一定还款能力的贫困户	提供资金和增加收入

* “5321”扶贫小额信贷：贫困户 5 万元以下贷款，在 3 年以内，免抵押、免担保和扶贫贴息。

资料来源：根据当地扶贫部门提供的资料整理而成。

以上便是A县在国家扶贫政策框架内，依据当地实际情况和发展条件制定实施的地方性扶贫政策，在国家提出的“五个一批”减贫举措之外，A县又增加了“三个一批”扶贫举措来助力当地的脱贫攻坚。其中，大部分政策都是对国家扶贫政策的落实、补充和拓展，因为在脱贫攻坚实践中已基本形成中央统筹、省负总责和市县抓落实的工作机制，县级政府承担着脱贫攻坚的主体责任，负责脱贫攻坚政策的具体实施、进度跟进、人才调配和项目落地等，在具体实践中可结合县域经济社会发展实际和脱贫攻坚的具体情况，依据国家扶贫开发工作的指导意见，制定实施适应性的地方政策，以体现地方政府治理的灵活性。所以，A县出台的脱贫攻坚扶贫政策并不限于以上内容，在“八个一批”政策之外，还根据国家的相关政策实施了一些补充性政策，用以助力当地的脱贫攻坚（见表4－7）。

表4－7　A县“八个一批”政策之外的扶贫政策

政策名称	减贫的维度	是否为地方政策	重点帮扶对象
资产性收益扶贫政策	增加收入	否	弱能和失能贫困户
农村危房改造政策	保障基本住房条件	否	贫困户、低保户、农村分散供养特困人员和贫困残疾人家庭
城乡居民基本养老保险政策	预防风险	否	县域内全体老年人
扶贫互助资金政策	提供资金支持和增加收入	是	建档立卡、有发展愿望和发展能力，且资信良好的贫困户

以上简单回顾了地方政府在进行贫困治理时所采取的一些政策，实际上这些政策都是在国家扶贫政策框架内进行的微调和拓展，并没有脱离国家扶贫政策的指导性意见和基本原则，但这种治理机制赋予了地方政府一定的自由裁量权，体现了地方治理的灵活性。

此外，A县在国家提出的“两不愁三保障”减贫目标的基础上，还增加了一项减贫目标，即“养老有保障”，故A县在国家减贫目标的基础上，制定的地方政府的减贫目标为“两不愁四保障”①。这一做法丰富了地方减贫的目标，但减贫目标在这一维度上的增加与笔者在实地调查中观察到的

① 按照当地政府文件中的提法，“两不愁四保障”指的是不愁吃、不愁穿，保障义务教育、基本住房、医疗、养老。

农村事实相符合，贫困地区的农村留守老人确实面临着严峻的养老问题。家庭养老功能的弱化，导致“养儿难以防老”这一问题在贫困地区越来越普遍，而社会化养老服务体系还不完善，导致贫困地区的养老服务供给缺口比较突出，在有序推进精准扶贫与乡村振兴有效衔接的关键时期，这一问题应该引起足够重视。值得庆幸的是，这一问题已受到A县的重视，并在其精准扶贫治理实践中已开始探索解决方案。

第五章
能力提升：基于基本公共服务的减贫的基本维度

第一节　基于基本公共服务的减贫：何以可为？

上文对基于基本公共服务的减贫理念、政策意涵、现实关切和减贫机理进行了深入讨论，即解决了基于基本公共服务的减贫何以可能的问题，本节将着重讨论基本公共服务在哪些维度和层次上有助于减贫，即基于基本公共服务的减贫何以可为的问题。在第三章谈到对贫困概念的再认识时，提出应该从基本公共服务的视角来理解贫困及其成因，因为贫困不仅意味着收入不足，更意味着机会和能力遭受剥夺，而究其原因在于基本公共服务供给不足所致。基本公共服务视域下的贫困内涵认为贫困常常受到个体因素和环境因素的双重影响，这两种因素之间的互构使贫困者表现出很强的异质性，而这种异质性因素常常会导致个体陷入基本公共服务贫困，即机会缺失和能力不足。这种贫困一般表现为外显的多维行动困境和内化的发展能力不足，值得强调的是这种“机会缺失”和“能力不足”在不同类型的贫困人口之间表现不同（见表 5－1），但他们陷入贫困的本质原因是相同的，主要是因为无法获得均等的生活机会，且不同类型和层次的贫困人口所需的“机会”和“能力”有所差异。

表 5－1　基本公共服务与不同类型的贫困人口

基本公共服务类型	不同类型和层次的贫困人口	减贫的维度与层次
兜底型基本公共服务	无劳动能力或因重大灾害陷入极端困境	构建社会安全网，为其提供兜底保障和防止返贫
孵化型基本公共服务	有劳动能力和发展意愿，但缺少社会支持	重新发现贫困者个体价值，为其“起飞”创造条件

续表

基本公共服务类型	不同类型和层次的贫困人口	减贫的维度与层次
延伸型基本公共服务	受制于环境制约，但具备发展能力与发展意愿	提升贫困人口的解困能力，实现功能上的延伸与拓展
发展型基本公共服务	享受教育、健康服务不足或质量较差的群体	增强发展能力，阻断贫困代际传递，并实现内源式发展

资料来源：此表为笔者自制。

本书提出四种不同的基本公共服务类型主要是针对不同类型和层次的贫困人口。总体来讲，基本公共服务至少在四个维度上有助于减贫：一是构建社会安全网，提供兜底保障和防止返贫；二是重新发现贫困个体的价值，“孵化”并为其“起飞”创造条件；三是提升贫困人口的解困能力，实现功能上的延伸与拓展；四是增强贫困人口的发展能力，阻断贫困代际传递并实现内源式发展。基于基本公共服务的减贫是一个纵跨层级和横跨领域，具体落实到实践中可从四个层次上实现减贫：国家层面应该负责制定基本公共服务的标准、规则和框架，面向社会及时公布服务项目、支付类别、服务对象、质量标准、支出责任和牵头单位等；行业部门主要负责制定本行业领域内基本公共服务的标准体系、实施方案和软硬件标准，出台保障行业标准落地实施的具体举措；地方政府应该根据国家基本公共服务标准和各行业领域标准规范，结合本地区经济发展、空间布局、人口结构和文化习俗等因素，制定本地区基本公共服务具体实施标准；基层应该面向服务对象提供便捷、实用和可及的基本公共服务，并结合实际建立起服务指南、行为规范、质量承诺和绩效评价等制度。

下文将从四个维度和层次论述基本公共服务何以减贫的问题，顶层设计、制度规范和政策制定固然重要，但保障基本公共服务有效传递到贫困人口手中才是发挥基于基本公共服务的减贫的关键。因此，如何保证基本公共服务在“最后一公里”有效传递到贫困人口手中，这是一个必须解决的课题，下面将针对这些问题展开详细的讨论。

第二节　兜底型基本公共服务：着力构建社会安全网

一　“困中之困”：兜底脱贫人口的特征及属性

党的十八大以来，我国将脱贫攻坚摆到治国理政的新高度，实施了精准扶贫战略，实现了扶贫资源的精确配置，提高了扶贫效率。国家统计局的调查数据显示，截至2020年底，我国2011年确定的标准下的9899万农村贫困人口全部实现脱贫，贫困县全部摘帽，绝对贫困历史性消除[①]。自实施精准扶贫战略以来，我国贫困人口连年大幅减少，贫困发生率显著下降，2020年底已经取得了脱贫攻坚战的全面胜利。然而，在全面推进乡村振兴之际，脱贫地区的扶贫成果巩固仍面临一些挑战，因为在脱贫地区有部分脱贫人口以“孤寡老人、长期患病者、残疾人和文化水平偏低且缺乏就业技能的贫困人口”为主（朱薇，2019），这些人口虽依靠政府兜底摆脱了贫困，但仍有以下几个方面的脆弱性。

一是弱劳动能力或无劳动能力，并且无法直接参与开发式扶贫项目。“老弱病残”这一特征决定了此类人群具有很高的脆弱性，根据国家统计局的数据，2018年底依据年龄五等分组来计算贫困发生率，发现这二者之间呈现两边高中间低的特征，17岁以下青少年儿童的贫困发生率为2.2%，60岁以上老人的贫困发生率为2.2%，这说明农村老人和儿童贫困发生率相对较高[②]。这部分群体只能依靠资产收益扶贫、最低生活保障制度和五保制度等来保障基本生存，而无法参与劳动获益（如案例5-1所示）。但是，在实地调查过程中发现资产收益扶贫仍存在一些困境，比如资产收益水平低、防范机制不健全、动态管理机制和“益贫机制”不完善等，都决定着资产收益扶贫的不稳定性，而弱劳动能力和无劳动能力的人群收入水平本身就很低，一旦收益分红出现波动，且没有其他替代性收入支持的情况下，他们的基本生存势必会受到影响，甚至返贫（李卓、左停，2018b）。此外，农村“低保”名额的分配也面临着“精英俘获”和“异化为村庄治理工具”的问题（刘娟、陆继霞、叶敬忠，2012），且存在大量的“人情保”和“关系保”，在脱贫攻坚期内，为了完成脱贫攻坚任务，在乡镇部门的监督和持续施压之下，村庄“低保”名额分配已经向建档立卡贫困户倾斜，并将其作为一种补偿性收入算进了贫困户收入。但伴随着精准扶贫的结束，村庄治理很有可能再次回归到“乡土规则”为主的阶段，这些人群在村庄竞争中是否还能够获得“低保”名额，有待进一步考察。

---

① 数据来源于《中华人民共和国2020年国民经济和社会发展统计公报》。

② 年龄的五等分组分别是：0~20岁、21~40岁、41~60岁、61~80岁、81岁及以上，此处的数据来源于《中国农村贫困监测报告（2019）》（国家统计局住户调查办公室，2019）。

案例 5 -1：残疾人基本公共服务供给不足或缺失

ZKM，男，40 岁，建档立卡贫困户，跟随父母生活，其父母均已近 70 岁。ZKM 20 年前因家里穷外出务工，在山西的煤窑干活时发生意外，腰椎受损，造成全身瘫痪，生活不能自理，一直卧床在家，大小便都需要父母帮助处理，属于残疾人贫困户。父母年迈，近年来照顾他已经略显乏力，考虑到他家里的特殊情况，村里为其父母申请了低保。他属于特困供养人员，可以享受残疾人两项补贴，但该补贴的额度比较低，不能满足他和父母的生活需要。父母常年在家务农，也无其他收入来源。（访谈编号：20190411）

二是家庭结构复杂或残缺，家庭无法为其提供充足的支持。贫困人口中有一部分是因为家庭结构破碎或残缺所导致，家庭成员本身就没有能力照顾自己，更无法实现相互照料了。家庭和个人弱势的累积与叠加，导致这些人群深陷贫困泥沼，面对这样的家庭，帮扶政策应该更加精准和更加全面地帮扶家庭中的每一位成员。然而，既有扶贫政策忽视了家庭结构与贫困之间的关系，以“户”为单位进行识别虽比之前更加精准，但仍没有关注到个体贫困，家庭中的个体贫困往往被以“户”为单位的识别标准掩盖了。案例 5 -2 就是一个典型的家庭结构残缺，且个体贫困被掩盖的贫困户：老人儿子离世，女儿远嫁，几乎无收入来源，仅依靠务农维持基本生存，脱贫主要依靠政府的转移支付收入。精准扶贫结束后，在专项扶贫政策减弱的情况下，该户有可能再次陷入“贫困—脱贫—返贫”的恶性循环。

案例 5 -2：养老服务供给不足与家庭养老服务的减弱

FDX，男，建档立卡贫困户，独居老人，唯一的一个儿子已经去世，女儿远嫁，现在亦无法照顾老父亲。FDX 是独自生存的老人户，基本上依靠务农维持生计，生活保障性较差，而依靠子女赡养也基本不可能。当地的村干部表示尚未为其办理低保，此户脱贫难度较大。（访谈编号：20190413）

三是文化水平偏低且劳动技能匮乏，只能从事收入水平较低的体力劳动。改革开放 40 多年来，中国经济取得了举世瞩目的成就，而在此过程中农村经济的快速发展，也让那些具有劳动技能和具备强烈发展意愿的人获得了发展机会，他们通过发挥自身的优势不仅摆脱了贫困，而且实现了致富，这便是经济发展益贫性的一个重要体现。而那些发展能力弱、劳动技能弱和发展意愿不足的人被“甩”在了时代的后面，即使国家实施了开发式扶贫政策，也没能改变其贫困处境，有部分群体始终处于长期贫困状态，这部分群体已经演变成深度贫困人口。根据国家统计局发布的相关数据，2018 年底户主受教育程度为文盲的群体中贫困发生率为 6.5%，户主受教育程度为小学的群体中贫困发生率为 2.4%，户主受教育程度为初中的群体中贫困发生率为 1.2%，户主受教育程度为高中及以上的群体中贫困发生率为 0.9%①，这说明受教育程度与贫困发生率成反比，受教育程度越低的群体贫困发生率越高。此外，还有数据表明在农村地区仅有 22.7% 的农村劳动力接受过技能培训，这说明大部分农村贫困人口仍然缺乏技能培训。进入脱贫攻坚成果巩固拓展的关键阶段，脱贫人口已经无法依靠开发式帮扶举措获得可持续发展，而只能依靠更加丰富多元的帮扶举措来实现脱贫目标。

以上特征决定了兜底脱贫人口的脆弱性，在脱贫后这些人群依旧无法依靠常规的开发式项目实现发展。因为开发式帮扶举措主要针对有劳动能力和劳动技能的人口，对知识、技能和资本等要求较高，而剩余贫困人口主要以弱劳动能力和无劳动能力人口为主。而且伴随着“轻度贫困人口”逐步实现发展，开发式帮扶举措的带动效应也在不断下降。因此，兜底脱贫人口只能通过保障性帮扶政策予以兜底才能帮助其获得可持续发展的力量（黄树贤，2018），因为保障性帮扶举措不仅能够保证脱贫人口的基本生活，还能促进脱贫地区经济发展和平衡不同阶层之间的收入分配（朱薇，2019）。

二 “防线”前移：防止潜在贫困人口陷入贫困

自从中国设立专门的扶贫机构和第一条贫困线以来，我国贫困人口主要以单维度收入不足进行识别。按照 2011 年确定的贫困识别标准，农民人均纯收入低于 2300 元且无法实现“两不愁三保障”，即为贫困人口。这一贫困识别标准虽比以往的贫困识别标准更高，且扩展了贫困的内涵，从单

① 数据来源于《中国农村贫困监测报告（2019）》（国家统计局住户调查办公室，2019）中对贫困发生率在不同群体中分布的相关统计。

一维度走向了多维度，但收入不足仍是衡量贫困的核心指标。A 县在坚持国家贫困识别标准的前提下，制定了略高于国家贫困线的识别标准，按照这一标准，在 2017 年家庭人均纯收入低于 3015 元，即可被识别为贫困户（见表 5－2）。但是，在集中连片特困地区，贫困往往表现为区域性整体贫困，农户之间的生活状况差距较小，略高于贫困线的非贫困户的农户，其生存状态未必就好于建档立卡贫困户，而这些非贫困户往往处于贫困的临界点上，收入略高于贫困线但生活状态却与贫困户无差异。过去的扶贫政策针对这一部分群体并没有相应的支持，导致这一群体成为边缘人口和潜在的贫困人口。

表 5－2　A 县的贫困识别标准

指标	识别标准
收入（核心指标）	农民人均纯收入按照低于 3015 元（2010 年 2500 元不变价）的省级扶贫标准，同时将农民人均纯收入低于 2855 元（2010 年 2300 元不变价）的国家扶贫标准下的贫困户区分开来
“两不愁四保障”	吃穿不愁（包括安全饮水），义务教育、基本医疗、住房安全，养老未得到有效解决
附加要求	对于与法定赡养人分别立户且需要纳入建档立卡范围的农户，必须选择一个法定赡养人家庭一并纳入识别范畴，共同识别

资料来源：笔者根据当地扶贫部门提供的资料整理。

另外一个潜在贫困群体便是农民工，但当前无论是学界还是政府，都将关注的重点放在了农村贫困问题上，而对城市贫困和作为“两栖人口”的农民工贫困问题关注较少，也没有出台专门的政策来预防和干预城市贫困与农民工贫困。在实地调查过程中发现，外出务工已经成为当地贫困户脱贫的重要途径，在农村家庭中，如果有壮劳力在外打工，此家庭一般不会陷入贫困；而在贫困户的帮扶措施中“动员家庭成员外出务工”已经成为一个重要的帮扶方式。在计算贫困户收入时，一般也会按照打工地的最低工资，按月足额计算，外出务工已经成为当地衡量一个农村家庭是否贫困和能否脱贫的关键变量。但是，社会转型和国际发展环境复杂多变给农民工的就业环境、工资水平和就业质量带来了冲击，而农民工就业的稳定性直接影响其收入的稳定，这又将直接影响脱贫攻坚成果的巩固和全面推进乡村振兴的步伐。如果农民工因为经济波动而陷入失业或者在外务工期间意外致残，在还没有健全社会保障体制的情况下，这些人群就非常容易陷入贫困或者返贫（李卓、左停，2018a）。

因此，从这一群体的脆弱性和面临的社会风险角度来讲，农村的边缘群体和农民工群体都是潜在的贫困人口，但过去的减贫机制和扶贫政策并未关注到这些群体的贫困问题，还是以解决农村绝对贫困为主。在已经全面打赢脱贫攻坚战的基础上，2020 年以后应该将关注的焦点转向城市贫困和农民工贫困等潜在贫困人口，提前建立防贫预警监测机制和新的贫困治理机制，并通过兜底型基本公共服务有效化解潜在贫困人口面临的各种风险，防止贫困再生产。

三　提供兜底保障：构建有效的风险规避机制

在提到精准扶贫的帮扶措施时，习近平总书记强调要把“社会保障兜底一批”作为精准到户的重要内容予以实施，兜底保障由此成为“五个一批”的重要内容之一，但需要强调的是此处所讲的兜底保障主要是指以农村最低生活保障制度（简称“低保”）和“五保”制度为主，以其他社会救助制度为辅的兜底保障扶贫方式。学界对兜底保障中“兜底”的含义理解不尽相同，但归结起来主要有三种观点，即发展干预顺序上的“底”、贫困群体分类上的“底”和“家庭—集体—国家”主体顺序上的“底”（左停、贺莉、赵梦媛，2017）。发展干预顺序上的“底”主要是指在其他开发式扶贫举措不奏效时采取的一种兜底脱贫方式；贫困分类群体上的“底”主要被理解为没有劳动能力的群体，即“其他扶贫举措帮扶的对象是具有劳动能力的，低保和‘五保’等则针对无劳动能力的群体”；“家庭—集体—国家”主体顺序上的“底”主要指的是在家庭和集体均无法为贫困个体提供支持时，就应该由国家来为其“托底”，即“提供最低生活保障”（左停、贺莉、赵梦媛，2017）。

在实地调查的过程中发现，地方政府已经针对特定的贫困群体制定了“兜底型”措施，如 A 县所在市已经制定了《残疾儿童康复救助实施方案》，方案提出“到 2020 年建立与全面建成小康社会目标相适应的残疾儿童康复救助制度体系，基本实现残疾儿童应救尽救，到 2025 年残疾儿童救助体系更加完善”①。此方案要求所有的县区都要将残疾儿童康复救助资金纳入政

① 此部分的相关论述摘自 A 县所在市颁布的《残疾儿童康复救助实施方案》。

府财政预算，同时动员社会力量参与，多渠道筹集康复救助资金，并确定一所公益性残疾儿童定点康复机构，这便为开展残疾儿童救助工作提供了资金和制度保障，这些举措在解决儿童贫困问题上发挥了重要的兜底保障作用。

如上文所述，兜底型基本公共服务一般包括基本养老服务、残疾人公共服务、儿童社会福利、社会救助、社会保障和基本住房保障等内容，这些基本公共服务在脱贫攻坚期内既可以解决贫困人口的基本需求，也可以保障贫困人口的基本生存与发展需求。但需要强调的是，这些兜底型基本公共服务不仅是特殊类型贫困人口脱贫问题的关键之举，还是预防潜在贫困人口滑入“贫困陷阱”的有力举措。也就是说，在脱贫攻坚期内可以有效防止脱贫人口再次返贫，在脱贫攻坚结束后可以预防低收入群体或潜在贫困群体滑入贫困。在这一点上，笔者所调查的 A 县已经在 2017 年制定了《A 县社会保障兜底脱贫实施方案》，在此方案中 A 县提出要深入贯彻落实省市关于脱贫攻坚兜底保障的指导意见，全面实施社会保障兜底脱贫，此方案提出了如下目标：

> 1. 应保尽保、托住底线。确保所有“两无”（无业可扶和无力脱贫）贫困人口、暂时不能脱贫人口和其他符合条件的农村群众全部纳入社会保障和社会救助范围，切实保障其基本生活。
>
> 2. 加大力度、提高水平。加大投入、提高标准、健全机制、强化措施，统筹推进以最低生活保障、特困人员供养为基础，医疗救助、灾害救助、临时救助为补充的社会救助体系建设，提高社会保障、社会救助和管理服务水平。
>
> 3. 加强衔接、织密网络。完善制度体系，扫除救助盲区，补齐保障短板；加强制度衔接，形成各项保障救助制度各有侧重、互为补充、合力保障的良好格局。

《A 县社会保障兜底脱贫实施方案》中提到要采取以最低生活保障和特困人员供养为基础，以医疗救助、灾害救助和临时救助等措施为补充的多维政策。同时，强调保障范围在重点向失能和弱能贫困人口倾斜的基础上，也扩大到其他符合条件的农村居民。这一原则不仅强调了要对建档立卡贫困户中“无业可扶和无力脱贫”的人员进行重点帮扶，还强调要将保障的对象扩展到其他符合条件的非贫困户，这样就将兜底保障政策的包容性进行了拓展，体现了这一政策的公平性所在。《A 县社会保障兜底脱贫实施方案》提出兜底保障的范围：

> 凡具有本县农业户口、共同生活的家庭成员，上年度年人均纯收入低于当地农村低保标准的农村居民，以及因病因灾返贫的困难群众全部纳入当地农村低保范围，据实保障、应保尽保。坚持确保所有“两无”（无业可扶和无力脱贫）贫困人口，暂时不能脱贫人口和其他符合条件的困难群众全部纳入保障范围。同时，要严格按照标准落实好渐退帮扶和分类施保措施，切实做到保障对象有进有出，补助水平有升有降。

A 县在制定《A 县社会保障兜底脱贫实施方案》的时候就已经明确要提高农村低保的标准，当地政府采取这一做法的主要目的是确保农村贫困群众的基本生活水平与全面小康社会相适应，并且强调从 2016 年 10 月 1 日起，就将全县农村低保标准从每人每年 2500 元提高到 3015 元，与扶贫标准相一致，实现了“两线合一”。并且强调要落实分类施保政策和实施渐退帮扶措施，确保政策能够精准落地，有针对性地帮扶每一个贫困户，其具体内容如下：

> 落实分类施保政策。对最低生活保障家庭中的重病患者、重度一级或二三级伤残、70 岁以上的老人、14 岁以下儿童、单亲未成年人（父母一方离异）或（父母一方死亡）、哺乳期妇女（孩子出生到满周岁）和非义务教育阶段学生等重点救助对象，实施分类施保，增加保障金额。
>
> 实施渐退帮扶措施。从 2016 年起，通过自身努力或政策帮扶等原因，收入已超过农村低保标准但不稳定的农村低保对象，按原标准继续保障一年，并对家庭中有智力、精神、肢体和视力一、二级重度残疾成员的再延长保障半年（共 18 个月），对有其他类别等级残疾成员的再延长保障一季度（共 15 个月），有多个残疾成员的家庭按残疾程

度最重的一个计算延长期限，以巩固扶贫措施带来的“造血”效果。

A县采取分类兜底的政策和渐退帮扶的政策是符合具体问题具体分析和实事求是原则的，针对不同的特殊困难人群实施具有针对性的兜底保障措施，主要包括农村最低生活保障制度、“五保”供养制度、医疗救助制度、临时救助制度、受灾人员救助制度、残疾人“两项补贴”制度[①]等，这些制度的建立基本上覆盖到因各种原因而致贫或陷入困境的人群，不仅提高了扶贫资金的使用效率，也提高了帮扶效果和质量。而实施渐退政策也符合帮扶的一般规律，因为对于那些有一定发展能力，但暂时陷入贫困的脆弱群体而言，实施临时社会救助和医疗救助，可以帮助其度过生活的难关，待其恢复了“自我发展”能力之后，再逐渐减少帮扶举措，实现内源式发展。这样便为贫困群体和其他社会弱势群体提供了全方位的保障措施，有效防止了脱贫人口返贫和预防了潜在贫困。

但是，本书在谈到兜底型基本公共服务时强调的“兜底保障”含义跟上面提到的四种含义既有联系，又有区别。联系在于核心内涵没有变化，区别在于对上述含义进行了拓展，强调的是更加一般意义上的兜底保障和受益群体更加广泛，既包括已经实施专项扶贫政策的贫困人口，也包括未被扶贫政策所覆盖的非贫困群体，因为实施兜底型基本公共服务的最终目的是减少贫困存量和预防贫困增量。

第三节 孵化型基本公共服务：重新发现贫困个体的价值

一 机会的丧失：缺少公共机构的支持

贫困人口之所以陷入贫困，实际上并不是因为缺乏技能，至少对一部分贫困群体而言是这样的，他们只是缺少公共机构的支持或者公共机构的支持与其发展需求、技能出现结构性矛盾，从而丧失了发挥自身优势的机会，进而陷入了贫困。在实地调查中发现，一些具备劳动能力和发展意愿的贫困户就面临着这样的“窘境”，想发展却无法获得资金和政策支持（如案例5-3所示）。

① “残疾人两项补贴制度”在此指的是困难残疾人生活补贴制度和重度残疾人护理补贴制度。

案例5－3：乡村金融服务不足和扶贫政策的专款专用

DLS，建档立卡贫困户，深度贫困村居民，有劳动能力和劳动意愿，但对当地政府出台的“产业奖补政策”颇有微词，因为他认为这样的政策不能照顾到自己的发展需求。政策出台的“以奖代补”政策主要是为了鼓励村民发展农业产业，而且规定这些资金必须做到专款专用，只能用来发展政府指定的产业，不能用作其他用途。但DLS认为这样的规定并不能发挥自身的优势，盲目从事一个自己不擅长的农业产业，不仅面临技术风险，还面临市场风险和自然灾害风险，他并不愿意发展政策指定的产业。DLS提出要在村里开一个小卖部，这样既可以发挥自己善于经营的优势，也可以在一定程度上降低经营的风险，但当地负责产业发展的扶贫干部认为这种做法与既定政策规定不符，予以否决，最终DLS没能争取到政府资金的支持和政策的扶持，只能空手而归。（访谈编号：20190414）

其实，上面这个案例陈述的问题在基层实践中并不是一个偶然现象，而是一个较为普遍的问题，扶贫政策供给与贫困户发展需求之间存在一种“错位”现象。也就是说，既有的扶贫政策并不能很好地满足贫困户的发展需求，也无法更好地挖掘贫困个体的自身优势和资源。值得注意的是，既有贫困研究和扶贫政策基本上是基于问题视角来审视贫困个体的，所采取的扶贫政策和干预措施也都忽略了贫困人口所具有的资源和优势，从而导致其一直被当作“问题案主”来对待。这种扶贫理念既不利于激发贫困个体的内生动力和内生能力，又不利于制定具有针对性的帮扶措施。

案例5－4：创新创业服务不足与政策支持体系不健全

TXB，建档立卡贫困户，1972年生人，家中有4口人，17岁的女儿在县城读高三，14岁的儿子在镇上读初中。因为家境贫寒，TXB初中毕业之后就外出打工，因为学历低，又想多挣点钱，就决定到“把命提在手上”的煤矿打工。2004年的一天下午，TXB在井下作业时，发生了一场意外事故，从此他失去了双腿，再也不能站立起来，正值而立之年的他，只能躺着度完余生。很多人因承受不了这样的打击而选择轻生，但是这个坚强的男人并没有被困难打倒。煤矿补给他

8 万元治疗补偿费，他回家后一边接受治疗，一边把看病结余下来的 4 万元钱精打细算地分配好：花了 2 万多元钱买了别人家公路旁的旧房子，用余下的 1 万多元钱开了一家小商店来维持一家人的生活开销。但是，“屋漏偏逢连夜雨”，生活刚刚稳定不久，他又遭遇另一场不幸——爷爷因病过世。这个本来就贫寒的大家庭，虽有叔伯 5 人，但爷爷的丧事只能指望他这个头脑好使的孙子来操办，而他也勇敢地承担起这些责任，但办完爷爷的丧事后，TXB 欠下了一大笔债。在精准扶贫战略实施之前，TXB 有过创业的念头，但苦于没有资金和政策支持，这些想法已经搁浅，所以无法实现自己的发展愿望。[①]

上述案例说明既有扶贫目标定位较低，主要以满足贫困人口的基本生存需求为切入点，而缺少对残疾人创业和就业的支持，在城市或许有此类政策支持，但在农村地区几乎没有针对残疾人的基本公共服务。基层扶贫工作者总是固守传统的理念，认为残疾人无劳动能力，在制定帮扶对策时只考虑使用兜底保障的扶贫政策“一兜了之”，而很少考虑其他扶贫举措，忽视了贫困者个体自身所具备的优势和资源。显然与案例 5－3 和案例 5－4 所报道的两个贫困户的发展意愿是不相符的，DLS 和 TXB 具有强烈的发展意愿，自身也具备发展的能力，但没能找到符合他们预期的发展平台与政策支持。所以有必要反思既有的减贫举措，必须转换贫困研究和贫困干预的理念，从问题视角转换到优势视角，重新审视和发现贫困个体所具备的优势，并加以引导和“孵化”，为其创造“起飞”的平台和环境，从而使实现“助人自助”的目标。

二　价值再认识：优势视角的引入

回顾既有的扶贫政策和基层实践发现，问题（缺乏）视角一直占据着主导地位，这种视角看问题总是关注个体的不足、缺陷和劣势，而在这种视角的指导下扶贫政策制定者和基层实践者总是将注意力放在农村贫困人

---

① 文中的案例整理自《A 县脱贫攻坚简报》2016 年第 9 期（总第 0009 期）中的“人物特写”版块，简报中使用的脱贫故事，虽从个体性方面强调了内生动力的重要性，但在这个案例中，也从小处体现了政府为每一个社会成员提供均等生活机会和发展空间的重要性。另外，此处所叙述的案例为这个故事的前半部分，后半部分将在案例 5－5 中讲述。

口文化素质低、自然资源和社会资源匮乏、地理位置偏僻（交通和信息闭塞）等问题上（张和清、杨锡聪、古学斌，2008），依据此视角制定的扶贫规划和采取的扶贫举措也主要以解决农村贫困人口的不足为主。基层扶贫实践也多次证明，无论是政府采取的扶贫开发政策，还是企业开展的“定点帮扶”，以及非营利性组织倡导的地区发展，从可持续发展的角度来讲，多半都“无疾而终”，并且陷入了“越扶越穷”的窘境。那么，这就需要重新检视问题视角为本的扶贫模式，因为当决策者和基层实践者秉持这一视角来认识贫困时，所采取的扶贫策略便是自上而下对农民进行帮扶，农民作为脱贫的主体性被弱化，他们自身所具备的优势、资源和能力却被忽视。所以，需要重新审视既有的扶贫理念与扶贫思路，寻找新的减贫路径。本书试图通过引入优势视角来理解贫困人口面临的真实状况，挖掘和激发贫困人口本身所具备的优势和资源，从而激发他们脱贫的内生能力和内生动力。

优势视角主要起源于积极心理学，后来在国外社会工作中得到普遍应用，并于21世纪初引入中国，并在农村社会工作中得到应用。这一视角反对将服务对象问题化，因为“问题的标签”对案主具有蚕食效应，重复多次的看法将会改变服务对象及周围人对他们的看法，进而强化自身的认同，其容易变得越来越没有自信（张和清、杨锡聪、古学斌，2008）。相反，优势视角更加强调案主自身的优势、能力和资产，因为优势视角一般基于四个基本信念，即赋权、成员资格、抗逆力、对话与合作（肖云、杨光辉，2014）。这四个基本信念对服务对象而言一般具有积极意义，能够体现贫困个体的主体性。因为对问题的理解方式与帮扶者的关注焦点直接相关，所以如果以问题视角来理解贫困，则关注的焦点是贫困个体的不足和缺陷，采取的减贫举措便是以问题为中心开展帮扶；而如果以优势视角来看待贫困，则将会把注意力放到挖掘贫困个体的能力、优势和资源上，采取的贫困干预措施则更多的是以挖掘和激发贫困个体的优势为主。因此，本书在此引入优势视角来重新检视既有扶贫理念和路径，其主要目的是重新发现贫困个体的价值，因为优势视角可以提供以下三个层面的参考。

一是解构问题，问题本身就不是问题。通常所讲的致贫因素一般可以分为因病、因残、因学、因灾、缺土地、缺水、缺技术、缺资金、交通条件落后和自身发展动力不足等，可见农户的致贫因素多元且复杂，在这些致贫因素中有主观的，亦有客观的。但其中的很多致贫因素在笔者看来，根本就不是引发贫困的因素，或者说根本就不是贫困个体自身的问题，而是外界建构的一个问题。比如自身发展动力不足，不能简单地将其归结为贫困个体自身的问题，而应该反思帮扶措施的有效性和扶贫理念的契合度，如果再引入家庭结构、生活环境和区域发展等变量的话，就会发现贫困个体自身发展动力不足不完全是个人原因，而是在后天成长过程中家庭和个体弱势累积的结果，贫困个体的内生发展动力不足是其在遭受了外界各种打击和限制之后，对追求美好生活所表现出来的一种“无所谓”的心态，这只是一种即时状态，而如果从生命历程视角来看，这却是一个动态变化的结果。此外，缺技术、缺资金、交通条件落后和因学致贫等因素，也主要是外部建构的话语，并非问题的本身。

二是建构意义，挖掘问题背后的抗逆力。抗逆力（resilience）是一个外来的概念，最早出现在心理学领域，后来逐渐引申到社会工作领域。在引入中国时，不同的学者对其翻译不同，有学者将其翻译为“韧性”，而有的学者则将其翻译为“抗逆力”或“压弹”（李卓、郭占锋，2016），虽翻译有所差异，但所强调的内容都集中于一点，即“抗逆力主要是指个体在面对逆境时能够理性地选择正向的、建设性的应对方法和策略，在逆境中保持健康、正常的心理与行为的能力”（沈之菲，2008；王君健、薛小勇、董凌芳，2010）。那么，从这个角度出发，反思既有的扶贫理念和扶贫思路，应该认识到贫困个体本身所具有的资源和优势，而不能仅仅聚焦于他们的问题，要从问题视角转换到优势视角，重新评估和发现贫困个体的价值，并将这一理念融入制度设计和政策制定中，从个体、家庭和社会三个层面来挖掘“问题”背后的抗逆力，提升贫困人口抵抗风险的能力，从而实现“助其自助”的目标。

三是重构生活，用“常规途径”代替“非常规途径”。面对多元复杂的致贫因素和数量众多的深度贫困人口，在脱贫攻坚目标的约束下，许多地方政府采取“超常规途径”来推进减贫，以保证在2020年实现全面建成小康社会的目标。它们在实践中遵照中央政府提出的基本原则，发展和丰富了“超常规途径”的形式，但仍秉持开发式扶贫的理念尚未跳出“问题视角”，所采纳的干预措施也只是以弥补贫困人口的不足和短板为主，这种扶贫举措从短期来看富有成效，但从长期来看，并未体现贫困个体脱贫的自主性，因为基于问题视角进行的帮扶，容易使贫困个体产生依赖心理，可持续性存疑。因此，需要适时转换扶贫理念，从问题视角走向优势视角，充分挖掘贫困人口自身所拥有的资源。这就需要回归到贫困个体本身，注意力应该是发现优势而不是问题，从常规路径出发重塑贫困个体对自身的认知，找出他们的优势与资源，并为发挥他们的优势和资源创造条件，这便是“孵化型基本公共服务”的内涵所在。

三　发展空间营造：实现个体生活机会均等

如上文所述，一部分贫困人口之所以处于贫困之中，主要原因在于因缺少公共机构的支持而导致自身优势不能被充分挖掘和激发，这从一定层面上反映出既有扶贫政策的不足和扶贫理念的滞后。同时，研究发现无论是扶贫政策，还是基层实践者都忽视了边缘人群的贫困问题，以及家庭结构和性别结构对贫困产生的影响，专项扶贫政策只关注贫困群体，而不关注非贫困群体，导致收入水平略高于建档立卡贫困户的边缘群体缺乏政策支持，而这一部分群体的生活状态与贫困人口相差无几。这样的政策差异会挤压其他群体，尤其是边缘群体的发展机会和发展空间，造成新的社会不平等，而为了破解这一问题，就需要适时转换政策制定的方向，要以实现每一个社会个体生活机会均等为目标，促进扶贫制度与扶贫政策改革。

本书提出的孵化型基本公共服务，主要涉及公共就业服务和公共创业服务两个领域，主要目的在于为有劳动能力和劳动意愿的贫困人口提供发展的平台与机会，为其创造“起飞”的环境与条件。基于优势视角，重新发现贫困个体的价值，挖掘和培养该类贫困人口的潜力，并为其营造发展的空间，是激发贫困人口内生发展能力和发展动力的关键，实质上是为了保证所有社会成员获得均等的发展机会。一般而言，企业孵化器需要具备四个基本特征：有孵化场地、有公共设施、能提供孵化服务和面向特定的服务对象。而在“孵化器网络中，价值的创造、传递与分享能更好地实现孵化器的可持续发展，推动企业更顺利地走出初创期，迎接新的挑战”（罗峰，2014）。那么，对于孵化型基本公共服务而言，也应该以帮助弱势群体走出困境和规避风险为目标，这里不再局限于贫困人口，因为本书所强调的基本公共服务具备公共产品的性质，即具有消费的非排他性、受益的非竞争性和效用的不可分割性，面向所有社会成员开放，力求确保每一个社会成员都能获得均等的生活机会。在地方政府的减贫实践中已经有这样的案例出现，“身残志坚”的残疾人在外力的帮助下，依然可以依靠自身的努力摆脱贫困，关键在于为其创造施展才华的平台与空间。正如 A 县在一份脱贫攻坚简报中记录的一则案例所叙述的这样。

案例 5－5：政策支持自主发展产业，为其创造发展的机会与空间①

此处仍然继续讲述 TXB 的故事。2014 年之前缺乏政策和资金支持的问题，在 2014 年精准扶贫战略实施之后得到解决，当地政府出台了《A 县贫困户发展产业奖补办法》，鼓励贫困户自主发展产业，政府提供资金和政策支持。TXB 得益于这一政策的支持，在 2014 年向别人借钱购买了 7 头猪崽，按照扶贫政策，政府年度奖补了 3500 元钱，这让他看到发展养殖业的希望。2016 年初，TXB 在自家住房下面扩建了一个猪圈，又新购买了 20 头猪崽，办起了小型养猪场。由于腿脚不方便，他便开动脑筋，让妻子购买了监控设备，安装在床头，以便及时监控猪圈的情况。现在他经营的养猪场和小卖部基本能够补贴家用，而且他已经慢慢还完外债。谈到未来的发展，TXB 眼里充满了希望，他说将来孩子无论到哪里读书，他都会全力支持。为感谢乡亲们的帮助，他还决定以后成立家庭农场实用技术讲习所，把通过家庭养殖协会和自己掌握的农村养殖技术传授给大家，为养殖户提供猪崽，自己致富以后，他还要帮助乡亲们一起致富。

如上文所述，很多贫困人口之所以陷入贫困，是因为遭受重大挫折或生活意外，且没有得到及时救助和兜底保障，如果有完善的社会保障机制，就能够为其提供一张社会安全网，从而防止其陷入贫困。同时，基于优势视角可以从贫困个体身上发现他的优势，并加以培育，进而产生意想不到的帮扶效果。贫困户 TXB 的发展状况就证明了这一点。正是基于对自身优势的认知，他才积极争取各种发展机会，当然地方政府的支持和帮扶干部的努力也发挥了重要作用。

一般来讲，发展空间的营造主要包含四个方面。一是提供“孵化”的

① 案例 5－5 实质上是案例 5－4 的后半部分，通过对这个案例的完整描述，发现有一些贫困人口其实具有较强的发展意愿和发展能力，只是尚未找到合适的发展平台和机会，这也与政府部门的扶贫政策缺乏支持有一定关系，本节所提出的“孵化型基本公共服务”的初衷就是希望能为这些人群提供发展的平台和机会。

场地，构建公共空间。县级、乡（镇）级和村级都应该创造一个公共空间，用于对具有发展意愿的农户进行集中“孵化”，营造一个社区共同体和发展共同体，逐渐培育农户的自主发展意识。二是完善公共空间的基础设施，满足对入驻者进行“孵化”的条件。构建起公共空间之后，就需要不断完善公共空间的基础设施，包括硬件和软件设施，为入驻者提供综合性服务和必要的基础设施，以更好地满足入驻者的需求。三是面向特定的服务对象，开发具有针对性的“孵化”项目。因为不同的服务对象自身条件、拥有的资源和发展需求各异，所以要依据“具体问题具体分析”的原则开发不同的“孵化”项目，以匹配不同服务对象的发展需求。四是提供就业创业的“种子基金”，为他们解决资金难题，如针对妇女能力的开发和残疾人能力的开发项目等。开发式扶贫政策很少考虑妇女和残疾人等弱势人群的发展需求，认为他们作为弱势群体，应该通过兜底保障的方式摆脱贫困。殊不知，基于优势视角来看，任何个体都具有自身的优势，最重要的是帮助他们挖掘自身的潜力，并为他们提供“起飞”的平台和环境。

A 县已经意识到这一点，并在贫困治理实践中努力营造发挥贫困人口优势和特长的氛围，并为发挥贫困人口的优势搭建平台与空间，仅在 2016 年 A 县人社局就紧紧围绕“劳务创业脱贫一批”的目标，开展了一系列工作，全年完成贫困劳动力转移就业 2921 人，开展精准脱贫技能培训 1400 人次，安置 112 名贫困劳动力在脱贫攻坚类公益性岗位就业，鼓励扶持 157 户群众自主创业，劳务创业使 3900 人实现脱贫。正如人社局在脱贫攻坚简报中总结的一样，采取多种举措为贫困人口创造平台与空间（见表 5 - 3），实质上就是在为贫困人口提供孵化型基本公共服务。

表 5 - 3　A 县人社局采取的“孵化型”促脱贫举措

举措名称	主要内容	主要成效
积极搭建平台促进输出就业	联合县总工会、县妇联、县扶贫局等 5 部门组织举办了为期 8 天的“春风行动”暨就业援助月活动。为加大贫困户劳动转移就业力度，方便贫困群众参加招聘洽谈，分别设立了三个招聘分会场，分不同时段举行招聘会。全年共收集来自县内外 100 余家企业招聘信息，涉及建筑、纺织、食品加工等适合贫困户劳动力就业的岗位，共计提供各类就业岗位 11000 余个，统一制作成彩页，发放到全县 20 个重点贫困村和贫困户手中，及时准确为贫困人口提供务工就业信息	截至 2016 年 11 月底，系统数据显示，全县农村劳动力转移就业达 7.76 万人，其中贫困劳动力转移就业 2921 人，创劳务经济收入约 3980 万元

续表

举措名称	主要内容	主要成效
扎实开展扶贫培训促进就业	结合贫困户劳动力培训意愿，对全县 20 个重点贫困村和 7 个非重点困难村进行了摸底。并在调查摸底的基础上，与县农林科技局、县残联相继出台了《2016 年脱贫村农村实用技能和技术培训实施方案》《2016 年全县残疾人职业技能与实用技术培训实施方案》。根据贫困户需求和产业发展需要，科学合理设置课程，邀请行业专家进行授课，有针对性地开展了精准扶贫培训	先后开展了 11 期魔芋种植和病虫害防治、家禽养殖技术培训，共计培训 741 人。积极筹办农民教育培训学校，会同县教体局、县职教中心和政府筹办了全县首所农民教育培训学校，开展“2 + 5”模式贫困农民培训班
大力支持贫困户就地转移就业	制定出台了《A 县公益性岗位开发管理暂行办法》，积极开发适合贫困户家庭就业的公益性岗位，并要求优先聘用当年脱贫的在册贫困户家庭大学生等就业困难人员。鼓励支持贫困户自主创业，对贫困户自主创业的，优先安排创业培训，优先给予创业指导，优先支持创业贴息贷款，个体创业的，可扶持 8 万元小额担保贴息贷款；合伙创办企业的，可扶持 20 万元小额担保贴息贷款。建立创客对接贫困村机制，积极探索和推进“创客 +”“互联网 +”模式，鼓励和支持更多的农民工返乡创业就业。凡愿意去贫困村开展电子商务从事农副产品销售的，可扶持最高 30 万元小额担保贴息贷款	截至 2016 年 12 月，全县发放创业担保贷款 277 笔 5080 万元，支持带动 157 户贫困户自主创业。全年共计开发精准脱贫攻坚类公益性岗位 178 个，兜底就业在册贫困劳动力 112 人，兑付落实公益性岗位补贴资金 160 万元
鼓励学技能给补助	为促进贫困户劳动力参加职业技能培训，依靠技能实现就业，制定出台了《高技能人才培养补助实施办法》。农村贫困户劳动力通过参加培训取得人社部门颁发的国家职业资格证书（中级以上）的，按证书等级分别给予补助。即中级工（四级）、高级工（三级）、技师（二级）、高级技师（一级）按 1000 元、1500 元、2000 元、3000 元补助	此《办法》出台，极大地调动了贫困劳动力学技能的积极性，有效地促进了贫困户达到致富增收的目的
跨省务工给予交通补贴	制定出台的《A 县建档立卡贫困人口跨省务工交通补贴办法》规定，对于各镇在册贫困劳动力跨省外出务工的，可在当年申请一次交通补贴，补贴标准为我县或安康市与务工所在的县或市之间的往返普通列车硬座车票票价的 80%，此举将使全县贫困村跨省务工的 2921 名劳动力受益。全年预计补贴交通费过百万元	已通过宣传彩页、短信平台等方式传递到每个贫困户手中，各镇正在积极申报中

资料来源：此表根据《A 县脱贫攻坚简报》2016 年第 33 期中的相关内容整理而来，以上表格中的数据截止到 2016 年 12 月。

此外，A 县还针对残疾人贫困户制定了相关的支持政策，并设计了很多扶持残疾人发展的产业项目，主要用以支持农村贫困残疾人发展产业和政策奖补，这一项工作由县残联牵头来完成，2018 年预计在全县 10 个镇投资 150 万元的产业发展资金，实际上完成了 152 万元的投资，预期将会有 266

户贫困残疾人从这些项目中受益（见表5－4）。这些做法进一步表明了坚持优势视角的重要性，重新认识贫困个体的价值，并通过“孵化”的手段开发贫困户自身的资源，培育残疾人贫困户的自信心，对促进残疾人自力更生和自主发展起到重要推动作用。表5－4中列出的扶贫举措，便是地方政府在脱贫攻坚过程中采取的“孵化型”手段，旨在为贫困人口搭建创业就业的平台，为那些有发展意愿和发展能力的贫困人口创造发展的机会，营造发展的空间，这便是本书提出“孵化型基本公共服务”的初衷。

表5－4　2018年扶持农村贫困残疾人发展产业项目成效公示

项目名称	项目牵头单位	建设地点	主要建设内容	2018年计划总投资（万元）	2018年到位资金（万元）	项目预期效益	
						贫困户数（户）	贫困人数（人）
农村贫困残疾人发展产业及奖补	残联	H镇	扶持贫困残疾人发展种养、加工等产业	9.5	6	12	12
		L镇	扶持贫困残疾人发展种养、加工等产业	20.5	19.5	38	38
		C镇	扶持贫困残疾人发展种养、加工等产业	18	16.5	12	12
		W镇	扶持贫困残疾人发展种养、加工等产业	19.5	27	39	39
		Y镇	扶持贫困残疾人发展种养、加工等产业	25.5	19	38	38
		T镇	扶持贫困残疾人发展种养、加工等产业	17	11	22	22
		X镇	扶持贫困残疾人发展种养、加工等产业	8.5	9	17	17
		K镇	扶持贫困残疾人发展种养、加工等产业	16	16	32	32
		S镇	扶持贫困残疾人发展种养、加工等产业	3.5	1	2	2
		H镇	扶持贫困残疾人发展种养、加工等产业	12	27	54	54
合计				150	152	266	266

注：计划投资150万元，已完成投资152万元，通过其他渠道解决47万元，其中县财政通过整合财政资金105万元。另外，此表根据A县公布的《关于2018年农村贫困残疾人发展产业扶持项目计划公示》整理而来。

第四节　延伸型基本公共服务：提升贫困人口的解困能力

一　限制与束缚：贫困个体陷入多维行动困境

贫困人口常常感觉到他们深陷于一种由相互关联的多种因素叠加造成的多维行动困境之中，这种困境通常使贫困人口感觉无能为力。这种因素既包括主观方面，如个人能力、健康状况、受教育程度和掌握的技能等；又包括客观方面，如地理位置偏僻、交通条件落后和信息通信不畅等。很多能力强和社会资源丰富的人们已经摆脱了这张网的束缚，但对集中连片特困地区的贫困人口而言，意外打击和个体弱势的不断累积使原本就非常脆弱的群体更容易陷入无能为力的状态。这种无能为力经常迫使贫困人口不得不在众多不利因素之间进行选择。他们虽对美好生活充满期待，但经常因为缺少支持措施而陷入行动困境，因为诸多因素都对他们追求美好生活造成了限制，使他们陷入了一张“束缚网”之中。

案例 5-6：公共交通服务不足和信息基础设施不完善带来的发展限制

WSC，建档立卡贫困户，家中有 3 口人。WSC 及妻子已经年过 60 岁，另外有一个儿子（30 多岁）在外务工，尚未结婚。此家庭于 2014 年被识别为贫困户，2015 年脱贫，属于政策性脱贫，未享受任何实质性扶贫政策。但是，笔者通过实地调查发现，WSC 一家居住在半山腰上，房屋条件较差，出行极为不便，入户水泥路尚未通到家门口，出行依旧走的是羊肠小道，下雨天出行便更不方便。村庄基础设施建设的快速推进，并没有完全解决贫困人口“最后一公里”的问题，精准扶贫政策下政府在农村投入了这么多资源，对农户的支持力度这么大，也尚未完全解决 WSC 面临的交通出行问题，WSC 也没有享受易地搬迁政策，或拥有足够的资金在其他交通方便的地方自建新房，居住的地理空间与外界隔绝。（访谈编号：20190421）

地理位置偏僻和交通不便限制了深度贫困地区贫困人口的发展。案例 5-6 说明了贫困户居住条件恶劣和交通不便会对其发展带来诸多限制，如出行不便、交通成本高和远离村庄中心区域等。这些不便不仅会造成贫困人口在地理空间上与外界隔绝，还会造成贫困人口与其他人群在社会空间上的疏远，在一定程度上造成了贫困人口的边缘化。

案例 5－7：残疾人公共服务与公共基础设施供给不足形成的一张“束缚网”

XJQ，建档立卡贫困户，二级残疾，右手畸形，腿脚不便。现和其父亲、妻子居住于半山腰。其父亲是低保户，妻子精神失常，不能与人正常沟通，无劳动能力。全家仅 XJQ 拥有一定的劳动能力，乡政府采取了产业扶贫政策助其脱贫，鼓励 XJQ 开垦了 3 亩左右的地来种植中草药，预计每亩收成 4000 元左右，但运输成本较高。中草药种植时间为 2017 年，第一季收获季节为 2018 年，但至今尚未见到效益。另外，据实地调查和村带队干部证实，XJQ 因看病无发票导致农村合作医疗无法报销，欠款 8000 元。XJQ 现在所住房屋有一部分已经实施了危房改造，但仍有一部分未进行改造。XJQ 虽已分到搬迁安置房，但如果他搬下山居住，日常上山打理农作物和中草药则较为困难，从安置房区上山所耗时间过长。山上常住户为两户，考虑到使用效率和成本问题，未对道路进行硬化，且在雨季，道路被雨水冲刷严重，只能步行上山。一般情况下，常人从村委会上山花费的时间约为 1.5 小时，而在没有辅助工具和残疾人专用道的情况下，XJQ 出行所花费的时间成本和出行难度可想而知。（访谈编号：20190424）

多重因素的相互交织往往会诱发、延续和加重贫困人口无能为力和多种福利被剥夺的状态。案例 5－7 中，XJQ 面临多重因素的困扰，自身残疾、妻子精神精神失常、父亲年迈使家庭重担全部落在他一人肩上。此外，他还面临居住条件恶劣、交通条件落后和医疗保障水平低下等问题，这增加了他摆脱贫困的不确定性。一系列的打击和压力会使贫困人口长时间处于一种无能为力的状态，导致贫困人口本应享受到的多种福利被剥夺，这极大地限制了贫困人口选择和行动的自由。

二　服务下移：基本公共服务向乡镇与村级延伸

束缚贫困人口选择与行动自由的主要原因在于基本公共服务无法传递到贫困人口手中，或者说贫困人口没有能力和条件获得这些基本公共服务。那么，对于致力于发展事业的人而言，尤其是政府，所面临的挑战在于是否能找到有效的途径来打破或削弱这张网对贫困人口的束缚，从而提升贫困人口的解困能力，以扩大他们的选择空间与行动自由，使他们能够更好地安排自己的生活。其实，解决“困有所帮”的最好方式便是促进基本公共服务向乡镇及村庄延伸，以促使服务更好地传递到贫困人口手中，从而保证贫困人口获得均等的生活机会。因此，本节提出了延伸型基本公共服务。“延伸型”在此处主要强调两个层面的含义：一方面强调基本公共服务向乡村和贫困人口的延伸，保证农村贫困人口能够及时、便捷地获得基本公共服务；另一方面强调此类基本公共服务可以帮助贫困人口实现某些功能上的延伸，拓展其发展的空间与行动的自由。

但是，作为一种与民众生存和发展密切相关的基本公共服务，它的供给责任在政府，应该由公共财政承担主要的供给成本，因为给公民提供基本公共服务或产品是现代政府的根本责任，这种责任是不可推卸的。因此，必须明确政府提供基本公共服务的责任与边界，构建基本公共服务供给中政府承担最终责任的体制机制。总体而言，政府应该从以下几个方面厘清自身的定位和功能。

首先，应该明确政府在基本公共服务中的职能定位。政府在提供基本公共服务上负有根本性责任，但不同层级的政府负有的责任略有差异，故应该明确中央政府和地方政府在提供基本公共服务时所承担的职能和责任定位。《关于建立健全基本公共服务标准体系的指导意见》规定，在中央政府层面应该聚焦于制定国家基本公共服务的标准、项目、规则和制度体系，而对于地方政府而言，应该结合本地发展实际和民众需求，灵活地贯彻落实国家基本公共服务标准和各行业领域标准，制定符合地方财政承受能力的地区实施标准（见表 5－5）。同时应该认识到政府所负有的公共责任必须与自身的能力相匹配，才能保证基本公共服务的持续性，否则超过政府财政承受能力和责任范围，就会产生错位、错配和供给过头的问题（吴业苗，2010）。因此，明确政府的职能定位非常重要。

表 5-5 各层级政府在基于基本公共服务的减贫中的主要责任

层级	主要责任
国家	制定基本公共服务的标准、规则和框架，面向社会及时公布服务项目、支付类别、服务对象、质量标准、支出责任和牵头单位等
行业	制定本行业领域内基本公共服务的标准体系、实施方案和软硬件标准，出台保障行业标准落地实施的具体举措
地方	根据国家基本公共服务标准和各行业领域标准规范，结合本地区经济发展、空间布局、人口结构和文化习俗等因素，制定本地区基本公共服务具体实施标准
基层	面向服务对象提供便捷、实用和可及的基本公共服务，并结合实际建立起服务指南、行为规范、质量承诺和绩效评价等制度

资料来源：笔者根据中共中央办公厅和国务院办公厅发布的《关于建立健全基本公共服务标准体系的指导意见》等相关文件资料整理而成。

其次，完善以基本公共服务均等化为要求的财政供给制度。为促进基本公共服务均等化，科学界定中央政府与地方政府的财政事权和支出责任则显得非常重要（李伟、燕星池，2014）。依据 2019 年国务院办公厅颁布的《基本公共服务领域中央与地方共同财政事权和支出责任划分改革方案》的规定，中央政府和地方政府在基本公共服务领域中应该实施差异化的分担机制，要充分考虑中国区域发展不均衡和各地财政收支差异巨大的现实，中央财政的支出要有所区别，向中西部地区进行倾斜。同时，也要坚持保障标准合理适度的原则，既要尽力而为，也要量力而行，在财政能力允许的范围内，不断提高保障水平，使其与社会发展阶段相适应，并且兼顾各地方政府的财政支付能力，兜住保障民生的底线。

再次，建立城乡统一的基本公共服务体制和服务标准。中国特定的城乡二元结构导致基本公共服务供给出现巨大差异，农村居民所享有的基本公共服务项目和质量与城市居民相比差距较大，如医疗条件、教育质量等。进入新时代，为破解城乡二元分割、促进城乡一体化发展和实现城乡居民生活机会均等，就必须把加快推进城乡基本公共服务均等化作为一个重要途径，赋予农村居民和城市居民同等的发展权利和发展机会。从城乡发展现状来看，基本公共服务体制改革应该以覆盖农村基本公共服务制度为主线，着重向农村地区和困难群体倾斜，促进基本公共服务向末梢延伸，保证基本公共服务有效传递到真正有需要的人口手中。

最后，建立权威系统的基本公共服务评估和监测体系。政府提供基本公共服务的根本目的是满足公众的需求，那么，公众是否满意则是衡量基本公共服务提供效率和质量的关键指标（何华兵，2012）。因此，应该将公众满意度测评纳入公共服务评价体系，并建立起权威系统的基本公共服务评估与监测体系。同时，也应该认识到建立起科学权威的评估和监测体系，是督促各级政府按章行事、履行政府职能的必要选择，因为将评估和监测体系制度化，将会提高不同主体对基本公共服务的参与程度，规范不同层级政府的行为和参与方式，从而在各方建立起良好的合作关系。

三 突破发展限制：为贫困个体创造发展的基础条件

上文讨论了基本公共服务向末梢的延伸是保证每一个社会个体及时、便捷地获得基本公共服务的关键，这实质上强调了基本公共服务均等化的价值与意义。因为促进基本公共服务均等化不仅可以为经济持续发展创造良好的社会条件，还可以有效缓解城乡差距、区域差距和社群差距。因为延伸型基本公共服务可以有效拓展和延伸贫困人口行动的空间与自由，保证这些服务向最末梢的地方和农村低收入群体延伸，并建立起一套惠及贫困人口的基本公共服务制度，才能确保基本公共服务传递到真正的贫困人口手中，从而提高贫困人口的解困能力。

有鉴于此，本书所讲的延伸型基本公共服务主要包括公共基础设施、信息基础设施、农业基础设施和物流基础设施等具有公共产品性质的服务设施。这些作为延伸型基本公共服务的组成部分，应该不断向村庄延伸，因为这不仅可以保证贫困人口获得基本公共服务，还可以助力贫困人口实现能力上的拓展，从而提高贫困人口的解困能力。其中，公共基础设施主要是指跟农户生产生活密切相关的物质性设施，如道路、桥梁、饮水工程和公共交通等；信息基础设施主要包含光缆、移动通信等网络设备实施；农业基础设施（或称农业基本公共服务）主要包括物质性基础设施和社会性基础设施，前者包括道路、桥梁、仓库和冷藏库等，后者包括文化娱乐场所、劳动保护和安全服务机构等；物流基础设施主要包含物流园区、物流中心、配送中心、货场、仓库等。实地调查过程中发现，以上四类基础设施在集中连片特困地区的农村都较为缺乏，如公共交通工具（通村公交）无法延伸到最需要的贫困人口手中，农村地区仓储和冷藏等基础设施的缺乏限制了农业产业的发展，光缆和移动通信等信息基础设施覆盖率低造成信息化程度低，物流配送中心止于乡镇导致农村居民购物成本增加等，这些都对农户发展造成了极大的限制与束缚，挤压了贫困人口选择的空间。

一般而言，公共基础设施的建设确实能够极大方便农户的生产生活，改善农户的生产生活条件，扩展农户行动的半径，对促进贫困地区的经济社会发展具有基础性作用（郭劲光、高静美，2009）。正如A县在一份脱贫攻坚简报中记录的这样，以小流域综合治理项目提升农村基础设施是减少贫困的一个重要手段①：

> 又一个贫困村小流域综合治理项目在我县坪村和沟村评审通过，该项目计划投资693万元，两个村5000亩农田种植条件得到改善，省财政厅在综合考评我县2016年农业综合开发工作的基础上，考察通过了我县贫困村小流域治理项目1个，项目计划总投资693万元，项目将围绕坪村和沟村建设5000亩高标准农田，计划建设渠系建筑物25座，小型蓄排水工程2座，扩建加固2座，补砌渠道7.5公里，溪流护岸3公里，铺设机耕路4公里和梯田梗3公里，改良土壤2000亩，营造农田防护林2000亩，农民技术培训1000人次，农业技术推广1200亩。
>
> 该项目自2016年10月实施，建设期一年，预计项目实施后，5000亩农田种植条件将得到改善，实现旱能灌、涝能排和农业机械耕作，彻底改善贫困村生产和生活条件，提高农业综合生产能力，增加农民收入。同时，也将改善古梯田旅游景点的环境，将为推进贫困村社会稳定和经济社会发展奠定良好的基础。

这一小流域综合治理项目的实施有效改善了贫困村的生产生活条件，也提升了坪村和沟村的公共基础设施质量。但是，这样的项目在全县的覆盖范围还较小，仅仅只覆盖到两个村庄，全县其他深度贫困村基本上还未覆盖到，这些深度贫困村的公共基础设施、信息基础设施、物流基础设施等仍然薄弱。所以，在巩固拓展脱贫攻坚成果和全面推进乡村振兴之际，

① 以下关于小流域治理项目的内容摘编自《A县脱贫攻坚简报》2016年第9期的部门动态部分。

应该继续扩大这些基础设施的覆盖范围，打通“最后一公里”，继续为促进相对贫困人口能够公平享有延伸型基本公共服务而努力。

另外，当地政府也特别重视贫困村的道路、桥梁等基础设施的建设的进度和质量，成立了以县发改局局长任组长、县扶贫局副局长任副组长，水利、交通、电力和经贸等单位分管领导为成员的“全县脱贫攻坚基础设施建设协调组”，负责组织协调各项工作的建设进度和质量。制定印发了《A县脱贫攻坚公共服务和基础设施建设协调小组工作方案》，明确了目标、职责和具体责任的落实：

> 一是各行业部门结合自身职责制定了行业基础设施建设工作方案，将任务分解到镇到村，层层夯实责任，形成上下联动、齐抓共管的良好局面。二是完善工作机制，建立协调组联席会议制度、联络员制度，严格实行月通报、季度巡查、半年点评、年终考核，自2017年7月以来，协调组共召开了4次联席会议，开展了2次专项督查。健全的组织结构、完善的工作机制确保了项目建设强力推进。三是多渠道筹措资金，2017年全县用于脱贫攻坚公共服务和基础设施建设项目共计投入资金1.22亿元。其中财政专项资金投入7915万元，国开行贷款资金4260万元。13个计划退出村投入资金5256万元，其中财政整合资金1446万元，国开行贷款资金3297万元，企业自筹513万元。

按照上述方案的要求，该工作小组积极开展工作，夯实责任，在各参与单位和脱贫攻坚一线干部的共同努力下取得了初步的工作成效：

> 按照精准扶贫、精准脱贫的要求，对照贫困县摘帽、贫困村退出、贫困户脱贫的“577”标准，2017年初组织各相关行业部门深入全县77个贫困村和非贫困村开展基础设施建设项目摸底核准工作。同时，在协调组的统一安排部署下，高质量编制完成了《A县脱贫攻坚公共服务和基础设施建设三年行动计划》、《A县贫困村公共服务和基础设施建设实施方案》（2017年）、《A县深度贫困村公共服务和基础设施建设实施方案》（2018年）。同时，出台了《A县脱贫攻坚基础设施建

设项目管理办法》，将脱贫攻坚基础设施建设纳入扶贫绩效考核，作为全县追赶超越季度考核的重要内容，实行“周统计、月评比、季通报”机制，不定期到项目施工现场督查，召开项目建设进度质量安全工作推进会议，夯实各部门及各镇主体责任，有力地推动了项目建设的进度和质量。

截至2018年4月底，村级道路、农村饮水、农村电网改造、网络通信工程建设进展情况：（1）2018年实施贫困村通村公路项目76个，硬化和完善村组道路111.02公里，油返砂道路修复24.72公里，计划总投资8142.94万元。现已完成道路硬化60.4公里，完成投资4787.1万元，剩余50.62公里交由相关镇实施，已完成工程设计，招标准备；油返砂道路修复24.7公里，已完成勘测设计工作。（2）2018年实施农村安全饮水项目30个，计划总投资2563.3万元。30个项目3月已全部开工建设，已完成总工程量的31%，已完成投资800万元。（3）2018年实施贫困村电网改造升级工程12个，计划总投资348.59万元。目前，6个项目已完工，正在等待验收；其余6个项目已完成总工程量的30%，已完成投资193.14万元[①]。

文本中关于村庄道路、农村饮水工程、农村电网改造等基础设施建设的推进，逐渐改变了贫困村基础设施薄弱的状况，弥补了贫困村基础设施薄弱的短板。正如一位村支书所说：“精准扶贫实施以来，村庄发生了较大的变化，主要表现在村庄基础设施，如村组道路硬化、手机信号全覆盖等，村庄内有专人负责的道路保洁，人居环境也得到提升。此外，这些基础设施建设也为产业发展提供了基础，村庄也开始发展一些产业，以前是零基础，现在村庄产业有了一些基础，这些都得益于政府这几年来进行的脱贫攻坚基础设施建设。”（访谈编号：20190714）这些公共基础设施一般都具有“公共产品”的性质，村庄内的贫困户不仅能从中受益，非贫困也可以从中受益，这也进一步提高了非贫困户的满意度。

除了公共基础设施之外，A县还在不断加强信息基础设施建设，因为

① 此部分内容摘自《A县人民政府关于脱贫攻坚基础设施建设情况的报告》，此报告是县扶贫开发局局长受县人民政府委托，于2018年5月31日在A县十八届人大常委会第十次会议上所做的报告。

信息闭塞导致贫困人口丧失了很多机会。此轮精准扶贫A县已经意识到这一点，在实践中努力补齐贫困村的信息基础设施短板。为此，A县制定了《A县加快高速宽带网络建设的实施方案》，提出了如下目标和任务：

> 加快推进全光纤网络城市和4G网络建设，到2017年底，城区家庭具备100Mbps光纤接入能力，宽带用户平均接入速率超过20Mbps，乡镇宽带用户平均接入速率达12Mbps，80%的行政村实现光纤到村，农村宽带家庭普及率大幅提升；4G网络全面覆盖城市和农村。到2020年底，在全县形成全面覆盖、高速互联，光纤宽带和无线宽带并重的新一代通信网络，信息化基础设施综合服务能力显著增强。城市和农村接入带宽能力普遍达到100Mbps和20Mbps以上，全县互联网普及率达到73%；大规模开展无线局域网（WLAN）建设，实现城市热点区域和公共区域的全覆盖；行政村通宽带比例超过99%，数字电视网络覆盖超过95%；完成下一代互联网优化升级，移动通信长期演进覆盖城乡。

而在主要任务中突出强调了加快农村宽带网络建设的重要性，确保信息基础设施向A县边远贫困村延伸和倾斜，并制定了如下具体任务：

> 加大政策支持力度，实施宽带村村通工程。因地制宜采用光纤、同轴电缆、3G/LTE、卫星等多种手段加快宽带网络从镇向行政村延伸，联接村委会、村卫生室、村级中小学校，产业园区、村办企业、产业大户、移民搬迁安置点，主要自然村，并按照“固网优先、无线协同”的方式，扩大向偏远、零星住户的覆盖。重点是全县46个未通村的宽带网络建设和18个升级村的网络改造升级。2017～2020年，要确保计划当年脱贫的贫困村全部接通宽带。同时，要加快推进村级公共文化体育服务、休闲场所、农家乐等区域的无线网络建设①。

① 该部分的内容摘编自《A县加快高速宽带网络建设的实施方案》，详细内容可参见A政办发〔2017〕55号，2017年5月16日。

由此可见，在精准扶贫实践中，地方政府意识到贫困人口和富人不仅在收入方面存在差距，而且农村地区与城市地区相比，在公共基础设施、信息基础设施等方面也存在差距，政府正在通过不断努力，来缩小城乡地区基本公共服务差距，而这在改善贫困人口生产生活条件的同时，还将解除发展的限制。因此，延伸型基本公共服务应该实现“服务下移”，即政府应该不断提高公共财政的投入和管理水平，促进基本公共服务资源向基层延伸、向农村覆盖和向边远地区与生活困难群众倾斜，将基本公共服务传递到真正的贫困人口手中，让他们获得发展的机会，才是此处强调“服务下移”的真正意图。

第五节　发展型基本公共服务：增强贫困人口的发展能力

一　弱势互构：贫困具有代际传递的性质

集中连片特困地区的贫困人口长时间处于贫困之中，而且受家庭结构、家庭教育和家庭资本的影响，贫困人口的子女也很有可能再次陷入贫困。因为已有研究发现“贫困的代际收入流动性较低，其代际收入弹性为非贫困群体的 1.6 倍，父代贫困引致子代贫困的概率高达 60%”（黄潇，2014），而且农村贫困家庭父辈的贫困代际传递不仅有直接的经济贫困传递，还包括教育期望、健康状况和社会资本等（刘欢、胡天天、Huan 等，2017）。这些不利因素相互交织在一起引发了贫困的恶性循环，导致农村贫困家庭的子辈收入向上流动困难（肖殿荒、毕艳成、王姝力，2018）。这是造成深度贫困地区贫困人口陷入长期贫困的关键因素，也是影响深度贫困地区贫困人口脱贫稳定性的瓶颈所在。下面几个案例将从不同的侧面来呈现这一问题。

案例 5 -8：乡村特殊儿童教育服务不足

据 LYK 反映，二女儿患有癫痫病，每个月都需要吃药治疗。12 岁的二女儿还未完成小学学业，LYK 曾跟村级小学商量，想让二女儿在村里就读，但是村级小学给的答复是女儿已经 12 岁，按照年龄应该上初中了，而村级小学现在只有三个年级，不能接收二女儿上学。另外，学校老师曾反映二女儿智力低下，有同学让她跳楼，她就跳楼，老师害怕出事，就让他把孩子带回家了。现在他在家里教二女儿识字，但他只有三年级的文化水平，很难辅导二女儿学习。如果将二女儿送到镇里上学，需要租房子，不仅额外成本增加，而且需要有人来照顾二女儿的生活，但妻子在外打工，自己身体又不好，没有办法送二女儿去镇里上学，故只能辍学在家。（访谈编号：20190425）

深度贫困地区的农村基础教育相对薄弱，而且对特殊困境儿童的辅助教育缺乏相应的支持。案例 5－8 中的 LYK 家庭经济条件较差，无力给他自己和二女儿治病，导致身体健康状况进一步恶化，从而导致家庭劳动力减少，进而影响家庭收入。同时，这个案例进一步表明农村地区学前教育、特殊教育的缺乏和基础教育的薄弱，多种不利因素交织在一起使 LYK 一家陷入了多重困境。另外，政策设计的滞后性和基层执行中的异化，导致出现基层实践与政策目标背离的现象，也会影响脱贫的稳定性。在巩固拓展脱贫攻坚成果的关键阶段，要进一步夯实基层政策执行者的责任，需要不断完善学前教育和义务教育教育体系，促进脱贫地区农村教育质量和师资水平稳步提升，实现与乡村振兴的有效衔接，确保扶贫成果经得起实践和历史的检验，并为推进脱贫地区的乡村振兴奠定基础。

案例 5－9：医疗保障水平不高和社会救助体系不够健全

WDB，男，42 岁，单身汉，与其哥哥共同居住。2018 年之前在外打工，一直在新疆冷库装水果，一个月收入 1700～1800 元，没生病之前还养牛，现在转给哥哥养了。2018 年因生大病致贫，患有腰椎间盘突出，手指发麻，现在连碗都端不住，衣服也洗不了，生活处于半自理状态。2018 年被调整进建档立卡贫困户，2018 年在市里做完手术，花费 6 万余元，医疗报销 1.6 万元，现在还需要吃药，但因缺钱，十几天都没吃药了，一盒药需要 40 元钱，而且必须去市里买。从家门口出行比较困难，2018 年之前这里都是泥巴路，未通水泥路，每次都走羊肠小道。现在失业在家，无生活来源，2017 年民政部门向其发放了 2000 元救助金，当地政府也采取了针对性的帮扶措施，为其建造了房屋，实质上是硬套了一个危房改造政策。修建房屋的钱是哥哥为其垫付的，政府部门尚未拨付危房改造资金。2017 年冬天政府还为其送来

了米、面、油等慰问品。（访谈编号：20190327）

脱贫人口的脆弱性之一就是疾病风险。有研究表明，疾病是引发贫困和造成返贫的重要因素之一。案例5－9所呈现的情况便是如此，WDB因为疾病丧失劳动能力，这将导致其收入下降和开支增加，仅仅靠哥哥和政府的救济度日，这样的情况长期持续下去，将导致其陷入“疾病—贫困”的恶性循环。

案例5－10：生活风险防范机制不健全对个体发展造成不可逆的负面影响

LDK，男，45岁，至今单身，独自居住，已经与父母分家。另外，其父母还有一个小儿子和两个女儿，小儿子也尚未结婚，两个女儿已经出嫁。LDK年轻时家庭经济条件困难，他便外出在煤窑上打工，后来他发生了意外，在煤窑干活时左腿被压断，由此造成终身残疾，成为“跛子”。这对他的生活和工作都造成了严重的消极影响，此事发生后他便对生活失去了信心，整天浑浑噩噩，还时常对其母亲进行殴打，当地派出所多次出面进行调解，但效果不佳。母亲非常讨厌这个儿子，家庭矛盾极其严重。另外，LDK居住的房子破烂不堪，属于危房。在此轮精准扶贫中，政府通过危房改造为其修建了新房子，但是他都一直拒绝搬到新房子居住，村干部多次入户为其做思想工作，动员其搬到新房居住，经过多次劝解后，他才同意搬迁。但在村干部进入他家为其搬家时，又遭到拒绝，如此反复多次。别人为他搬家，也未成功。有一天在无人帮忙的情况下，他竟一个人搬了家。（访谈编号：20190427）

生活中发生的意外事件会对一个人的精神状态和人生发展轨迹造成重大影响，如果在遭遇意外后，没有得到及时救助或者一些辅助性的心理治疗，就会从此陷入“一蹶不振”的状态，对生活失去信心和希望。案例5－10所展示的故事，意在说明内生发展动力不足并不是问题的本质所在，而只是一个外在表现，是生活中的意外事件所造成的后果。而这种意外在刚发生时，可以通过一些辅助性手段和心理疏导减少受害人受到的伤害，但在受害人的家庭支持和社区支持都较弱的情况下，无法及时弥补或减少受害人受到的伤害时，就会使受害人长期遭受痛苦的侵蚀，并导致其逐渐丧失对生活的信心，进而陷入内生发展动力不足的状态。

二　内源式发展：为贫困人口提供摆脱贫困的内生力量

改革开放 40 多年以来，我国的经济社会发展取得了巨大成就，且我国的人类发展指数持续提高，中国的人类发展指数从 1980 年的 0.423 上升到 2018 年的 0.758，由此开始进入“高人类发展水平”国家（郝辑，2020：264～268）。同时，伴随着我国社会经济的发展和政府减贫议程的推进，我国贫困人口数量和规模在不断下降，截至 2020 年底，我国贫困人口已经全面脱贫，贫困县已经全面摘帽，2020 年已经消除了 2011 年确定的贫困标准下的绝对贫困问题。但是，在经济快速发展的同时，地区差异、个人条件和发展机会等多种因素造成的贫富差距在不断扩大，进入 21 世纪以后，伴随着城镇化和工业化的快速推进，农村贫困格局发生了新变化，这一阶段产生的贫困人口属于转型性贫困人口。在这一背景下，一部分人口会随着经济发展和基本公共服务条件的改善走出贫困，但另一部分贫困人口因为各方面条件的限制无法摆脱贫困，这部分群体就是那些长期处于“老弱病残”状态的弱势人群，其子辈也会因受到父辈弱势累积影响而陷入贫困，在社会快速转型期逐渐演变成长期性贫困群体，从而构成贫困存量（李小云，2015b）。这些群体不仅是脱贫攻坚期内脱贫的难点所在，也是脱贫攻坚结束后构建防贫机制需要重点关注的群体。

此外，在绝对贫困基本上被消除的背景下，多维贫困、相对贫困和发展型贫困将会日益凸显。同时，伴随着整体社会需求结构、消费结构、经济结构和阶层结构的变化，我国农村社会将从生存型社会过渡到发展型社会的新阶段，农民的需求也将由求生存的阶段转向谋发展的阶段，农村居民对教育和健康服务等发展型社会服务的需求将会日益突出，这一类型基本公共服务的可获得性和质量将会成为决定个体贫困状态的重要变量。因为我国的温饱问题已经得到解决，发展目标将不再局限于解决生存问题，而是开始聚焦于人的全面发展。因此，在精准扶贫战略中，中国政府在强调收入的基础上，提出了“两不愁三保障”的多维贫困识别标准和脱贫标准，政府将脱贫的目标不仅聚焦于巩固温饱问题，还兼顾到发展问题，实现了对生存与发展问题的统筹。面对贫困性质和社会发展阶段的变化，中国政府必须重新审视既有扶贫政策的有效性，并不断调整贫困治理的理念和政策目标，才能有效巩固脱贫攻坚成果和应对新时代的相对贫困。

本书所倡导的基于基本公共服务的减贫便是对贫困治理路径的一种探索，而本节所提出的发展型基本公共服务应该包括教育和健康两大领域，具体包括公共教育、基本公共卫生和基本医疗保障，这些方面服务能力和保障水平的提升将成为阻断贫困代际传递的关键变量（肖殿荒、毕艳成、王姝力，2018）。实质上过往的减贫实践已经在单个维度上证明了健康和教育的减贫效应，且健康对农村减贫的作用要比教育更为显著（程名望等，2014）。因为健康不仅是实现个体发展的基础，更是实现人力资本再生产的前提条件，而教育则是提升自身发展能力的需要，同时也是阻断贫困代际传递的关键手段。对刚刚摆脱贫困但享受着较差教育和健康服务的人群而言，政府在这方面的投入将是帮助他们提升发展能力、打破贫困恶性循环的重要途径，更是建立可持续减贫机制的必要选择。在推进脱贫攻坚同乡村振兴有效衔接的实践中，只有实现了由“输血”向“造血”转变，培育好相对贫困群体内部的中坚力量，才能实现减贫的可持续性，确保脱贫人口不再返贫。政府在其中应该扮演好“助人自助”的角色，即为相对贫困人口提升内生发展动力和内生发展能力提供必要的条件，而不应该直接干预，因为过度干预已经被实践证明是无法实现可持续发展的。因此，2020年以后应该以提高脱贫地区低收入人口的受教育水平和健康水平为着力点，努力对其进行能力建设，这将会对巩固拓展脱贫攻坚成果和促进脱贫地区乡村振兴发挥重大作用。

三　发展能力建设：增强贫困人口的内生能力和内生动力

当前的政策执行者和理论研究者均认为贫困户内生发展动力不足是导致其难以摆脱贫困的瓶颈问题，但是根据笔者的实地调查，发现贫困户内生动力不足事实上是内生能力不足长期积累的外化表现，经常会表现为一种对生活“无所谓”、“不思进取”和“等靠要”的懒散状态，这种状态不是一种即时状态，而是在其成长过程中长期遭受生活打击或遭遇重大意外事件所造成的结果。对于这部分个体，应该从生命历程的视角来重新审视他们成长和发展的每一个阶段，关注阻碍他们成长和发展的关键性因素，帮助他们进行能力建设，关键在于增强他们的内生能力和内生动力。然而，这需要借助公共教育和公共健康来实现，因为可行能力理论认为贫困不能仅仅被看作收入低下，而是对人类基本可行能力的剥夺，教育和健康恰好是构成可行能力的重要指标。消除贫困的关键在于扩展人们最珍视的那种自由，教育可以作为一种工具性手段帮助贫困人口实现这种自由，因为“教育可以提升贫困群体的文化素质和职业素养，提升贫困人口的劳动技能，从而提高经济收入，以减少贫困发生率”（郭晓娜，2017）。同时，加强农村地区的健康基础设施和医疗保障投入，也是减缓农村贫困的重要手段之一（刘生龙、李军，2012），因为欠发达地区教育条件和医疗条件的改善不仅能提高农村贫困家庭的收入和减少家庭的支出，还能增强不同社会阶层的流动性（肖殿荒、王姝力、毕艳成，2019），从而帮助脱贫人口提升自我发展能力，防止出现规模性返贫。

地方政府在贫困治理中已经开始就提高教育和健康服务能力进行了实践，如 A 县出台的教育扶贫政策（见表5－6），从多层次和多维度进行了政策设计，这不仅对促进贫困学生顺利完成学业具有重要帮扶作用，而且也是阻断贫困代际传递的一个重要手段，因为教育具有发展功能。东部有些地区免费教育从“九年义务教育”扩展到“十三年义务教育”，向前延伸到学前教育，向后延伸到高中教育，这是一个积极的探索。因为在笔者所调查的贫困地区，几乎所有的行政村，学前教育基本上处于空白状态，只有那些经济条件好的家庭，会将孩子送到集镇或县城幼儿园就读。考虑到教育成本和家庭经济承受能力，贫困家庭将会选择让孩子直接上小学，而不去读幼儿园，这将导致大部分贫困家庭的孩子没有机会接受学前教育。但是，学前教育的缺失将会对幼儿日后的学业表现和人生表现产生负面影响，因为已有研究表明学前教育阶段是儿童智力发展的关键阶段，如果在此阶段没有机会接受良好的智力开发和启蒙教育，幼儿在日后的表现一般会差于那些接受过良好学前教育的儿童。另外，在贫困地区的农村，普遍存在教学质量差、师资力量薄弱和办学条件差等问题，这将使很多学生无法接受良好的义务教育，并且一些学生受到社会环境和家庭成长环境的影响，在初中毕业之后便会直接外出打工，而不会再继续接受职业教育或高等教育。但是，A 县在基层实践中已经将免费教育拓展到学前教育和高中教育，这种做法会为那些无力承担学费负担的家庭提供一种保障，为这些家庭的孩子提供进一步接受教育的机会。

表 5－6　A 县教育扶贫政策及其主要内容

具体扶贫政策	主要内容
强化控辍保学	建立县级政府、县级教育部门“双线”负责制，全面完成义务教育阶段学生控辍保学任务
实行十三年免费教育	（1）学前一年免费教育：幼儿园大班每生每年免收 1300 元，小班附设幼儿班每生每年免收 1700 元；（2）九年义务教育“两免一补”：免学费和免费提供国家规定课程、地方课程教科书，补助贫困寄宿生生活费；（3）高中三年免费教育：普通高中、中等职业学校所有在校生，按照每生每年免收 1600 元学费
实施营养改善计划	继续实施农村义务教育学生营养改善计划，按照每生每天 4 元标准，一年按照 200 天计算进行补助，让全体中小学生都能吃得饱、吃得安全营养
关爱弱势群体	“两完善、一实施和三保障”：完善农村留守儿童关爱体系、完善进城务工人员和农村居民进城落户随迁子女入学政策体系；实施特殊教育提升计划；保障农村留守儿童、进城务工人员和农村居民进城落户随迁子女入学、残疾儿童青少年平等接受义务教育的权利
落实学生资助政策	（1）基础教育资助政策：幼儿园为 750 元/（生·学年）；小学为 1000 元/（生·学年）（寄宿生）；普通高中分为两个档次：特困生（建档立卡）2500 元/（生·学年）和贫困生 1500 元/（生·学年）；中等职教：2000 元/（生·学年）（助学金）和 3000 元/（生·一次性）。（2）高等教育资助政策：生源地助学贷款：专本科不超过 8000 元/（生·学年）、研究生不超过 12000 元/（生·学年）；国家助学金：特困 3500 元/（生·学年），一般困难 2500 元/（生·学年）。（3）扶贫助学补助：高职建档立卡一次性补助 3000 元/（生·学年）；大学新生资助项目：统筹扶贫、移民、民政和工会等部门助学项目分类资助

资料来源：此表根据 A 县脱贫攻坚指挥部和 A 县教育体育局发布的相关文件和资料整理而来。

因为认识到教育对阻断贫困代际传递的重要性，A 县教育体育局在脱贫攻坚过程中制定了《A 县教育扶贫脱贫工作实施方案》，确立了“保基本、兜底线、精管理、优培育、准着力和显特色”的教育扶贫工作指导思想，在实践中形成了“三四五”[①] 的教育精准扶贫模式，以此来确保教育扶贫的精准性，有效提高了工作的精准度和有效性，详细内容如表 5－7 所示。A 县所采取的“三四五”教育精准扶贫模式，正是期望能够从多个维度来保障贫困人口接受良好的教育，从而有效发挥教育在阻断贫困代际传递中的重要作用。在进入脱贫攻坚成果巩固拓展和全面推进乡村振兴的时期，应该继续加大对脱贫地区的教育和健康投入，不断补足这些地区的短板，努力提高基础教育、义务教育和高中教育水平与质量，因为教育是一个完整的链条，一个环节出现问题，就可能影响下一个环节的教育质量，甚至对

① “三四五”教育精准扶贫模式主要指的是三种类型、四种方式和五个措施。

一个人的人生产生重大影响，所以要引起足够重视。另外，健康是获得其他发展的基础，如果没有健康的身体作为基础，其他的一切发展都将成为“空中楼阁”。所以，应该将教育和健康作为加大减贫力度的重要手段，因为这不仅是预防贫困的重要手段，也是提升其内生能力和内生动力的重要手段，是实现贫困人口自主发展的重要途径。

表 5－7　A 县“三四五”教育精准扶贫模式

措施名称	具体内容
三种类型	一是做好薄弱学改造，强化师资队伍建设，提升学校办学水平； 二是抓好教育扶贫资助，以扶智促脱贫，解决众多贫困学生读书难问题； 三是抓好定点脱贫帮扶，开展技能致富培训，以技能促脱贫
四种方式	一是项目资金帮扶，解决农村薄弱学校硬件办学条件； 二是教育资助帮扶，扩大资助面，帮助千万贫困家庭学生完成学业； 三是产业帮扶，对年度定点脱贫攻坚镇村，走种养结合、长短结合之路，拓宽脱贫渠道，帮扶贫困村民发家致富； 四是技术帮扶，建立农民培训学校，增强村民科普意识，提高农产品经济效益
五个措施	一是加大投入，提高办学条件，促进教育均衡发展； 二是优化师资队伍建设，均衡配置师资，城乡同步提升； 三是落实普惠政策，开展扶贫济困助学工作； 四是真心帮扶，多方提供技术指导、咨询和资金帮扶； 五是强化措施，多措并举，确保定点扶贫村限期脱贫

资料来源：此表的内容根据《A 县脱贫攻坚简报》2016 年 12 期（2016 年 11 月 1 日）中的相关内容整理得来。

如上所述，基本公共服务对促进贫困人口脱贫发挥了重要作用，如今我国已经全面打赢脱贫攻坚战，但脱贫地区仍面临着发展不平衡不充分的问题，2020 年以后的工作重点也将转向以巩固拓展脱贫攻坚成果和全面推进乡村振兴为主，而实现基本公共服务均等化和提高基本公共服务供给质量将对促进脱贫地区发展发挥重要的推动作用。2020 年以后，仍需要不断建立健全农村低收入人口和欠发达地区的帮扶机制，加快推进脱贫地区乡村产业、人才、文化、生态、组织等全面振兴，为全面建设社会主义现代化国家奠定坚实基础。因此，原集中连片特困地区在摆脱绝对贫困之后，面临着发展转型的问题，需要更加关注脱贫地区低收入人口的帮扶问题，做好脱贫攻坚与乡村振兴的有机衔接，持续改善脱贫地区公共基础设施条件，进一步提升脱贫地区基本公共服务水平。关于基本公共服务供给如何提升脱贫地区乡村发展质量和促进脱贫人口获得均等化的基本公共服务，将在下一章进行详细讨论。

第六章

发展转型：脱贫地区的乡村振兴与基本公共服务供给

2020年，我国绝对贫困问题得到历史性解决，并开启全面推进乡村振兴战略的新征程，但贫困并未在中国消失，脱贫地区低收入人口的需求开始由生存型向发展型转变，个体因素对贫困的影响逐渐减弱，结构性因素开始增强，既有帮扶举措的效用难以发挥。因此，2020年以后，在全面推进乡村振兴的进程中，要将预防脱贫地区低收入人口不发生规模性返贫和缓解相对贫困内嵌于乡村振兴制度运行体制之中，不断提升防贫意识和重视消除相对贫困。这样的发展目标要求政府回归有效政府的角色定位，确保人人获得平等的发展机会，以基本公共服务为发展方向，通过促进基本公共服务均等化来补齐脱贫地区发展短板。同时，在乡村振兴战略中统筹推进减贫工作，努力实现巩固拓展脱贫攻坚成果同乡村振兴有效衔接，为保证脱贫地区的脱贫质量提供制度保障和促进脱贫地区乡村振兴提供基础条件。

第一节　2020年脱贫后农村人口性质与特点的新变化

一　生存型需求逐渐向发展型需求转换

“小康路上一个都不能掉队!”这是党和政府对人民的一项庄严承诺。新中国成立以来，党和政府始终将民生问题放在重要位置，尤其是解决贫困问题。改革开放以来，中国经济的快速发展和政府开展的大规模开发式扶贫，使中国农村贫困人口的规模快速下降，21世纪初期我国解决了温饱问题，人们“吃不饱、穿不暖”的状态成为历史。党的十八大以来，为全面建成小康社会，我国将脱贫攻坚摆在治国理政的新高度，在政府的强力推动下，我国脱贫攻坚取得举世瞩目的成就，2011 年确定的贫困标准下的贫困人口已于 2020 年底全部实现脱贫，贫困县全部摘帽，绝对贫困得到历史性消除。同时，农民收入不断增长，2020 年农村居民人均可支配收入为 17131 元，比 2019 年增长 3.8%①。因此，有学者指出，在精准扶贫战略的不断推动下，2020 年底我国已经告别了绝对贫困。但是，脱贫摘帽并不是终点，而是新奋斗的起点，2020 年以后脱贫地区低收入人口的性质和特征发生新的变化，低收入人口的需求逐渐从求生存转向谋发展，因为中国特定的城乡二元结构导致基本公共服务供给差异而形成的多维贫困和发展差距会逐渐凸显（李小云，2019b）。从我国脱贫地区面临的现实情况来看，脱贫人口的基本生存问题已经得到解决，“不愁吃和不愁穿”的目标已经实现（张永丽、徐腊梅，2019），但他们的发展型需求并未得到很好满足。尤其是流动人口、城市低收入人口和兜底保障脱贫人口，这些人群具有较高脆弱性和风险性，主要面临养老服务、助残服务和健康服务不足等问题，这些特殊人群一旦遭遇生活风险便会再次陷入贫困，而既有的扶贫政策实践和制度安排并没有建立起满足这一人群需求的有效机制，而伴随着脱贫攻坚的全面胜利和乡村振兴的全面推进，这一机制的建立便显得异常迫切。

伴随着脱贫攻坚战的全面胜利，人们的生存型需求逐渐减弱，开始转向更高的发展型需求。生存型需求主要指的是与个人或家庭衣、食、住、行等密切相关的基本生存需求，当这些需求无法得到有效和持续的满足时，个体就会处于极端贫困或者赤贫状态（白雪秋、余志利，2019）。改革开放以来，我国不断深化农业农村体制改革，激发了农民参加生产劳动的积极性，尤其是农业税的取消极大减轻了农民的负担，使农民的生活质量和生产条件得到极大改善，这为 2020 年全面摆脱贫困和全面建成小康社会奠定了坚实的制度基础。同时，自 20 世纪 80 年代以来，我国开始实施有组织、有计划和大规模的开发式扶贫，有效帮助贫困地区改善了交通、饮水、道路和灌溉等与生产生活紧密相关的基础设施，改善了贫困地区农民的生产生活条件，提升了亿万农民的生活质量。党的十八大以来，在精准扶贫战略的推动下，我国不断创新扶贫体制机制，建立起中央统筹、省负总责、

① 数据来源于《2020 年国民经济和社会发展统计公报》，http://www.stats.gov.cn/tjsj/zxfb/202102/t20210227_1814154.html。

市县抓落实，以及五级书记抓扶贫的工作机制，采取多种组合措施来攻克绝对贫困，对农村贫困人口的生存型需求进行回应，有效解决了农村贫困人口的基本生存问题，并于2020年全面打赢脱贫攻坚战，实现了贫困人口全部脱贫和贫困县全部摘帽。但是，伴随着中国社会转型的加速和城乡二元结构分割所导致的基本公共服务供给差异，2020年以后脱贫地区人口的基本生存需求逐渐转向更高层次的发展需求。

发展型需求与生存型需求不同，主要指的是一个人或家庭的基本生存需求虽得到满足，但仍缺乏摆脱贫困的知识、技能、机会和条件，接受教育、健康服务和文化娱乐的需求在不断增长（白雪秋、余志利，2019）。这种类型的需求具有相对性，在不同发展阶段和不同区域会表现出差异，在我国已经全面打赢脱贫攻坚战和全面推进乡村振兴之际，更好地满足人民群众的发展型需求应该尽早被提上议事日程。因为发展型需求如果长时间得不到满足，就会使人民群众产生相对剥夺感，从而陷入相对贫困和发展型贫困。发展型贫困的成因与生存型贫困有着巨大差异，"发展型贫困的成因一方面深深地嵌入在发展的制度之中，另一方面也与群体是否具有适合发展的现代性伦理相互联系"（李小云等，2019）。一般而言，发展型贫困具有三个特征：一是受自然环境的制约和社会制度的限制，自身发展条件与发展潜力非常有限（张永丽、徐腊梅，2019）；二是贫困地区的整体经济、社会和文化状况滞后，基础设施建设和基本公共服务供给较差，区域为贫困个体创造发展的机会有限（吴国宝，2018）；三是贫困者个体自身文化素质、职业技能和社会资本等资源较差，抵抗社会风险的能力较弱，导致他们无法跨越贫困这道"门槛"（张永丽、李青原，2018）。因此，2020年以后，在全面推进乡村振兴战略的进程中仍要树立减贫和防贫意识，重点关注脱贫地区民众的发展型需求，加快补齐脱贫地区乡村振兴的基本公共服务短板，建立健全防贫预警监测与帮扶机制，持续巩固脱贫攻坚成果和重视发展型贫困的解决。

二　个体因素限制转化为结构因素制约

一直以来，国际上流行的测量贫困的方法以世界银行为代表的国际组织所使用的基本需求测量法为主，这种方法主要是基于经济学和生物学视角来测量满足人类生存的基本需求，并将其转换成一定数量的货币（即贫困线）来测量贫困人口是否处于贫困之中。这种以收入为核心的贫困测量手段，对促进我国贫困发生率的快速下降和贫困规模的减少起到重要作用（张永丽、徐腊梅，2019）。2012 年底原集中连片特困地区农村贫困人口为 5067 万人，贫困发生率为 24.4%，到 2018 年底下降为 935 万人，贫困发生率为 4.5%（国家统计局住户调查办公室，2019），整体性区域贫困得到有效缓解。截至 2020 年底，贫困人口已经全面实现脱贫，这些贫困人口的“两不愁三保障”问题得到解决，但脱贫地区的基本公共服务供给不足问题仍然比较突出，主要表现为城乡二元结构导致的城乡教育、医疗卫生和社会保障等方面的差异。在已经全面打赢脱贫攻坚战和全面推进乡村振兴战略的背景下，既有的帮扶举措已经不能全面回应低收入人口的内在需求，因为这种帮扶措施侧重于货币贫困，而忽视了对非货币福利的提升。因此，既有减贫政策也主要是以提高贫困个体的收入为主，而不是以提升贫困人口的非货币福利为主，即使这种举措在过去 70 多年对减少农村贫困发挥了重要作用。

但是，伴随着 2020 年减贫目标的实现，与个体高度相关的基本生存问题已经得到全面解决，绝对贫困也在中国得到历史性消除，2020 年以后的发展主要是消除发展不平衡不充分的问题。这种不平衡和不充分主要体现为不同地区之间和不同群体之间获得基本公共服务的差异，而造成这些差异的主要原因是制度性和结构性因素。近年来，尽管我国提出了城乡一体化和基本公共服务均等化的发展战略，但受制于既有制度、财政支付水平和基础薄弱等结构性因素，城乡融合发展的速度和基本公共服务均等化的推进速度依旧无法满足人民日益增长的多元化需求。2020 年虽已全面实现脱贫，但兜底保障脱贫人口主要以“老弱病残”为主，这些人群具有较高脆弱性；而返贫人口主要以遭遇重大疾病或生活变故的人口为主，这是形成贫困增量的主体（李小云、于乐荣、唐丽霞，2016）。显然，针对这些人口，如果仅仅以提高收入为脱贫标准，那么即使帮助其摆脱了绝对贫困，其自身的特征也决定了他们仍然是农村的低收入人口，抵抗风险的能力较弱，是防贫监测与帮扶的重点对象。因为伴随着收入贫困得到有效解决，以教育、医疗和社会保障等为核心的基本公共服务缺失或供给不足的多维贫困将会日益突出（张永丽、张佩、卢晓，2017）。因此，2020 年以后应该更加关注多维贫困和相对贫困问题，在推进乡村振兴战略过程中对农村发展政策进行优化调整，以回应农村人口性质和特征的变化，进而回应农村人口的多元化需求，从而有效减缓相对贫困和发展型贫困。

改革开放以来，我国经济的发展带来了一些负面影响，比如贫富差距不断扩大和社会阶层分化，这些负面影响导致城乡内部的不平等加剧和相对贫困水平逐渐上升，而相对贫困反过来也会对经济增长带来负面影响（李永友、沈坤荣，2007）。中国统计局发布的贫困监测数据显示，2017 年农村居民按照可支配收入划分的五等分组中，低收入组人均可支配收入为 3302 元，高收入组人均可支配收入为 31299 元（国家统计局住户调查办公室，2018），极差为 27997 元，高收入组是低收入组的 9.5 倍。由此可见，低收入群组与高收入群组之间的人均可支配收入差距还比较大。在社会转型阶段，城乡发展差距、贫富差距和区域发展差距等已引发一系列社会问题，人们逐渐认识到贫困不仅意味着“吃不饱、穿不暖”，还意味着社会排斥和相对剥夺。这里主要强调的是由于贫困个体缺少维持必要社会活动的资源和条件被剥夺，从而产生不平等和相对剥夺感（杨立雄、谢丹丹，2007）。这种相对剥夺感反映的是基本公共服务供给不足，这些制度性和结构性因素的破除，依靠个体自身的努力是无法解决的，只能从顶层设计和制度变革的角度着手。因此，在消除绝对贫困以后，政府应该及时关注脱贫地区低收入人口性质与特征的新变化，着眼于巩固拓展脱贫攻坚成果同乡村振兴有效衔接的发展目标，及时调整发展实践和政策制定方向。将基于基本公共服务的减贫纳入乡村振兴的实践，方能有效缓解相对贫困。

三　既有帮扶举措的局限与 2020 年以后脱贫地区的政策优化方向

上文讨论了基于基本公共服务的减贫的作用机理和具体维度，指出基本公共服务可以从四个层次和维度减少贫困，本节在对既有扶贫举措进行回顾和反思的基础上，着眼于促进脱贫攻坚成果巩固拓展同乡村振兴有效衔接的目标，指出既有扶贫政策已经难以适应贫困人口性质和特点的新变化，转而强调基于基本公共服务的发展政策可以在 2020 年以后的乡村振兴进程中发挥重要价值。回顾我国贫困人口需求变化与政府对贫困者诉求的回应可以发现，不同发展阶段贫困人口的需求不同，但政府所采取的扶贫政策基本上没有太大变化，一直采取的是以发展主义为导向的“强干预”举措，针对贫困地区主要以经济开发和扶贫开发为主，针对贫困人口主要采取的是以增加收入为主要手段，而其他举措一直都起着辅助作用。表 6－1 简要回顾了新中国成立以来我国扶贫政策的基本理念与减贫目标的变迁过程，从表 6－1 所反映的内容来看，发展主义的“强干预”一直是中国扶贫政策的总基调，“发展”始终贯彻在各个减贫阶段的政策文本与扶贫实践中。

表 6－1　我国不同减贫阶段的主要政策目标

减贫的历史阶段	主要政策目标
平均分配导向的小规模救济式扶贫阶段（1949～1977 年）	保障贫困人口的临界生存需求，俗称“救急不救穷”，但这种方式难以帮助贫困人口摆脱贫困
农村体制改革推动的减贫效应集中释放阶段（1978～1985 年）	通过经济体制变革促进农村生产力和农村经济发展，使广大贫困人口通过自己的劳动缓解贫困。
系统谋划整县推进的专项扶贫政策创新阶段（1986～2000 年）	到 20 世纪末解决贫困人口温饱问题，告别“温饱型”贫困，加强基础设施建设和改变教育文化卫生的落后状况
区域联动与整村推进的扶贫开发新模式阶段（2001～2010 年）	尽快解决少数贫困人口温饱问题，进一步改善贫困地区的基本生产生活条件，巩固温饱成果，提高贫困人口的生活质量与综合素质，为实现全面小康社会创造基础性条件
连片开发与精准扶贫融合推进的新战略阶段（2011～2020 年）	到 2020 年，稳定实现扶贫对象“两不愁三保障”，实现贫困地区农民人均纯收入增长幅度高于全国平均水平，基本公共服务主要领域指标接近全国平均水平，缩小地区发展差距

资料来源：根据《国家八七扶贫攻坚计划》《中国农村扶贫开发纲要（2001～2010 年）》《中国农村扶贫开发纲要（2011～2020 年）》等相关政策文件整理而来。

从 1986 年国务院成立专门的扶贫机构开始，中国政府便开始了大规模、有计划和有组织的开发式扶贫，在后来的减贫实践中虽不断调整瞄准单位和具体的扶贫举措，在进入 21 世纪之后，国家也推出了保障性扶贫与开发式扶贫并重的举措，但开发式扶贫仍在众多扶贫措施中居于主导地位，无论是关于贫困地区的经济开发与项目开发，还是与贫困人口相关的人力资本开发，都以开发为导向。政府推出的开发式扶贫举措主要致力于提高农村贫困人口的收入，中央财政通过投入专项扶贫资金在农村地区修建农业基础设施，发放农业企业补贴来促进农村产业发展，以及通过投资基础教育和转移就业等措施来促进农村人力资本开发，这些举措的目标是通过提升农村基础设施、发展农业生产和扶持地方企业发展等方式来带动农民增收。

然而，回顾中国减贫制度的历史变迁可以发现，新中国成立以来我国减贫事业取得了历史性成就，贫困人口和贫困发生率持续下降，为全球减贫事业做出了重要贡献（黄承伟，2016）。但是，必须清楚地认识到中国取得如此巨大减贫成就的重要基础和主要推动力量仍然是经济的增长，尤其是农业和农村经济的持续增长，有针对性的开发式扶贫投资对减贫只起到补充作用（汪三贵，2008）。在我国完成减贫目标之后，贫困并不会在中国消失，只是性质发生了变化，从绝对贫困转变成相对贫困（张琦、冯丹萌，2016）。但是，政府长期以来主导扶贫，扮演着扶贫政策制定者、倡导者和执行者的角色，几乎包揽了所有事务，贫困人口只是被动接受政府的制度安排与政策帮扶（向德平，2011），自主发展能力不足，政府一旦从扶贫中退出，贫困人口的发展又将陷入困境。这种以政府为主导、“事后补救式”的扶贫方式在2020年以后将面临诸多挑战，如脱贫地区农村人口性质与特征的变化、经济发展益贫效应下降、城乡发展差距不断扩大、致贫因素更加复杂和风险社会加剧所带来的不确定性等，都会对减贫的可持续性提出挑战。而最大的挑战应该是“不平等程度的不断上升所导致的经济增长益贫效应持续下降，瞄准偏差导致扶贫投资效果降低”（汪三贵，2008）。一项针对中国的研究表明，基尼系数对贫困发生率的弹性为3.5，且非常显著。也就是说，在控制了收入增长的情况下，基尼系数每增加1个百分点，贫困发生率就会上升3.5个百分点（Martin and Chen，2016），这意味着收入不平等的扩大将会对农村发展产生一些负面影响。

如上所述，在回顾和比较了不同时期的扶贫举措之后，发现这些扶贫举措主要聚焦于“脱贫”上，即重点关注贫困人口收入的提高，而较少关注贫困人口如何“解困”，即未向贫困人口发展提供“起飞”的平台与空间。这里的“解困”主要强调的是贫困人口行动能力的提高，从而摆脱发展困境。虽然既有帮扶举措能够在短期内有效解决贫困人口的基本生存问题，但尚未构建起防贫长效机制，不能满足脱贫人口的发展型需求，在当前的时间节点上，持续巩固拓展脱贫攻坚成果和防止不出现规模性返贫是摆在政府面前的一个现实挑战。所以，在脱贫地区农村人口性质和特征发生新变化的背景下，如何促进脱贫地区的发展政策优化，推动脱贫攻坚与乡村振兴有效衔接，是一个值得深入思考的问题。2020年以后需要不断推进脱贫地区发展政策优化主要基于以下几点考虑。

首先，2020年我国虽已如期实现减贫目标，但只是消除了绝对贫困，并未消除相对贫困，巩固拓展脱贫攻坚成果仍然是当前发展阶段的重点任务。因为刚刚摆脱贫困的人口仍然是社会的低收入群体，面临着返贫和滑入贫困的风险。脱贫地区农村人口的特征变化表明，开发式扶贫政策存在局限性，对地域和贫困者能力的依赖导致开发式扶贫的减贫效应不断下降，此时加强对脱贫攻坚成果的巩固提升就显得十分必要。其次，中国在2020年消除绝对贫困以后，“三农”工作的战略重心将发生历史性转移，从集中资源助力脱贫攻坚转向全面促进乡村振兴，但脱贫人口仍生活在原集中连片特困地区，这些地区的基础设施建设和基本公共服务供给虽在脱贫攻坚期内得到较大改善，但与城市地区和东部地区相比，仍然存在较大差距。因此，脱贫攻坚完成后应该持续改善脱贫地区基础设施条件，按照乡村振兴的要求，统筹推进脱贫攻坚成果巩固与乡村建设行动。最后，社会经济的快速发展，带来了农村的转型贫困和发展型贫困问题，涉及营养、健康和发展机会等，这种贫困是一种“次生贫困”现象，将会在未来一段时间内长期存在。2020 年以后，中国的发展将从消除绝对贫困转向缓解相对贫困，从“脱贫”转向“解困”，2020 年以后脱贫地区农村人口的性质和特征已经发生新变化，这些新变化对贫困治理体系和扶贫举措提出了新要求，但扶贫制度设计和政策制定存在一定滞后性，尚未建立起完善的防贫监测与帮扶机制，基层实践还局限于以发展为导向的逻辑框架之下，未能很好地回应脱贫地区农村人口的需求。

基于以上讨论，本书提出 2020 年以后脱贫地区的发展政策应该以提升弱势人群抵御风险的能力为目标，聚焦于如何“防贫”和获得均等的发展机会，而不是仅靠单一的事后扶贫或救助。同时，努力发挥劳动力市场的作用，为低收入人口创造更多的就业岗位、提高低收入人口劳动所得和增加低收入人口受教育机会，而加快促进城乡基本公共服务均等化将是未来政策制定的一个重要方向（宋扬、赵君，2015）。中国的贫困问题是历史因素、现实因素和未来发展趋势交互作用产生的结果，贫困问题与经济发展水平密切相关，绝对贫困虽得到历史性消除，但从长远来看，仍具有很多不确定性（陈宗胜、沈扬扬、周云波，2013），脱贫攻坚成果的巩固依旧是决定脱贫攻坚质量的关键。因为 2020 年以后中国的发展问题将由物质匮乏、收入不足转化为发展机会不平等、能力缺失和社会排斥等为主要特征的发展问题，现有的帮扶举措将难以回应 2020 年以后的发展需求（唐任伍、肖彦博、唐常，2020）。因此，2020 年以后政府应该逐渐回归“有限政府”的角色和确保全体人民获得均等的发展机会，农村发展政策的设计思路应该从针对贫困人口的“特惠”转向面对所有社会成员开放的“普惠”，以应对社会经济发展面临的新挑战，有效化解脱贫地区低收入人口面临的社会风险，通过基本公共服务均等化来降低社会不平等和缩小发展差距。

第二节　有限政府与机会均等：基本公共服务助力脱贫地区发展

一　回归有限政府：从“强干预”转向“软干预”

中国的贫困治理与国外不同，政府一直在扶贫中居于主导地位，逐渐形成了行政主导扶贫的治理模式（许汉泽，2018），而在具体的扶贫举措上，主要以开发式扶贫为主，并辅之以其他扶贫举措。无论是开始于 20 世纪 90 年代的《国家八七扶贫攻坚计划》，还是 21 世纪初实施的“整村推进”和党的十八大以来推进的“精准扶贫”战略，从顶层设计、政策制定到扶贫开发项目的具体实施，政府都在其中发挥着主导作用。这种以政府为主导、市场和社会共同参与的贫困治理模式，虽在减少农村贫困中发挥了重要作用，但政府过度介入和过多干预也带来了一些负面影响：一是增加了政府负担，让政府在扶贫中变成了大包大揽的“全能型政府”，承担的无限责任导致政府的负担过重；二是让贫困人口产生了“福利依赖”，一些贫困户把享有的扶贫政策当成自己应得的福利，从而产生依赖心理，内生发展动力不足；三是不利于地方政府和贫困村治理能力的提升，上级政府过度指导或驻村工作队过度介入扶贫工作，导致地方政府和乡村本土人才得不到锻炼，从而丧失发展的自主性。在政府撤出扶贫领域之后，地方发展的局限性和本土人才发展能力不足将会逐渐显现。同时，伴随着贫困人口特征的变化和脱贫地区进入乡村振兴新阶段，以开发式扶贫为主的帮扶举措并不能有效回应脱贫地区低收入人口的新需求，尤其是针对那些依靠兜底保障脱贫的人口，这就呼唤政府不断进行体制机制变革，重新定位政府在促进农村发展中所扮演的角色，并寻找新的发展思路来促进脱贫地区的乡村振兴。

因此，在打赢脱贫攻坚后，在全面推进乡村振兴的进程中，政府应该尽快回归到“小政府”上来，避免因过度干预而出现“养懒汉”和政府失灵的现象。2020 年以后，政府在促进脱贫地区的发展举措上，应该逐渐由发展主义的“强干预”转换到服务主义的“软干预”上来，通过促进基本公共服务均等化来促进脱贫地区的乡村振兴，进而有效巩固脱贫攻坚成果。“软干预”是指政府应该提供基本公共服务，为公民实现基本生存和发展提供良好的发展环境、平台与空间，为他们实现能力转化提供必备的基础性条件，而不是直接干预或帮助他们发展。当然，这并不是强调要取消社会保障制度，而是要努力实现城乡社会保障一体化，为那些因社会竞争失败、基本生存面临威胁的人群提供社会安全网，保证每一个社会成员不因社会风险的存在而陷入贫困。同时，在推进乡村振兴的实践中保证政府职能不出现越位，确保城乡人口发展的机会均等，基本公共服务均等化可以在促进 2020 年以后脱贫地区乡村振兴发挥重要作用。

二　保障机会均等：为低收入人口提供均等的发展机会

笔者在进行实地调查时发现，曾经被识别为贫困人口的人之中有相当一部分是因为缺乏技能、缺乏资金和内生发展动力不足而陷入贫困，于是帮扶举措就提出了“授人以鱼不如授人以渔”的助人自助理念，帮扶干部在制定帮扶措施时便针对不同原因致贫的人口进行了精准帮扶，如进行劳动技能培训、提供小额贴息贷款和激发贫困人口的内生发展动力等，但这些看似“精准”的帮扶举措在实践中产生的帮扶效果并不理想，主要原因在于这些帮扶举措均是建立在“问题视角”上，且只看到贫困问题的部分本质，而未看到问题的全部本质。过去的帮扶措施认为贫困人口若因为缺乏劳动技能而致贫，就耗费大量的人力和物力开展大规模劳动技能培训，可最终的结果是接受培训的贫困人口并未找到与技能相匹配的工作，还是继续回到农村从事农业生产或在城市打工，在培训班上学到的技能并未应用到新的生产实践中。导致出现这一现象的原因主要有二：一是培训技能的选择与贫困人口的发展需求存在结构性矛盾，并未立足于贫困者自身，而是政府“自上而下”进行的培训安排，没有体现受训者的主体性，所以不能激发他们参与和应用所学技能的积极性；二是所学技能与就业市场存在结构性矛盾，虽然培训了一批农村剩余劳动力，但市场上并不能为参加培训的贫困人口提供相应的就业岗位，所以这些受训的农民还是处于“待业”或“失业”状态，长期如此便会导致他们对政府组织的技能培训失去信心和兴趣。这就好比捕鱼，“有鱼可捕”比“学会捕鱼”更重要。也就是说，教会一个人捕鱼的技能固然重要，但要使他能生存下去，还需要另一个重要条件，那就是池塘里要“有鱼可捕”。如果池塘里面没有鱼，培训再多的渔夫也是没有用的。这启示我们要统筹推进脱贫攻坚成果巩固同乡村振兴衔接，促进产业振兴与人才振兴有效融合，以产业吸引一批人，以人才带动一批产业，要结合低收入人口的需求、能力和条件，发展一批与乡村人才相匹配的产业，从而有效解决脱贫地区人口的就业问题，促进脱贫地区乡村全面振兴。

另外，“提升贫困人口内生发展动力是破除农村贫困的瓶颈问题”这一观点得到大部分学者、政策制定者和基层实践者的认同，他们认为脱贫攻坚实践中有些贫困人口的“等靠要”思想非常严重，从不主动依靠自己的双手去获取劳动果实，总希望不劳而获。扶贫干部往往对这类贫困户也持有“恨铁不成钢”的态度，认为这类贫困人口之所以处于这样一种生活状态，完全是“自找”的。因此，帮扶者经常陷入帮扶的困境，面对这种情况只能表示非常无奈而无法采取任何有效措施。这是这些贫困人口陷入自我破坏恶性循环的主要原因，如果没有强大的外力将其拉出“贫困陷阱”，他们便永远生活在贫困之中。但是，在笔者看来，贫困人口的内生发展动力不足是内生能力不足长期积累的外化结果，关键问题在于解决内生能力不足的问题。同时，如果从生命历程视角出发，则会看到贫困个体表现出来“对生活无所谓”的态度，是长期遭受生活打击不断积累的结果。所以，2020 年以后在全面推进乡村振兴战略的实践中应该继续关注这一人群的变化，并适时转变帮扶理念，立足这一人群自身的需求，为其提供更加丰富的发展“方案”，让所有人口均享有平等的发展权利与发展机会，努力促进脱贫攻坚成果同乡村振兴有效衔接。尤其是要通过基本公共服务均等化来进一步补齐脱贫地区的发展短板，因为脱贫地区与城市地区和东部地区相比较而言，基本公共服务还存在较大差距，加快提升基本公共服务供给水平和质量可以帮助脱贫人口实现生活机会均等，并为他们提供医疗、教育和就业等资源，使脱贫地区的低收入人口在面临生存风险时可以选择有效的保障机制，从而扩展他们在生活机会上的有限选择，有助于确保每一个个体获得均等的发展机会。

第三节　2020年以后脱贫地区发展转型的思路与理念

一　发展思路的转变：从“特惠”走向“普惠”

贫困人口的特点是制定扶贫政策的主要依据（刘欢，2017），上文指出在2011年确定的标准下的绝对贫困被消除以后，脱贫地区的人口的性质和特征已经悄然发生新变化。所以，在2020年以后应该及时调整针对脱贫地区的发展政策，转变政策设计理念势在必行。精准扶贫战略所采取的一系列减贫政策实质上是针对特定人群的一种特惠性政策，即只针对经过一套识别机制筛选出来的贫困人口，如国家级贫困县、贫困村和建档立卡贫困户等，而那些非贫困县、非贫困村和非贫困户是无法享受专项扶贫政策的。当然这样的政策设计的主要目的在于精准识别贫困人口，提高扶贫资源使用效率，有其可取之处，但在不同的经济社会发展阶段，贫困人口的特征、国家财政的支付能力等共同决定了扶贫需要循序渐进，只能先建构一个识别机制和贫困线筛选出贫困程度较深的地区和人口，进行靶向扶贫，并以解决他们的生存问题为重点。党的十八大以来，站在前期取得历史性成就的基础上，在党和政府的强力推动下，脱贫攻坚战取得了全面胜利，绝对贫困得到历史性消除。但值得警惕的是，脱贫攻坚期内所推行的一系列专项扶贫政策已经在贫困户和非贫困户、贫困村与非贫困村之间引起了争议，尤其是略高于贫困线的边缘群体意见较大。因为这一人群的实际生活状态并不比那些被识别为“建档立卡贫困户”的贫困人口好，有的甚至还比建档立卡贫困户还要差，但扶贫资源过多向贫困村和贫困户集中加码，甚至超标供给（王瑜，2018），这样已经导致了福利堆积，使临界贫困群体产生不平衡感和相对剥夺感，政策悬崖效应便开始显现，严重影响扶贫政策实施效果，也带来了一些负面影响，如引发新的社会不平等和贫困再生产等。

伴随着2020年脱贫攻坚目标的实现，“特惠性”专项扶贫政策的局限性也逐渐显现，因为“特惠性”专项扶贫政策主要针对的是绝对贫困，仅仅将减贫目标聚焦于贫困村和贫困户，而忽视了略高于贫困线的临界贫困群体，但这一人群的生活状态与被识别为贫困户的人口相比，并未出现较大差异，他们仍具有很高脆弱性，抵抗生活风险的能力较差，很容易滑入贫困。因此，2020 年以后在绝对贫困得到历史性解决的基础上，应该聚焦于巩固拓展脱贫攻坚成果和防止脱贫地区低收入群体发生规模性返贫，扶贫政策设计理念应该从“特惠”转向“普惠”，拓展贫困的内涵与外延，增强社会政策的包容性，将更多的低收入群体纳入政策的目标范围，及时实现从“单一益贫机制”向“广泛受益机制”转换。此外，在全面推进乡村振兴战略的背景下，发展政策目标也应该由“扶贫”逐渐转向包容性更强的“共富”。在打赢脱贫攻坚战、全面建成小康社会后，要进一步提升脱贫地区基础设施和公共服务水平，巩固拓展脱贫攻坚成果，接续推动脱贫地区发展和乡村全面振兴。因此，2020 年以后脱贫地区的发展政策应该转向以“防贫”和“助贫”为主，加快建立起防贫监测与帮扶机制，从单一的“益贫”机制转向广泛受益的“普惠”机制，因为这样的政策设计能够覆盖到真正的弱势群体，为每一位社会成员提供均等的生活机会。

二　政策理念的转型：从“扶贫”转向“防贫”

我国在 20 世纪 80 年代进行扶贫工作时，由于受到当时历史背景、社会环境和经济发展阶段的限制，无法通过政府转移支付的形式促进贫困人口脱贫，便鼓励贫困地区和贫困人口通过自身的努力摆脱贫困，就提出了所谓的开发式扶贫战略。进入 21 世纪以后，随着国家经济的快速发展和财政实力的增强，国家开始实施基于转移支付和基本公共服务的减贫举措，并且这些举措在减贫中发挥的作用越来越大。但是，要清楚地认识到，在我国减贫历史上，从《国家八七扶贫攻坚计划》到精准扶贫战略，开发式扶贫一直都居于主导地位，这一治理路径突出体现在“区域瞄准—县级瞄准—村级瞄准—户级瞄准（精准扶贫）”这一贫困识别单位的变化上。从更高的层次来讲，从中央到地方，我国农村减贫工作制定的减贫目标和采取的减贫举措，都集中于解决已经陷入贫困的目标群体所面临的问题，这种减贫方式实质上是一种被动的应对，而不是主动预防贫困的产生。

进入 21 世纪以来，我国农村贫困的发生机制不断出现新的变化，单一的和整体的致贫因素逐渐演变为多元和个体因素的叠加，各种因素相互交织形成了一张网，限制了贫困人口的发展，使其陷入多维困境状态，而不仅仅是收入低下。精准扶贫战略实施以来，国家已经认识到贫困特征的新变化，开始调整减贫政策，推出了教育扶贫、健康扶贫、危房改造和兜底保障等一系列具有“防贫”性质的举措，但还没有建立起常态化的防贫监测和帮扶机制。2020 年中国在全面打赢脱贫攻坚战和全面建成小康社会后，中国将进入新的历史发展阶段，但贫困问题仍是中国发展需要解决的突出问题之一（李小云，2020），因为贫困既是绝对的，又是相对的，“绝对”的含义指的是存在一个维持人类基本生存的物质底线，“相对”的含义一般与社会财富的分配、社会分层相联系（李小云，2019b），2020 年以后的贫困更多强调的是相对贫困。因为伴随着经济社会的不断发展、贫困内涵的扩展和贫困线的不断调整（孙久文、夏添，2019），2020 年以后中国大规模的绝对贫困（生存型贫困）将不复存在，但农村地区因基本公共服务供给不足或缺失导致农村贫困人口行动能力受限而表现出来的社会困境将会长期存在，转型贫困、生存型贫困、相对贫困将会成为扶贫的重点工作（李小云、许汉泽，2018）。此外，脱贫人口当中还有一部分依靠兜底保障脱贫，这一部分人口主要以“老弱病残”等特殊人群为主，具有较强的脆弱性，属于极易返贫的群体。因此，在全面打赢脱贫攻坚战、全面建成小康社会和全面推进乡村振兴之际，应该及时对农村发展政策做出相应调整，贫困治理理念应该从“扶贫”转向“防贫”（李小云、苑军军、于乐荣，2020），加强脱贫地区基本公共服务供给，缩小城乡发展差距和贫困发展差距，持续巩固拓展脱贫攻坚成果，在乡村振兴战略中统筹解决“防贫”问题，从而避免出现一边生产贫困人口，一边扶持贫困人口的局面，进一步巩固脱贫攻坚成果，接续推进脱贫地区的乡村全面振兴。

第四节　2020 年以后基本公共服务供给促进脱贫地区发展的建议

2020 年全面打赢脱贫攻坚战后，还需要尽快建立脱贫地区农村低收入人口的帮扶机制，进一步提升脱贫地区基础设施建设和基本公共服务的质量，巩固拓展脱贫攻坚成果，接续推进脱贫地区乡村产业、人才、文化、生态和组织等全面振兴。总体来看，2020 年以后，为更好地促进脱贫地区发展，可以从以下四个方面做出努力。

（1）努力建立城乡一体化的贫困治理体系。脱贫攻坚战虽已取得全面胜利，但脱贫地区的基本公共服务仍存在较大差距，2020 年以后收入型贫困将会逐渐转化为因基本公共服务供给不足或缺失而导致的多维贫困。但是，过去所讲的贫困问题主要指的是农村绝对贫困问题，国家出台的相关扶贫政策也主要针对农村地区，而对城市贫困和流动人口问题关注不足。伴随着绝对贫困得到历史性消除、城镇化发展进程的加快和乡村振兴战略的全面推进，这就要求2020年以后要重点关注转型贫困、相对贫困和多维贫困等问题。所以，2020年以后必须结合乡村振兴战略和新型城镇化战略，加快构建起城乡统筹的贫困治理体系。这主要包括三个方面。一是加强顶层设计和协同治理。2020年以后从顶层设计上构建起以国家乡村振兴局牵头，其他各部门协同参与的城乡贫困治理框架，这将是巩固拓展脱贫攻坚成果和全面推进乡村振兴的重要方面，但要赋予国家乡村振兴局更高的权限，以便更好地发挥其组织协调功能。二是尽快建立城乡统一的贫困识别标准、识别机制和数据共享机制。城乡融合发展是未来的方向，乡村人口还会继续向城镇流动，而在这一过程中便会产生转型贫困和贫困的“流动”。总体来看，建立城乡统一的贫困治理机制，打破城乡贫困治理的二元分割，是2020年以后有效进行贫困治理的基础。三是加快制定多维贫困和相对贫困识别标准。伴随着社会经济的发展和社会问题的多元化，致贫原因越来越复杂（郝晓薇、黄念兵、庄颖，2019），且以收入为特征的贫困日趋淡化，而以基本公共服务供给差异为主要特征的多维贫困却在不断凸显，单一维度的货币贫困已经很难全面反映贫困的实质，因基本公共服务供给不足或缺失而导致的多维非货币贫困将是未来面临的新挑战。因此，2020年以后基本公共服务均等化将成为促进贫困治理的重要路径，这一路径实施的组织基础，就是必须构建起城乡统筹的贫困治理体系。

（2）构建城乡融合的基本公共服务均等化体系。回顾既有的减贫与发展实践，发现经济增长的益贫性和开发式扶贫对减贫的边际效应逐渐显现，经济增长和开发式扶贫对减贫贡献的“滴涓效应”呈现逐渐下降趋势。那么，在常规开发式扶贫效果下降的情况下，就应该及时转变扶贫治理理念和方式，从开发式扶贫、综合保障性扶贫转向基于基本公共服务的减贫，构建起基于基本公共服务的减贫的治理体系，以此弥补脱贫地区的发展短板，助力脱贫地区的乡村振兴。因为“基本公共服务具有保障的基础性、享有的普遍性和实施的公平性等特征”（尹栾玉，2016）。如前文所述，建立有效的城乡基本公共服务体系，保障基本公共服务能够便捷和均等地传递到低收入人口手中，才能保证他们获得均等的生活机会。但是，"基本公共服务均等化并不意味着无差异，均等化本身并不追求结果的均等，而是侧重于机会均等，均等化强调通过制度保障公民享有基本公共服务的权利"（孙晓莉、宋雄伟、雷强，2018）。此外，建立基本公共服务均等化体系，还需要明确中央政府和地方政府的责任与边界，合理划分中央政府与地方政府的财政支出责任、支出水平和支出比例，才能保证基本公共服务均等化体系良性运转。但在这里需要明确，基本公共服务是工具性的，是手段而不是目的，构建基本公共服务均等化体系的目的在于帮助低收入人口提升可行能力，而可行能力的提升便是对行动自由的扩展，才能促进人类的全面发展。

（3）将基本公共服务均等化融入政府治理理念。"公共服务均等化，绝不只是简单的公共资源配置问题，而蕴涵着深层的发生逻辑和价值规范，因而是'元理论'层面的问题。"（Passmoree，2008）基本公共服务作为一种治理手段，应该尽早将基本公共服务均等化融入国家治理的理念中来，尤其是要融入乡村振兴战略和新型城镇化战略的实践之中。因为享有基本公共服务是每一位公民的基本权利，保障人人享有基本公共服务是政府重要的公共责任。以"标准化促进基本公共服务均等化、普惠化和便捷化，是新时代提高保障和改善民生水平、推进国家治理体系和治理能力的必然要求"[①]。人民需求的变化和社会经济的变化，促使政府不断转换治理角色，从为人们提供基本物质需求到解决温饱问题，再到追求更高层次的发展需求。为此，应该努力做好以下三个方面的工作：一是尽快启动减贫立法的论证工作，将减贫纳入中央政府和地方政府的基本职能，以此推动2020年以后巩固拓展脱贫攻坚成果工作的常态化；二是将脱贫攻坚期内地方政府探索出来的实践经验制度化和法制化，以此巩固拓展脱贫攻坚期内取得的成果；三是实现政府、市场和社会在基本公共服务均等化中的协同治理。政府、市场和社会都有自身难以克服的局限性（张紧跟，2015），在为公民提供基本公共服务的实践中，需要协调好三者之间的关系，建立起协同治理机制，充分克服各个主体的局限性，发挥他们的长处，以应对日益复杂

① 2018年，中共中央办公厅和国务院办公厅发布《关于建立健全基本公共服务标准体系的指导意见》对基本公共服务标准化提出了此要求。

的基本公共服务均等化难题。

（4）加快建立基于基本公共服务的减贫评估体系。上文提到需要构建一个基于基本公共服务的减贫的框架体系，但需要认识到基于基本公共服务的减贫并非一个自发的实现过程，一般需要逆非均衡化的政策配套和资源投入（王瑜、汪三贵，2018），所以，有必要加快建立基于基本公共服务的减贫的评估体系。首先，将基本公共服务标准化理念融入政府治理。基本公共服务作为一种治理手段，应该尽早将基本公共服务均等化融入乡村振兴和新型城镇化的实践中，因为享有基本公共服务是每一位公民的基本权利，保障人人享有基本公共服务是政府重要的公共责任。其次，构建系统完善、层次分明和科学实用的基本公共服务标准化评估指标体系。此项指标体系的建立是开展基于基本公共服务的减贫评估的基础和前提，具体的指标应该能够全面、科学地评估基于基本公共服务的减贫的效果和质量。再次，将基于基本公共服务的减贫的成效纳入地方政府推进脱贫攻坚成果巩固同乡村振兴衔接的工作考核中，逐渐引导地方政府治理理念的转变，以提高地方政府在推进基本公共服务均等化上的积极性。最后，建立起科学合理的财政资金投入评估体系。优化中央和地方政府在促进基本公共服务均等化上的财政投入机制，才能不断提高财政资金的使用效率。因此，必须加快建立基于基本公共服务的减贫评估体系，因为只有科学、有效的评估制度才能对基于基本公共服务的减贫成效展开科学评估，以促进脱贫地区低收入人口更好地发展。

第七章 结论与讨论

第二章进行了文献回顾，并提出了基于基本公共服务的减贫的理论分析框架，第三章从基本公共服务视角重新理解贫困及其成因，第四章讨论了基于基本公共服务的减贫的作用机理，第五章讨论了基于基本公共服务的减贫的基本维度，第六章讨论脱贫地区的乡村振兴与基本公共服务供给。在第七章，笔者首先对第一章所提出的研究问题进行了集中回应与总结，得出了五点结论，其次对论文的创新点和不足进行了简要讨论，最后对与本书相关的议题进行了延伸性讨论，以期在后续的研究中继续关注。

第一节 研究结论与主要发现

通过回顾中国贫困治理的历史变迁过程可以发现，政府在扶贫中一直居于主导地位，逐渐形成了行政主导型的扶贫治理模式（许汉泽、李小云，2019b），并在不同的减贫阶段具有不同的特点，这主要受制于国家社会经济发展状况、贫困人口性质与特点等因素。需要指出的是，每个贫困治理阶段都是在前一阶段的基础上进行的，这一过程具有连续性和整体性；进入 21 世纪以后，中国政府虽相继提出了一些补充性扶贫举措，但仍以开发式扶贫为主；就贫困治理而言，不仅要聚焦于贫困人口的治理，还要建立健全防贫监测和帮扶机制，更要着眼于 2020 年以后的相对贫困治理，针对新的贫困治理特征，应该提早谋划，建构起长效减贫机制，巩固拓展脱贫攻坚成果，为全面推进乡村振兴战略奠定坚实基础。

本书以县域为研究单位，着重对秦巴山区 A 县的贫困治理实践和精准扶贫政策的执行情况进行了总结。以 A 县为例考察了基本公共服务视角下的贫困及成因，实证分析了基于基本公共服务的减贫的作用机理和基本维度，以及 2020 年以后脱贫地区的乡村振兴与基本公共服务供给的政策建议。

最后，本书主要得出以下五点结论。

结论一：伴随着贫困群体收入的不断增加，收入型贫困特征渐趋淡化，由中国城乡二元结构导致的基本公共服务差异而形成的多维贫困特征将会日益凸显。经过多年的努力，我国贫困人口的收入有了较大增加，2011 年确定的标准下的绝对贫困已于 2020 年得到历史性消除，但区域、城乡和社群发展差距依旧存在，发展不平衡不充分的问题已经成为社会的主要矛盾，2020 年以后脱贫攻坚成果的巩固拓展和因基本公共服务供给不足或缺失而形成的相对贫困将是我国开展农村工作的重点。

结论二：基于基本公共服务的减贫作为一种贫困治理路径，将会在 2020 年以后促进脱贫攻坚成果巩固拓展和脱贫地区的乡村振兴中发挥重要作用；同时，也将是构建长效减贫机制和可持续发展机制的一个制度选择。因为贫困不仅表现在经济收入不足上，还表现在非经济维度的福利缺失上，而非经济维度的福利缺失比经济收入不足更难以弥补，且对贫困人口产生的影响更加深远。本书提出基于基本公共服务的减贫理念和制度选择，就是期望能够对贫困人口非经济维度的福利进行有效改善，通过基本公共服务均等化的形式为其提供均等的发展机会和平台，使每一个社会成员实现向社会上层流动的可能。

结论三：基本公共服务可以在构建社会安全网、重塑贫困个体价值、提升个体解困能力和增强自我发展能力四个维度有效发挥减贫功能。本书按照基本公共服务可以在减贫中发挥的功能与作用，将基本公共服务划分为兜底型基本公共服务、孵化型基本公共服务、延伸型基本公共服务和发展型基本公共服务四种类型，而这四种类型的基本公共服务分别针对不同层次和特征的贫困人口，将分别为贫困人口提供兜底保障、挖掘贫困者自身优势、解除个体发展限制和增强自我发展能力，从而帮助贫困个体实现能力提升，未来可为巩固拓展脱贫攻坚成果和促进脱贫地区乡村振兴提供一种路径选择。

结论四：提供基本公共服务旨在回归有限政府和确保机会均等，即为贫困群体或其他弱势人群提供均等的生活机会，避免因生活风险而陷入贫困。贫困的表现既有个体性，又有群体性，贫困人口的福利均衡状态在既有的贫困治理路径下发生了平行转移，而无法实现社会阶层的跨越，这便造成了这部分群体发展机会的不平等。部分群体始终处于社会的低收入阶层，即作为收入五等分组中最低收入组，无法实现向更高收入组的跨越。这部分低收入人口保持这样一种状态的原因在于他们的基本可行能力不足，即由于基本公共服务供给不足或缺失而导致贫困人口行动能力不足，其本质原因是这部分群体无法获得均等的生活机会。

结论五：推动基本公共服务供给制度化不仅是构建长效减贫机制的重要路径，更是促进国家治理体系和治理能力现代化的重要组成部分。同时，也是减少社会不平等的重要手段。伴随着 2020 年脱贫攻坚战的结束，我国已经历史性地消除了 2011 年确定的标准下的绝对贫困，但这并不意味着我国彻底告别了贫困，而只能说贫困的性质发生了重要变化，生存型需求逐渐转向以发展型需求为主，个体因素的限制减弱，制度和结构因素在不断增强，这些都要求国家及时构建新的农村治理机制，而基本公共服务恰好可以在此发挥重要作用，因为通过基本公共服务均等化可以有效缩小城乡发展差距、区域发展差距和社会发展差距，为每一个社会成员提供均等的发展机会、条件和平台，从而减少社会不平等。

贫困治理是一个综合性和系统性的工程，脱贫攻坚完成后，绝对贫困得到历史性消除，贫困性质将由此转向相对贫困。本书正是基于地方贫困治理实践和贫困人口性质与特征的新变化，提出了基于基本公共服务的减贫的可能路径，认为它可以作为 2020 年以后应该将其纳入公共政策议程和国家治理理念，并努力推动基本公共服务均等化，这不仅有助于巩固拓展脱贫攻坚成果，而且有助于全面推进乡村振兴和破解相对贫困问题。

第二节　研究创新与不足

本书是对基于基本公共服务的减贫的一次探索性研究，相对于既往的贫困研究，本书有以下三点创新。

一是对贫困概念的补充，从基本公共服务供给不足或缺失角度对贫困概念进行补充定义，以区分“贫”与“困”的差别，指出贫困主要指的是贫困之“困”，即基本公共服务供给不足或缺失导致贫困人口陷入困境之中。

二是从分析框架来看，本书在对既有扶贫开发制度进行历史回顾的基础上，立足于扶贫实践和典型贫困治理经验，对既有减贫路径的不足进行反思之后，提出了基于基本公共服务的减贫的分析框架，并强调政府未来的减贫之路应该回归有限政府和确保底线公平，这些探索有助于推动减贫理论和减贫路径的创新。

三是从研究视角来看，本书尝试从基本公共服务视角来解释贫困成因，并基于其在减贫实践中可能发挥的功能与作用将基本公共服务类型化，对基于基本公共服务的减贫的作用机理和具体维度进行了深入分析，指出不同类型的基本公共服务可以针对不同层次和类别的贫困人口发挥减贫效应。同时国家在完成2020年脱贫目标之后，应着重转向基于基本公共服务的减贫路径，以此缓解相对贫困和建立长效减贫机制。

本书虽有以上三点创新，但由于受资料可获得性和研究水平等主客观因素的限制，还存在一些不足，在此进行说明。

第一，对研究单位的选择。笔者选取了秦巴山区曾经的一个国家级贫困县作为田野调查点，针对该县的脱贫攻坚实践、精准扶贫政策落实情况和精准扶贫、精准脱贫实践的效果进行了参与式观察和深度调查，得出了相关结论。但是，A县只是众多国家级贫困县的一个典型，基于此而得出的结论并未与其他县域或更大的贫困区域进行对比研究，可能有些地方还存在一定的差异，但个案研究并不追求统计学意义上的代表性，只强调对于田野调查地点的解释力。因此，从这一点上来讲，本书得出的结论并不期望在全国进行推广，只期望能够对类似区域的减贫实践做出解释，以及为他们未来的减贫提供参考。

第二，调查资料获取的有限性。本书虽然已经使用了大量的经验材料作为支撑来论述本书的观点，但这些资料大多是精准扶贫实施以来的材料和数据，缺乏历史性文献的广泛搜集与整理，因而也就缺少了纵向的历史比较，未能很好地呈现A县贫困治理的历史。同时，由于很多想获取的资料无法获得，故而导致有些部分观点的论述仍缺少强有力的经验材料支撑，研究者也对此表示遗憾。另外，精准扶贫战略从实施到完成都是一个系统性的过程，精准扶贫政策的出台、实施和终结也是一个完整的链条，笔者所获得材料的截止时间为2020年1月，A县在此时间节点上刚刚退出贫困县序列，但还尚未接受国家的验收评估，而至于2020年之后的政策执行情况和脱贫攻坚成果巩固效果还有待进一步考察和补充。

第三，其他方面的局限性。一项研究不可能对所有问题都进行讨论，本书也不例外。本书在选取研究问题时主要聚焦于基本公共服务参与减贫的问题，着重对这一问题做出了理论解释，并从如何提高贫困人口可行能力的角度提出了基于基本公共服务的减贫路径，进而讨论了基于基本公共服务的减贫的作用机理和基本逻辑。虽然本书对其他方面的问题涉及不多，可能存在一些不足，但这些不足是客观的，因为这些问题并不是本书关注的重点，在此需要着重指出，不过可以在以后的研究中继续关注和讨论。

第三节 延伸性讨论

本书基于一个县域的脱贫攻坚实践对基于基本公共服务的减贫的作用机理和基本维度展开了讨论，认为基于基本公共服务的减贫将成为2020年以后的一条基本路径。但是，贫困问题作为国际社会关注的重要议题之一，也是众多学科讨论的热门话题之一，如经济学、社会学和政治学等学科都有关于贫困问题的讨论，并形成了一套解释贫困问题的理论，对指导减贫实践起到重要的促进作用。尤其是自2013年以来在中国实施的精准扶贫战略，引发了众多学者的关注，产生了大量有关精准扶贫的研究，但就研究内容和研究范式而言，大部分研究还停留在精准扶贫本身的讨论，尚未跳出既有的逻辑框架来讨论更加广泛的议题，这样的学术研究具有一定局限性。因为精准扶贫实践具有丰富性，对贫困户、贫困地区、区域治理和国家治理体系现代化都产生了广泛而深刻的影响。有鉴于此，笔者认为在后续关于贫困的研究，应该着重考虑研究议题的广泛性和研究视角的多元化，需要就以下五个方面进行深入研究和拓展。

第一，精准扶贫与基层治理。自2013年中央提出并形成精准扶贫战略以来，基层政府和基层干部在其中扮演了重要角色，是推动精准扶贫政策落地实施的关键一环，可以说基层政府和基层干部能力的强弱、水平的高低直接决定着精准扶贫政策落地实施的效果，决定着脱贫攻坚的进度和质量。此轮精准扶贫几乎调动了体制内的所有干部，激活了基层干部的活力，对基层治理的制度、形态和理念等都产生了广泛而深刻的影响，但既有的精准扶贫研究对此讨论不多，这是笔者一直觉得有所缺憾的地方，在未来的研究中应该继续加强，持续关注精准扶贫对基层治理产生的影响。

第二，精准扶贫与国家治理体系和治理能力现代化。自精准扶贫战略提出以来，中央就不断加强减贫的顶层制度设计，不断创新贫困治理的体制机制，形成了中央统筹、省负总责、市县抓落实的工作机制，这一工作机制的活力已经被精准扶贫的实践证明，而且已经被写入乡村振兴战略中，未来可以继续在乡村振兴战略中发挥重要作用。这些探索说明，在精准扶贫实践中涌现出众多制度创新，这些创新都已被吸纳为政府治理的常规制度安排。因此，可以说这些探索在一定程度上推动了国家治理体系和治理能力现代化。但当前学界对这一话题的讨论并不算多，在这一点上，未来也是需要加强研究的。

第三，2020 年以后的扶贫制度设计和减贫战略等前沿研究。2020 年以后我国的贫困将由绝对贫困转变为相对贫困，贫困性质发生新的变化，而相对贫困的解决比绝对贫困更加复杂和困难，主流政策派和学界理论派应该及早着手探索 2020 年以后的扶贫标准制定、扶贫制度设计和减贫战略规划等。虽已有一些学者开始探讨这些问题，但尚未得到学界的普遍关注，而这些问题对如何构建长效减贫机制同样重要，所以这些研究主题和发展方向应该得到学界的持续关注。

第四，对精准扶贫实践中产生的“中国经验”进行总结与提炼。精准扶贫是在中国大地上开展的一场伟大的减贫实践，在这一场实践中涌现出一批经典的减贫案例、产业扶贫模式和地方贫困治理经验等，对这些经验亟须进行总结和提炼，因为它是中国减贫与发展理念在实践中的生动体现。而对这些经验进行总结和提炼的过程，不仅是重新学习的过程，而且是构建具有中国特色减贫与发展话语的过程。这一工作的重要性尚未得到充分认识，是后续研究需要进一步加强的部分。

第五，加强对中国减贫与发展经验国际传播的研究。新中国成立 70 多年来，中国在减贫领域取得了巨大成就，已帮助 7 亿多人口摆脱贫困，为世界减贫目标的实现做出了巨大贡献。而中国作为世界最大的发展中国家，在减贫领域取得的经验无疑是具有世界意义的，中国减贫实践为世界减贫贡献了中国智慧与中国方案，值得其他发展中国家学习和借鉴。但是，目前中国在减贫经验与减贫话语的国际传播方面所做的工作还稍显不足，这些都是后期需要不断加强和深入研究的领域。

参考文献

A 县志编纂委员会编，1991，《A 县志（1949～1987）》，陕西人民出版社。

阿马蒂亚·森，2002，《以自由看待发展》，任赜、于真译，中国人民大学出版社。

阿马蒂亚·森，2005，《论社会排斥》，王燕燕译，《经济社会体制比较》第3期。

阿马蒂亚·森，2012，《贫困与饥荒》，王宇、王文玉译，商务印书馆。

白雪秋、余志利，2019，《消除“发展性贫困”：理论基础与现实路径》，《上海经济研究》第3期。

柏良泽，2008，《“公共服务”界说》，《中国行政管理》第2期。

鲍曙光，2014，《农村基本公共服务制度研究——基于减贫的视角》，博士学位论文，财政部财政科学研究所。

曹爱军，2019，《当代中国公共服务的话语逻辑与概念阐释》，《吉首大学学报》（社会科学版）第2期。

曾晨晨，2010，《农村居民健康对我国农村人口相对贫困的影响——以我国中西部地区为例》，《农村经济》第9期。

曾福生、曾小溪，2013，《基本公共服务减贫实证研究——以湖南省为例》，《农业技术经济》第8期。

曾红颖，2012，《我国基本公共服务均等化标准体系及转移支付效果评价》，《经济研究》第6期。

曾天山，2016，《以新理念新机制精准提升教育扶贫成效——以教育部滇西扶贫实践为例》，《教育研究》第12期。

曾小溪、曾福生，2012，《基本公共服务减贫作用机理研究》，《贵州社会科学》第12期。

常建勇、龙玉其、贾可卿，2014，《分配正义：社会保障的根本价值诉求——概念、渊源、机理与实践》，《中国行政管理》第11期。

常修泽，2007，《中国现阶段基本公共服务均等化研究》，《中共天津市委党校学报》第2期。

陈昌盛、蔡跃洲，2007，《中国政府公共服务：基本价值取向与综合绩效评估》，《财政研究》第6期。

陈锋，2015，《分利秩序与基层治理内卷化：资源输入背景下的乡村治理逻辑》，《社会》第3期。

陈海威、田侃，2007，《我国基本公共服务均等化问题探讨》，《中州学刊》第3期。

陈敬德、何世晖，2006，《农村贫困地区公共服务提供的制度安排》，《福州党校学报》第3期。

陈秋红，2019，《乡村振兴背景下农村基本公共服务的改善：基于农民需求的视角》，《改革》第6期。

陈全功、程蹊，2006，《长期贫困为什么难以消除？——来自扶贫重点县教育发展的证据》，《西北人口》第3期。

陈振明，2000，《评西方的“新公共管理”范式》，《中国社会科学》第6期。

陈振明、李德国，2011，《基本公共服务的均等化与有效供给——基于福建省的思考》，《中国行政管理》第1期。

陈振明、吕志奎，2017，《〈摆脱贫困〉中的地方治理思想研究》，《马克思主义与现实》第1期。

陈宗胜、沈扬扬、周云波，2013，《中国农村贫困状况的绝对与相对变动——兼论相对贫困线的设定》，《管理世界》第1期。

程名望、Jin Yanhong、盖庆恩、史清华，2014，《农村减贫：应该更关注教育还是健康？——基于收入增长和差距缩小双重视角的实证》，《经济研究》第11期。

戴维·奥斯本、特德·盖布勒，2006，《改革政府》，周敦仁译，上海译文出版社。

邓高权，2014，《中国家庭结构变迁与养老对策探讨》，《湖南社会科学》第4期。

杜赞奇，2003，《文化、权力与国家——1900—1942年的华北农村》，王福明译，江苏人民出版社。

段世江、石春玲，2005，《“能力贫困”与农村反贫困视角选择》，《中国人口科学》第S1期。

樊丽明、解垩，2014，《公共转移支付减少了贫困脆弱性吗?》，《经济研究》第8期。

范逢春，2016，《建国以来基本公共服务均等化政策的回顾与反思：基于文本分析的视角》，《上海行政学院学报》第1期。

方黎明，2013，《新型农村合作医疗和农村医疗救助制度对农村贫困居民就医经济负担的影响》，《中国农村观察》第2期。

冯华超、钟涨宝，2017，《精准扶贫中农民争当贫困户的行为及其阐释——基于武汉近郊Q村的实地调查》，《中国农业大学学报》（社会科学版）第2期。

付文林、沈坤荣，2012，《均等化转移支付与地方财政支出结构》，《经济研究》第5期。

傅勇、张晏，2007，《中国式分权与财政支出结构偏向：为增长而竞争的代价》，《管理世界》第3期。

高铁军，2015，《比较视野下公共服务的概念与理论简析》，《人民论坛·学术前沿》第10期。

郭继强，2007，《“内卷化”概念新理解》，《社会学研究》第3期。

郭劲光、高静美，2009，《我国基础设施建设投资的减贫效果研究：1987—2006》，《农业经济问题》第9期。

郭晓娜，2017，《教育阻隔代际贫困传递的价值和机制研究——基于可行能力理论的分析框架》，《西南民族大学学报》（人文社科版）第3期。

国家统计局《中国城镇居民贫困问题研究》课题组，1991，《中国城镇居民贫困问题研究》，《统计研究》第6期。

国家统计局住户调查办公室，2018，《中国农村贫困监测报告（2018）》，中国统计出版社。

国家统计局住户调查办公室，2019，《中国农村贫困监测报告（2019）》，中国统计出版社。

韩华为、高琴、徐月宾，2017，《物质剥夺视角下的农村绝对贫困及其影响因素研究》，《人口学刊》第6期。

韩小威、尹栾玉，2010，《基本公共服务概念辨析》，《江汉论坛》第9期。

郝辑，2020，《人类发展指数研究现状及启示》，《社会科学战线》第4期。
郝君富，2016，《世界老龄人口的贫困特征与反贫困公共政策》，《浙江大学学报》（人文社会科学版）第6期。
郝晓薇、黄念兵、庄颖，2019，《乡村振兴视角下公共服务对农村多维贫困减贫效应研究》，《中国软科学》第1期。
何华兵，2012，《基本公共服务均等化满意度测评体系的建构与应用》，《中国行政管理》第11期。
贺雪峰，2018，《中国农村反贫困战略中的扶贫政策与社会保障政策》，《武汉大学学报》（哲学社会科学版）第3期。
洪朝辉，2003，《论中国城市社会权利的贫困》，《江苏社会科学》第2期。
胡鞍钢、李春波，2001，《新世纪的新贫困：知识贫困》，《中国社会科学》第3期。
胡联、汪三贵，2017，《我国建档立卡面临精英俘获的挑战吗?》，《管理世界》第1期。
黄承伟、王小林、徐丽萍，2010，《贫困脆弱性：概念框架和测量方法》，《农业技术经济》第8期。
黄承伟，2016，《中国扶贫开发道路研究：评述与展望》，《中国农业大学学报》（社会科学版）第5期。
黄国武、仇雨临、肖喻心，2018，《深度贫困地区健康扶贫研究：以四川凉山州分级诊疗为例》，《中央民族大学学报》（哲学社会科学版）第5期。
黄树贤，2018，《切实发挥民政在脱贫攻坚战中的兜底保障作用》，《中国民政》第3期。
黄潇，2014，《如何预防贫困的马太效应——代际收入流动视角》，《经济管理》第5期。
黄征学、高国力、滕飞、潘彪、宋建军、李爱民，2019，《中国长期减贫，路在何方？——2020年脱贫攻坚完成后的减贫战略前瞻》，《中国农村经济》第9期。
黄宗智，2002，《发展还是内卷？十八世纪英国与中国——评彭慕兰〈大分岔：欧洲，中国及现代世界经济的发展〉》，《历史研究》第4期。
惠银春，2010，《基本公共服务均等化视野下的浙江省农村反贫困研究——

以浙江省开化县为例》，硕士学位论文，浙江大学。

贾康，2007，《公共服务的均等化应积极推进，但不能急于求成》，《审计与理财》第 8 期。

姜向群、郑研辉，2013，《中国老年人的主要生活来源及其经济保障问题分析》，《人口学刊》第 2 期。

姜晓萍、邓寒竹，2009，《中国公共服务 30 年的制度变迁与发展趋势》，《四川大学学报》（哲学社会科学版）第 1 期。

姜晓萍、陈朝兵，2018，《公共服务的理论认知与中国语境》，《政治学研究》第 6 期。

江泽林，2018，《精准方略下的稳定脱贫》，《中国农村经济》第 11 期。

金一虹，2016，《妇女贫困的深层机制探讨》，《妇女研究论丛》第 6 期。

康晓光，1995，《90 年代我国的贫困与反贫困战略》，《中国国情国力》第 7 期。

康晓光，1997，《论中国反贫困的制度创新》，《云南社会科学》第 2 期。

莱昂·狄骥，2013，《公法的变迁》，郑戈译，商务印书馆。

李春霞、巩在暖、吴长青，2012，《体制嵌入、组织回应与公共服务的内卷化——对北京市政府购买社会组织服务的经验研究》，《贵州社会科学》第 12 期。

李丹、刘小川，2014，《政府间财政转移支付对民族扶贫县财政支出行为影响的实证研究——基于 241 个民族扶贫县的考察》，《财经研究》第 1 期。

李丹、裴育，2016，《均衡性转移支付能促进贫困地区基本公共服务供给吗——基于国定扶贫县的实证研究》，《财贸研究》第 3 期。

李伟、燕星池，2014，《完善财政转移支付制度 促进基本公共服务均等化》，《经济纵横》第 2 期。

李小云，2013，《我国农村扶贫战略实施的治理问题》，《贵州社会科学》第 7 期。

李小云，2015a，《贫困人口陷入“结构性贫困陷阱”了吗?》，《农民日报》5 月 27 日，第 3 版。

李小云，2015b，《新时期农村贫困问题及其治理》，《国家治理》第 38 期。

李小云、于乐荣、唐丽霞，2016，《新时期中国农村的贫困问题及其治理》，

《贵州民族大学学报》（哲学社会科学版）第2期。

李小云，2017，《把深度性贫困的治理作为精准扶贫的重中之重》，《老区建设》第7期。

李小云，2018，《冲破“贫困陷阱”：深度贫困地区的脱贫攻坚》，《人民论坛·学术前沿》第14期。

李小云、高明，2018，《现代性与亚文化：深度性贫困少数民族群体消费与贫困的研究》，《四川大学学报》（哲学社会科学版）第3期。

李小云、许汉泽，2018，《2020年后扶贫工作的若干思考》，《国家行政学院学报》第1期。

李小云，2019a，《2020年后农村减贫需要由“扶贫”向“防贫”转变》，《农村工作通讯》第8期。

李小云，2019b，《构建实现“两不愁三保障”目标长效机制》，中国社会科学网，http://ex.cssn.cn/zx/bwyc/201908/t20190808_4952794.shtml。

李小云、吴一凡、董强、宋海燕，2019，《发展性贫困的生产：制度与文化的田野对话——一个Y族村庄生活的发展叙事》，《广西民族大学学报》（哲学社会科学版）第3期。

李小云，2020，《全面建成小康社会后贫困治理进入新阶段》，《中国党政干部论坛》第2期。

李小云、苑军军、于乐荣，2020，《论2020后农村减贫战略与政策：从“扶贫”向“防贫”的转变》，《农业经济问题》第2期。

李晓延，2017，《教育为何能阻断贫困代际传递》，《人民论坛》第30期。

李新光，2018，《我国基本公共服务均等化：内涵、困境与对策》，《改革与战略》第2期。

李雪萍、汪智汉，2009，《短板效应：西藏公共产品供给——兼论均衡性公共产品供给特点》，《贵州社会科学》第12期。

李燕凌、彭园媛，2016，《城乡基本公共服务均等化的财政政策研究》，《社会观察》第7期。

李永友、沈坤荣，2007，《财政支出结构、相对贫困与经济增长》，《管理世界》第11期。

李中、周勤，2014，《全球化、绝对贫困与包容性增长——来自发展中国家的新证据》，《亚太经济》第1期。

李卓、郭占锋，2016，《抗逆力视角下留守老人社会疏离的社会工作干预模式》，《华中农业大学学报》（社会科学版）第6期。

李卓、左停，2018a，《改革开放40年来中国农民工问题研究：回顾、反思与展望》，《云南社会科学》第6期。

李卓、左停，2018b，《资产收益扶贫有助于“减贫”吗？——基于东部扶贫改革试验区Z市的实践探索》，《农业经济问题》第10期。

李祖佩，2017，《乡村治理领域中的“内卷化”问题省思》，《中国农村观察》第6期。

梁土坤，2019，《反贫困政策、家庭结构与家庭消费能力——基于六省城乡低收入家庭调查微观数据的实证分析》，《贵州社会科学》第6期。

林伯强，2005，《中国的政府公共支出与减贫政策》，《经济研究》第1期。

林闽钢，2018，《如何面对贫困和消除贫困——贫困视角及其政策转换的社会历程》，《南国学术》第1期。

刘爱玉，2018，《制度、机会结构与性别观念：城镇已婚女性的劳动参与何以可能》，《妇女研究论丛》第6期。

刘成奎、任飞容、王宙翔，2018，《公共产品供给真的能减少中国农村瞬时贫困吗?》，《中国人口·资源与环境》第1期。

刘欢，2017，《从绝对到相对转变视域下的中国农村脱贫新探析——基于精准扶贫背景的分析》，《软科学》第5期。

刘欢、胡天天、Huan等，2017，《家庭人力资本投入、社会网络与农村代际贫困》，《教育与经济》第5期。

刘杰、李可可，2016，《彼得·汤森的相对贫困理论及其在英国的实践》，《社会保障研究》第1期。

刘娟，2009，《我国农村扶贫开发的回顾、成效与创新》，《探索》第4期。

刘娟、陆继霞、叶敬忠，2012，《社会保障资源安排中的逻辑与政治——以华北一个村庄为例》，《公共管理学报》第1期。

刘军民，2011，《转变发展方式与减少贫困的相关性分析》，《华中师范大学学报》（人文社会科学版）第4期。

刘俊文，2004，《超越贫困陷阱——国际反贫困问题研究的回顾与展望》，《农业经济问题》第10期。

刘穷志，2007，《公共支出归宿：中国政府公共服务落实到贫困人口手中了吗?》,《管理世界》第4期。

刘尚希,2007,《基本公共服务均等化:现实要求和政策路径》,《浙江经济》第13期。

刘生龙、李军,2012,《健康、劳动参与及中国农村老年贫困》,《中国农村经济》第1期。

刘世定、邱泽奇,2004,《"内卷化"概念辨析》,《社会学研究》第5期。

林万龙,2018,《从城乡分割到城乡一体:中国农村基本公共服务政策变迁40年》,《中国农业大学学报》(社会科学版)第6期。

刘艳华、徐勇,2018,《扶贫模式可持续减贫效应的分析框架及机理探析》,《地理科学进展》第4期。

刘振杰,2014,《以发展的新思维促进农村贫困治理》,《人口与发展》第2期。

龙朝双、田芳,2002,《公共服务:政府职能演变及政府改革方向》,《武汉大学学报》(哲学社会科学版)第6期。

娄兆锋、曹冬英,2015,《公共服务导向中基本公共服务与非基本公共服务之研究》,《中国行政管理》第3期。

卢洪友、刘丹,2016,《贫困地区农民真的从"新农合"中受益了吗?》,《中国人口·资源与环境》第2期。

卢盛峰、卢洪友,2013,《政府救助能够帮助低收入群体走出贫困吗?——基于1989—2009年CHNS数据的实证研究》,《财经研究》第1期。

罗伯特·B. 登哈特、珍妮·V. 登哈特,2014,《新公共服务:服务,而不是掌舵》,丁煌译,中国人民大学出版社。

约翰·罗尔斯,1991,《正义论》,谢延光译,上海译文出版社。

罗峰,2014,《企业孵化器商业模式价值创造分析》,《管理世界》第8期。

吕炜,2007,《公共财政在和谐社会构建中的制度创新与绩效评价》,《财经问题研究》第12期。

吕炜、王伟同,2008,《发展失衡、公共服务与政府责任——基于政府偏好和政府效率视角的分析》,《中国社会科学》第4期。

马新文,2008,《阿玛蒂亚·森的权利贫困理论与方法述评》,《国外社会科学》第2期。

马英娟,2012,《公共服务:概念溯源与标准厘定》,《河北大学学报》(哲学社会科学版）第 2 期。

孟庆国、胡鞍钢，2000，《消除健康贫困应成为农村卫生改革与发展的优先战略》，《中国卫生资源》第 6 期。

孟照海，2016，《教育扶贫政策的理论依据及实现条件——国际经验与本土思考》，《教育研究》第 11 期。

倪红日、张亮，2012，《基本公共服务均等化与财政管理体制改革研究》，《管理世界》第 9 期。

牛华，2015，《基本公共服务视角下贫困县扶贫开发路径选择——基于内蒙古 7 个典型贫困县的调研》，《人民论坛》第 36 期。

彭正波，2010，《从贫困到社会排斥：理论演进与政策构想》，《技术经济与管理研究》第 2 期。

渠鲲飞、左停、王琳瑛，2018，《深度贫困区技能扶贫运行困境分析——基于能力贫困的视阈》，《中央民族大学学报》（哲学社会科学版）第 3 期。

曲慧、喻国明，2019，《信息“新穷人”与媒介产业结构的公共危机——基于阿玛蒂亚·森“权利理论”视角的分析》，《东岳论丛》第 8 期。

冉连，2018，《建国以来我国扶贫政策：回顾、反思与展望——基于 1949—2017 年的政策文本分析》，《山西农业大学学报》（社会科学版）第 12 期。

任强，2009，《公共服务“减贫”：理论、问题及对策》，《财政研究》第 10 期。

沈之菲，2008，《青少年抗逆力的解读和培养》，《思想理论教育》第 1 期。

沈志荣、沈荣华，2016，《公共服务市场化：政府与市场关系再思考》，《中国行政管理》第 3 期。

世界银行主编，2004，《2004 年世界发展报告——让服务惠及穷人》，中国财政经济出版社。

宋璐、李树茁，2017，《子女迁移对农村老年家庭生计资本的影响——基于家庭结构的可持续生计分析》，《人口研究》第 3 期。

宋扬、赵君，2015，《中国的贫困现状与特征：基于等值规模调整后的再分析》，《管理世界》第 10 期。

苏国霞，2008，《扶贫开发是中国特色社会主义的伟大实践》，《经济研究参考》第 32 期。

苏明、刘军民、贾晓俊，2011，《中国基本公共服务均等化与减贫的理论和政策研究》，《财政研究》第8期。

孙久文、夏添，2019，《中国扶贫战略与2020年后相对贫困线划定——基于理论、政策和数据的分析》，《中国农村经济》第10期。

孙久文、张静，2019，《论从开发式转向开发与保障并重的新扶贫模式》，《西北师大学报》（社会科学版）第1期。

孙晓莉、宋雄伟、雷强，2018，《改革开放40年来我国基本公共服务发展研究》，《理论探索》第5期。

檀学文、李成贵，2010，《贫困的经济脆弱性与减贫战略述评》，《中国农村观察》第5期。

唐钧，2002，《社会政策的基本目标：从克服贫困到消除社会排斥》，《江苏社会科学》第3期。

唐任伍、肖彦博、唐常，2020，《后精准扶贫时代的贫困治理——制度安排和路径选择》，《北京师范大学学报》（社会科学版）第1期。

童星、林闽钢，1994，《我国农村贫困标准线研究》，《中国社会科学》第3期。

汪辉平、王增涛、马鹏程，2016，《农村地区因病致贫情况分析与思考——基于西部9省市1214个因病致贫户的调查数据》，《经济学家》第10期。

汪三贵、Albert Park、Shubham Chaudhuri、Gaurav Datt，2007，《中国新时期农村扶贫与村级贫困瞄准》，《管理世界》第1期。

汪三贵，2008，《在发展中战胜贫困——对中国30年大规模减贫经验的总结与评价》，《管理世界》第11期。

汪三贵、Albert Park，2010，《中国农村贫困人口的估计与瞄准问题》，《贵州社会科学》第2期。

汪三贵、曾小溪，2018，《从区域扶贫开发到精准扶贫——改革开放40年中国扶贫政策的演进及脱贫攻坚的难点和对策》，《农业经济问题》第8期。

汪三贵、刘明月，2019，《健康扶贫的作用机制、实施困境与政策选择》，《新疆师范大学学报》（哲学社会科学版）第3期。

汪雁、慈勤英，2004，《对城市贫困主流测量方法理论假定的社会性别分析——以一个街道贫困家庭的社会调查为例》，《妇女研究论丛》第3期。

王弟海，2012，《健康人力资本、经济增长和贫困陷阱》，《经济研究》第6期。

王国洪，2016，《民族地区社会保障水平对有效减缓贫困的实证研究》，《民族研究》第5期。

王敬尧、叶成，2014，《基本公共服务均等化的评估指标分析》，《武汉大学学报》（哲学社会科学版）第4期。

王君健、薛小勇、董凌芳，2010，《社会工作视阈下的抗逆力解读》，《社会工作》（下半月）第5期。

王俊文，2008，《国外反贫困经验对我国反贫困的当代启示——以西方发达国家美国为例》，《社会科学家》第3期。

王鹏，2019，《中国减贫经验的国际比较与启示》，《红旗文稿》第4期。

王萍、王静、连亚伟、李逸明，2018，《几辈同堂更幸福？农村老年人家庭结构变动后果分析》，《人口研究》第4期。

王曦璟、高艳云，2017，《地区公共服务供给与转移支付减贫效应研究——基于多维贫困分析框架》，《财经理论与实践》第2期。

王小林，2018，《改革开放40年：全球贫困治理视角下的中国实践》，《社会科学战线》第5期。

王晓玲，2013，《我国省区基本公共服务水平及其区域差异分析》，《中南财经政法大学学报》第3期。

王延中、宁亚芳，2018，《新时代民族地区决胜全面小康社会的进展、问题及对策——基于2013～2016年民族地区经济社会发展问卷调查的分析》，《管理世界》第1期。

王延中、王俊霞，2015，《更好发挥社会救助制度反贫困兜底作用》，《国家行政学院学报》第6期。

王瑜，2018，《论脱贫攻坚中的悬崖效应及其对策》，《中国延安干部学院学报》第5期。

王瑜、汪三贵，2018，《基本公共服务减贫：理论概念、现实关切与评估建议》，《贵州社会科学》第9期。

王卓，2018，《彝族深度贫困解析：从地理空间转向社会空间》，《人民论坛·学术前沿》第 14 期。

卫建国、聂静港，2017，《论政府公共服务的伦理根据》，《伦理学研究》第 6 期。

文宏，2014，《中国政府推进基本公共服务的注意力测量——基于中央政府工作报告（1954—2013）的文本分析》，《吉林大学社会科学学报》第 2 期。

吴国宝，2018，《改革开放 40 年中国农村扶贫开发的成就及经验》，《南京农业大学学报》（社会科学版）第 6 期。

吴李建，2019，《我国农村贫困治理体系演进与精准扶贫》，《劳动保障世界》第 6 期。

吴业苗，2010，《农村公共服务的角色界定：政府责任与边界》，《改革》第 6 期。

向德平，2011，《包容性增长视角下中国扶贫政策的变迁与走向》，《华中师范大学学报》（人文社会科学版）第 4 期。

项显生，2015，《我国政府购买公共服务边界问题研究》，《中国行政管理》第 6 期。

向运华、刘欢，2016，《保障性扶贫模式下社会救助助推精准脱贫的实证分析——基于 1989 - 2011 年 CHNS 数据库 9 次调查数据研究》，《江西财经大学学报》第 5 期。

肖殿荒、毕艳成、王姝力，2018，《中国农村家庭代际贫困传递及演化趋势》，《上海经济研究》第 12 期。

肖殿荒、王姝力、毕艳成，2019，《中国城乡家庭代际贫困流动性对比研究》，《河北经贸大学学报》第 4 期。

肖云、杨光辉，2014，《优势视角下失独老人的养老困境及相应对策》，《人口与发展》第 1 期。

谢增毅，2014，《中国社会救助制度：问题、趋势与立法完善》，《社会科学》第 12 期。

邢成举，2014a，《乡村扶贫资源分配中的精英俘获——制度、权力与社会结构的视角》，博士学位论文，中国农业大学。

邢成举，2014b，《精英俘获、自保逻辑与民主悖论——农村低保实施异化和指标错位原因透视》，《湛江师范学院学报》第 5 期。

邢成举，2017，《结构性贫困对贫困代际传递的影响及其破解——基于豫西元村的研究》，《中州学刊》第2期。

邢成举、李小云，2018，《超越结构与行动：中国特色扶贫开发道路的经验分析》，《中国农村经济》第11期。

徐曼，2018，《教育精准扶贫：阻断贫困代际传递的核心举措》，《人民论坛》第21期。

《学术前沿》编者，2018，《深度贫困地区高质量脱贫问题研究》，《人民论坛·学术前沿》第14期。

徐明强、李卓，2019，《“扶贫抗争”与农村反哺资源的分配治理——基于秦巴山区T镇的田野研究》，《浙江工商大学学报》第4期。

徐水晶，2016，《贫困者的社会流动瓶颈——教育差异与自我淘汰》，《学术界》第9期。

徐延辉、龚紫钰，2015，《社会质量、社区能力与城市居民的能力贫困》，《湖南师范大学社会科学学报》第5期。

徐月宾、刘凤芹、张秀兰，2007，《中国农村反贫困政策的反思——从社会救助向社会保护转变》，《中国社会科学》第3期。

许汉泽，2018，《行政主导型扶贫治理研究——以武陵山区茶乡精准扶贫实践为例》，博士学位论文，中国农业大学。

许汉泽、李小云，2019a，《深度贫困地区产业扶贫的实践困境及其对策——基于可行能力理论的分析》，《甘肃社会科学》第3期。

许汉泽、李小云，2019b，《“行政治理扶贫”与反贫困的中国方案——回应吴新叶教授》，《探索与争鸣》第3期。

闫坤、刘新波，2013，《中国农村贫困的财政根源探究》，《全球化》第3期。

杨波，2019，《论基本公共服务均等化的演进特征与变迁逻辑——基于2006—2018年政策文本分析》，《西南民族大学学报》（人文社科版）第5期。

杨立雄、谢丹丹，2007，《“绝对的相对”，抑或“相对的绝对”——汤森和森的贫困理论比较》，《财经科学》第1期。

杨善华，2017，《“项目制”运作方式下中西部农村社会治理的马太效应》，《学术论坛》第1期。

杨文、孙蚌珠、王学龙，2012，《中国农村家庭脆弱性的测量与分解》，《经济研究》第4期。

杨宜勇、张强，2016，《我国社会保障制度反贫效应研究——基于全国省际面板数据的分析》，《经济学动态》第6期。

叶兴庆、殷浩栋，2019，《从消除绝对贫困到缓解相对贫困：中国减贫历程与2020年后的减贫战略》，《改革》第12期。

易柳、张少玲，2019，《农村基本公共服务均等化：深度贫困治理的机遇与挑战》，《湖北民族学院学报》（哲学社会科学版）第4期。

尹栾玉，2016，《基本公共服务：理论、现状与对策分析》，《政治学研究》第5期。

余少祥，2009，《法律语境中弱势群体概念构建分析》，《中国法学》第3期。

虞崇胜、余扬，2016，《提升可行能力：精准扶贫的政治哲学基础分析》，《行政论坛》第1期。

郁建兴，2011，《中国的公共服务体系：发展历程、社会政策与体制机制》，《学术月刊》第3期。

郁建兴、秦上人，2015，《论基本公共服务的标准化》，《中国行政管理》第4期。

于树一，2007，《公共服务均等化的理论基础探析》，《财政研究》第7期。

袁媛，2014，《我国农村基本公共服务供给制度变迁中的政府行为研究》，《农业经济问题》第11期。

詹国彬，2003，《从管制型政府到服务型政府——中国行政改革的新取向》，《江西社会科学》第6期。

张成福、王耀武，2008，《反贫困与公共治理》，《中国行政管理》第5期。

张春霖，2006，《公共服务提供的制度基础：一个分析框架》，第58次中国改革国际论坛——中国：公共服务体制建设与政府转型，海口（未出版）。

张翠娥、王杰，2017，《弱势的累积：生命历程视角下农村贫困家庭的生成机制》，《华中农业大学学报》（社会科学版）第2期。

张和清、杨锡聪、古学斌，2008，《优势视角下的农村社会工作——以能力建设和资产建立为核心的农村社会工作实践模式》，《社会学研究》第6期。

张立荣、姜庆志，2013，《国内外服务型政府和公共服务体系建设研究述评》，《政治学研究》第1期。

张冀、祝伟、王亚柯，2016，《家庭经济脆弱性与风险规避》，《经济研究》第6期。

张紧跟，2015，《论国家治理体系现代化视野中的基本公共服务均等化》，《四川大学学报》（哲学社会科学版）第4期。

张明皓、豆书龙，2018，《深度贫困的再生产逻辑及综合性治理》，《中国行政管理》第4期。

张琦、冯丹萌，2016，《我国减贫实践探索及其理论创新：1978～2016年》，《改革》第4期。

张姗姗、吴春梅，2016，《农村公共服务支出的济贫效应分析——以贵州省为例》，《华中农业大学学报》（社会科学版）第5期。

张薇，2019，《我国基本公共服务均等化的发展历程和建设策略》，《哈尔滨工业大学学报》（社会科学版）第6期。

张雪梅、李晶、李小云，2011，《妇女贫困：从农村到城乡，从收入贫困到多维贫困——2000年以来中国"妇女贫困"研究评述与展望》，《妇女研究论丛》第5期。

张颖莉、游士兵，2018，《贫困脆弱性是否更加女性化？——基于CHNS九省区2009年和2011年两轮农村样本数据》，《妇女研究论丛》第4期。

张永丽、李青原，2018，《贫困与非贫困家庭教育收益率的差异及原因分析——基于甘肃省14个贫困村1749个农户的调查》，《教育与经济》第3期。

张永丽、徐腊梅，2019，《中国农村贫困性质的转变及2020年后反贫困政策方向》，《西北师大学报》（社会科学版）第5期。

张永丽、张佩、卢晓，2017，《农户多维贫困测度及其影响因素分析》，《西北农林科技大学学报》（社会科学版）第5期。

郑欣，2003，《田野调查与现场进入——当代中国研究实证方法探讨》，《南京大学学报》（哲学·人文科学·社会科学版）第3期。

中国社会科学院语言研究所词典编辑室，2011，《新华字典（第11版）》，商务印书馆。

钟晓华，2016，《可行能力视角下农村精准扶贫的理论预设、实现困境与完善路径》，《学习与实践》第8期。

周常春、刘剑锋、石振杰，2016，《贫困县农村治理“内卷化”与参与式扶贫关系研究——来自云南扶贫调查的实证》，《公共管理学报》第1期。

周林刚，2004，《论社会排斥》，《社会》第3期。

周沛，2000，《一个不容忽视的事实——城市绝对贫困现象研究》，《南京大学学报》（哲学·人文科学·社会科学版）第6期。

朱传俊，2010，《基本公共服务均等化视角下的浙江省城市反贫困——以杭州市小河街道为例》，硕士学位论文，浙江大学。

朱冬亮，2019，《贫困“边缘户”的相对贫困处境与施治》，《人民论坛》第7期。

朱方明、李敬，2019，《习近平新时代反贫困思想的核心主题——“能力扶贫”和“机会扶贫”》，《上海经济研究》第3期。

朱玲，2004，《西藏农牧区基层公共服务供给与减少贫困》，《管理世界》第4期。

朱盛艳、李瑞琴，2019，《基本公共服务可获得性的农村贫困效应检验：基于增长效应与分配效应的双重审视》，《农村经济》第8期。

朱薇，2019，《社会保障兜底扶贫的作用机理》，《人民论坛》第7期。

朱小玲、陈俊，2012，《建国以来我国农村扶贫开发的历史回顾与现实启示》，《生产力研究》第5期。

朱晓、段成荣，2016，《“生存－发展－风险”视角下离土又离乡农民工贫困状况研究》，《人口研究》第3期。

邹文杰，2014，《医疗卫生服务均等化的减贫效应及门槛特征——基于空间异质性的分析》，《经济学家》第8期。

左停，2017，《贫困的多维性质与社会安全网视角下的反贫困创新》，《社会保障评论》第2期。

左停、贺莉、赵梦媛，2017，《脱贫攻坚战略中低保兜底保障问题研究》，《南京农业大学学报》（社会科学版）第4期。

左停、徐小言，2017，《农村“贫困—疾病”恶性循环与精准扶贫中链式健康保障体系建设》，《西南民族大学学报》（人文社科版）第1期。

左停、徐加玉、李卓，2018a，《摆脱贫困之“困”：深度贫困地区基本公共服务减贫路径》，《南京农业大学学报》（社会科学版）第2期。

左停、赵梦媛、金菁，2018b，《路径、机理与创新：社会保障促进精准扶贫的政策分析》，《华中农业大学学报》（社会科学版）第1期。

左停、徐卫周，2019，《综合保障性扶贫：中国脱贫攻坚的新旨向与新探索》，《内蒙古社会科学》（汉文版）第3期。

左停、李卓、赵梦媛，2019，《少数民族地区贫困人口减贫与发展的内生动力研究——基于文化视角的分析》，《贵州财经大学学报》第6期。

Rutland, A. and M. Killen. 2015. "A Developmental Science Approach to Reducing Prejudice and Social Exclusion: Intergroup Processes, Social-Cognitive Development, and Moral Reasoning." *Social Issues & Policy Review*, 9 (1): 121 – 154.

Afridi, F. 2017. "Governance and Public Service Delivery in India." *IZA Discussion Papers*. New Delhi, April.

Hamilton, Alexander and Jakob Svensson. 2017. "The Vicious Circle of Poverty, Poor Public Service Provision, and State Legitimacy: A View from the Ground in Sudan." *Institute for International Economic Studies*. Stockholm University, November.

Ashelman, D. 2016. *A New Approach to Measuring Poverty in the United States: A Household's Ability to Consume*. New York: State University of New York.

Brady, David. 2019. "Theories of the Causes of Poverty." *Annual Review of Sociology*, Volume 45.

Guilding, C., Lamminmaki, D., and Drury, C. 1998. "Budgeting and Standard Costing Practices in New Zealand and the United Kingdom." *International Journal of Accounting*, 33 (5): 569 – 588.

Chantarat, S., Mude, Andrew G., and Barrett, Christopher B., et al. 2017. "Welfare Impacts of Index Insurance in the Presence of a Poverty Trap." *World Development*, 94: 119 – 138.

Kithinji, C. M., Okelo, D. O., and Muriungi, C. K. 2016. "A History of Social Exclusion and Poverty of the Thagichu of Igembe Sub-County, Meru County from 1907 to 1962." *International Journal of Innovative Research & Development*, 5 (9): 161 – 173.

Passmoree, Coats D. 2008. *Public Value: The Next Steps in Public Service Reform.*

London: The Work Foundation.

De Clich, Carlo and Polin, V. 2003. "Absolute Poverty and the Cost of Living: An Experimental Analysis for Italian Households." *MPRA Paper*, 32: 1 –33.

Johan, Fritzell, Johan, Rehnberg, and Hertzman, Jennie Bacchus, et al. 2015. "Absolute or Relative? A Comparative Analysis of the Relationship Between Poverty and Mortality." *Springer Basel*, 60 (1): 101 –110.

Lin, Hungang, Li, Shujung, and Hung, Huifen. 2015. "A Good Strategy to Pull the Needy Out of Poverty? Contracting Out the Public Employment Services for the Poor in Taiwan." *Poverty & Public Policy*, 6 (3): 308 –328.

Kanbur, R. and Squire, L. 1999. "The Evolution of Thinking about Poverty: Exploring the Interactions." *Working Papers*, 55 (6): 957 –963.

Martin, R. and Chen, Shaohua. 2016. "Weakly Relative Poverty." *Review of Economics & Statistics*, 93 (4): 1251 –1261.

Nørgaard, Asbjørn Sonne and Thomas, Pallesen. 2003. "Governing Structures and Structured Governing: Local Political Control of Public Services in Denmark." *Transaction Periodicals Consortium*, 13 (4): 543 –561.

Sasmal, R. and Sasmal, J. 2016. "Public Expenditure, Economic Growth and Poverty Alleviation." *International Journal of Social Economics*, 43 (6): 604 –618.

Ravallion, Martin, and Shao Hua Chen. 2007. "China's (Uneven) Progress Against Poverty." *Journal of Development Economics*, 82 (1): 1 –42.

Samuelson, Paul A. 1954. "The Pure Theory of Public Expenditure." *The Review of Economics and Statistics*, 36 (4): 387 –389.

Selden, Mark. 1999. "Poverty Alleviation, Inequality and Welfare in Rural China." *Economic and Political Weekly*, 34 (45): 3183 –3190.

Shucksmith, M. 2015. "Social Exclusion and Poverty in Rural Areas of Britain." *Belgeo*, 3: 165 –184.

Sanogo, T. 2019. "Does Fiscal Decentralization Enhance Citizens' Access to Public Services and Reduce Poverty? Evidence from Cote d'Ivoire Municipalities in A Conflict setting." *World Development*, 113: 204 –221.

Townsend, Peter. 1979. *Poverty in the United Kingdom: A Survey of Household Re-*

sources and Standards of Living. California: University of California Press.

UNDP. 2010. *Human Development Report* (2010). New York: The United Nations Development Programme.

World Bank. 1981. *World Development Report* (1981). Washington DC: World Bank Group.

World Bank. 1990. *World Development Report* (1990). Washington DC: World Bank Group.

World Bank. 2000. *World Development Report* (2000). Washington DC: World Bank Group.

后　记

本书是在博士学位论文的基础上修改而来的，是博士学位论文的一个“升级版”。此书从成稿到出版得到诸多师友的关心和支持，最终能够顺利出版，也是对自己20多年求学生涯的一个总结。22年的寒窗苦读，终于熬到博士毕业，这一路走来，收获的不仅是知识和学位，更重要的是增加了一种别样的人生体验，从最初入学时的欣喜，到陷入困境时的纠结、无助与迷茫，以及科研进展不顺时的焦虑与彻夜难眠，再到得到师友关心和帮助时的感动，最后到拿到博士学位时发自内心的自我肯定……这些生活体验终将成为我人生的一笔财富。

笔者在求学生涯中得到诸多师友的关心和支持，其中最应该感谢的是我在博士学习阶段的指导老师左停教授。能够在求学的最后一个阶段遇到左老师是我的幸运。他对待学生的宽容与大度、对待生活的幽默与睿智、对待学术的严谨与务实，都值得我终身学习。他在生活中始终关心每位学生的成长，努力为学生营造温馨、自由的师门文化，让我们一进入师门就有一种“家”的感觉。同时，他在学术上始终保持高度的热情和敏锐的洞察力，对很多社会问题都提出了自己独到的见解。每次与他交流，笔者都会被他的思想和人格魅力所吸引。在读博的四年时间里，笔者跟随老师前往贵州、云南、河南、山东和陕西等十余个省份进行调研。在此过程中，笔者不仅学会了如何开展田野调查，还学会了如何与人交往。因为社会科学是一门关于“人”的学问，老师不断引导笔者如何在有限的信息中捕捉学术灵感，这对笔者的学术研究起到非常重要的“催化”作用。博士学位论文能够顺利完稿，自当离不开老师的悉心指导，其中也凝结着他的思想与智慧。总而言之，再多的赞美之词都不足以表达我对老师的感谢，唯有在日后的学术生涯中，谨记老师的教诲，以更好的科研成绩向老师致敬！

其次，笔者要感谢硕士学习阶段的指导老师郭占锋教授，是他将笔者带进了学术的殿堂，让笔者坚定地走学术研究之路。笔者在硕士学习阶段所取得的成绩，都得益于他的言传身教。在他的精心培养下，笔者积累了一些田野调查和论文写作的经验，这为日后攻读博士学位奠定了坚实的基础。还记得在申请攻读博士学位时，郭老师给予了笔者大力支持，将自己读过的书全部打包让笔者带回去复习，这些帮助对笔者顺利申请中国农业大学的博士发挥了关键作用。而在笔者来北京求学之后，他仍一直关心和关注笔者的成长，每次来北京开会之余，都会与笔者相约见面，并对笔者的学习和生活进行悉心指导。每次与他交流，笔者都能收获新知。同样，对于郭老师的感谢，也是无法用语言表达的，唯有在日后的学术生涯中，兢兢业业做好学问，用更大的成绩回报老师的教诲。

同时，本书的顺利完成离不开清华大学中国农村研究院提供的资助。2018 年 12 月，笔者有幸获得“清华大学中国农村研究院博士论文奖学金项目”的资助。该项资助为笔者提供了充足的经费支持，使笔者博士学位论文的调研工作得以顺利开展，在此对清华大学中国农村研究院和匿名评审专家表示衷心感谢！

接着，还要感谢中国农业大学人文与发展学院的各位老师为笔者提供了温馨自由的学习环境，他们分别是叶敬忠教授、李小云教授、齐顾波教授、孙庆忠教授、陆继霞教授、唐丽霞教授、任大鹏教授、熊春文教授、刘林教授、刘启明副教授、张艳霞副教授、于乐荣副教授和旷宗仁副教授等。同时，王晓毅教授、宋洪教授、常健教授、高鹏怀教授、袁金辉教授、唐丽霞教授、武晋教授、齐顾波教授、靳乐山教授、任大鹏教授、李建军教授和熊春文教授作为笔者博士学位论文开题、中期考核和答辩的评委老师，在笔者博士学位论文完成的各个环节，都提出了很多具有建设性的修改意见，这些意见对笔者修改完善博士学位论文起到了重要作用，可以说笔者博士论文的顺利完成也离不开他们的悉心指导。此外，吕慧琴副教授、王艳丽老师、刘晓林老师、贺颖老师、王树远老师和邵念念老师等在笔者入学、上课、开题和答辩等各个培养环节为笔者提供了很多帮助，这些都为笔者心无旁骛地完成论文提供了良好的环境，在此对他们一并表示感谢！

再次，还要感谢师门的各位“老友”。在这四年时间里，左师门轻松、自由、温馨、活泼的氛围始终感染着笔者，因为这是一个既能做好学术，又能过好生活的优秀集体。师兄师姐为笔者树立了榜样，他们追求卓越的精神激励着笔者不断前进。他们分别是李博、孔德帅、许汉泽、陈庆立、徐加玉、巨源远、渠鲲飞、杨雨鑫、张国栋、王琳瑛、贺莉、田甜、徐小言等。此外，还要感谢笔者的师弟师妹们，在繁忙的科研间隙，大家一起相约滑雪、打球、野炊和毕业旅行等，很多场景至今历历在目，这些共同的经历也为我紧张而单调的科研生活增添了很多乐趣。他们分别是徐卫周、刘文婧、苏青松、徐翠薇、杨志峰、梁洁、李世雄、冯帆、樊祥、王康、赵宇、王金成、潘秀想、高翔、燕楠、李颖、张月夕、李泽峰、戴翊超和周颖等，在此对他们一并表示感谢！

《礼记·学记》中指出“独学而无友，则孤陋而寡闻”，强调在学习中与人交流的重要性。笔者在求学路上通过各种场合认识了很多朋友，其中要特别感谢徐明强、张国磊、金菁、赵梦媛、吴丽娟、李琳等“研友”在笔者读博道路上的鼓励和启发，由此笔者才能坚持完成博士学业。同时要感谢笔者的舍友苑军军博士，他为人真诚、友善、大气，在与他相处的四年时间里，我们相互鼓励、相互督促，共同推进博士学位论文的写作工作。除了以上各位师友，笔者在田野调查过程中也结识了很多朋友，他们也给了笔者非常多的鼓励与帮助，由于人数众多，不方便在此一一罗列，只能对他们一并表示感谢！

在此，笔者还要感谢母校——西北农林科技大学的各位老师。在笔者博士毕业之际，母校向笔者发出邀请，希望笔者能回到母校工作，笔者也欣然答应。无论笔者走得多远，母校永远都是笔者最坚强的后盾，各位老师在笔者求学的各个阶段都给予了最大的支持。在笔者回到母校工作之后，各位老师又继续给予笔者关心和支持，感谢王德连书记、朱宏斌书记、赵晓峰院长、赵丹副院长、杨乙丹副院长、侯东丽副书记和常振山副院长等院领导在工作和生活上的关心，感谢系主任何得桂副教授在教学科研工作中的指导，感谢杨学军、苏燕平、梁运娟、樊凡、王兵、王华、刘利鸽、戴瑾、陈晓军、郑永君、曾红萍、胡卫卫、豆书龙和李莉莉等同事在工作中的帮助。在本书成稿之际，笔者对公共管理系全体同事表达最诚挚的谢意。

最后，笔者要感谢父母。他们含辛茹苦将笔者养大，并且在读书这件事上始终无条件地支持笔者，无论生活多么艰难，他们都会将最好的留给笔者和妹妹，从来不会让我们感受到生活的艰辛和物质上的短缺；无论遇到什么困难，他们永远都是笔者最强大的后盾。感谢妻子唐雯莉女士的全力支持，她善解人意、积极阳光、乐观豁达，在笔者陷入写作低谷期和生活不如意时，她的鼓励总能给笔者继续前行的力量。可以说，笔者之所以能够取得今天的成绩，是因为他们为笔者创造的温馨、自由和包容的家庭氛围，因此笔者才能安心钻研学术。他们对笔者的爱是无私的，这让笔者无以为报。

李卓
2020 年 6 月于北京
2021 年 6 月修订于杨凌

图书在版编目（CIP）数据

基本公共服务供给与减贫 ：来自秦巴山区 A 县的田野叙事 / 李卓著. -- 北京 ：社会科学文献出版社，2021.10

ISBN 978 - 7 - 5201 - 8361 - 1

Ⅰ. ①基… Ⅱ. ①李… Ⅲ. ①公共服务 - 作用 - 扶贫 - 研究 - 中国 Ⅳ. ①D669.3 ②F126

中国版本图书馆 CIP 数据核字（2021）第 089694 号

基本公共服务供给与减贫

——来自秦巴山区 A 县的田野叙事

著　　者 / 李　卓

出 版 人 / 王利民
责任编辑 / 杨桂凤　孟宁宁
责任印制 / 王京美

出　　版 / 社会科学文献出版社 · 群学出版分社（010）59366453
地址：北京市北三环中路甲 29 号院华龙大厦　邮编：100029
网址：www.ssap.com.cn
发　　行 / 市场营销中心（010）59367081　59367083
印　　装 / 三河市尚艺印装有限公司

规　　格 / 开　本：787mm × 1092mm　1/16
印　张：13.75　字　数：225 千字
版　　次 / 2021 年 10 月第 1 版　2021 年 10 月第 1 次印刷
书　　号 / ISBN 978 - 7 - 5201 - 8361 - 1
定　　价 / 99.00 元

本书如有印装质量问题，请与读者服务中心（010 - 59367028）联系